La alimentación en la América precolombina y colonial: una aproximación interdisciplinaria

TREBALLS D'ETNOARQUEOLOGIA, 7

La alimentación en la América precolombina y colonial: una aproximación interdisciplinaria

Aylen Capparelli, Alexandre Chevalier, Raquel Piqué
(coords.)

CONSEJO SUPERIOR DE INVESTIGACIONES CIENTÍFICAS
INSTITUCIÓN MILÀ I FONTANALS
MADRID, 2009

Imagen de cubierta: almidones de patata *(Solanum tuberosum),* foto cedida por Karen Hardy (ICREA-UAB).

Catálogo general de publicaciones oficiales
http://www.060.es

GOBIERNO DE ESPAÑA
MINISTERIO DE CIENCIA E INNOVACIÓN
CSIC

NIPO: 472-08-028-4
ISBN: 978-84-00-08792-0
Depósito Legal: M-7125-2009
Impreso en: Estilo Estugraf Impresores, S.L.
Pol. Ind. Los Huertecillos - nave 13 - 28350 Ciempozuelos (Madrid)
Impreso en España. *Printed in Spain*

Introducción

AYLEN CAPPARELLI
Museo de Ciencias Naturales de La Plata, Universidad Nacional de la Plata
ALEXANDRE CHEVALIER
Department of Anthropology, University of California, Berkeley
RAQUEL PIQUÉ
Departament de Prehistòria de la Universitat Autònoma de Barcelona
GASA (Grupo de Arqueología Social Americana), Unidad Asociada CSIC

El volumen que hemos tenido el placer de compilar tiene como objetivo contribuir al conocimiento sobre la la variabilidad en los modos de alimentación en las sociedades americanas precolombinas y coloniales. Entendemos que las aproximaciones a los estudios sobre la alimentación deben partir de una perspectiva amplia e integradora. Difícilmente se la puede comprender al margen de los aspectos tanto técnicos como organizativos de los sistemas de subsistencia. Los alimentos son el resultado de diversas actividades que se inician con la obtención de los recursos y que continúan con diferentes modalidades de procesamiento, transporte, almacenamiento y consumo. El estudio de estas actividades contribuye a la caracterización de las estrategias económicas de las sociedades. Por ello consideramos diferentes aspectos objeto de interés en las aproximaciones a esta temática. Por ejemplo, tanto las técnicas utilizadas para obtener y/o producir alimentos, como aquellas para procesar y consumir los mismos; la caracterización de los sistemas socio-políticos de producción; el intercambio de materias primas o de productos acabados y la gestión del territorio.

El estudio de la alimentación puede ser, asimismo, abordado desde diferentes disciplinas, que muchas veces se muestran complementarias o se enriquecen las unas con los datos aportados por las otras. Por ello en el volumen que presentamos los acercamientos a esta temática son variados. Se incluyen aportaciones desde diferentes disciplinas arqueológicas como la arqueobotánica y arqueozoología o aportaciones desde la antropología física, sin dejar de lado las propias evidencias arqueológicas de contextos de producción y consumo. Por otra parte, cabe destacar las variadas e importantes fuentes escritas de diversos períodos que contribuyen con datos básicos para el análisis de las sociedades que entraron en contacto con las poblaciones europeas y posteriores. Datos etnohistóricos y arqueológicos se combinan en la mayoría de los textos para ofrecer una visión integradora de lo que fue la alimentación y proponer diversas vías de análisis sobre la economía de la misma.

Por ello, si bien se tiende a considerar la alimentación en relación con aspectos tradicionales, hemos intentado aquí plantearlo en un sentido amplio. Es decir, extenderlo a aquellas plantas y animales utilizados para otros fines además del de la nutrición, ya que pensamos que entender las estrategias de producción de cada sociedad es determinante para comprender las pautas en su alimentación. Consecuentemente, en los textos aquí presentados, se abordan temáticas referidas a las modalidades y métodos propios de *obtención* de recursos, desde la caza-recolección al cultivo, agricultura, crianza de animales o pastoreo, entre sociedades en las que pueden prevalecer en mayor o menor medida sistemas de caza y recolección, agrícolas, pastoriles o preindustriales. Encontramos también referencias a los instrumentos necesarios para la obtención y procesado de los alimentos, para su almacenamiento y para su consumo. No menos importante es la organización social de la producción, es decir, cómo una sociedad o sus unidades sociales menores organizan y planifican la obtención de alimentos o herramientas y cómo es la toma de decisiones orientadas a este fin. Sin olvidar cómo los hábitos alimentarios de las diferentes sociedades que vivieron en la América precolombina y colonial se influyeron entre sí.

La idea de este libro surgió del simposio sobre la economía de la alimentación en la América precolombina y colonial que tuvo lugar en Sevilla el año 2006 en el marco del 52 Congreso de Americanistas. Las contribuciones y discusiones que tuvieron lugar durante dicho simposio pusieron de manifiesto la oportunidad de editar un volumen sobre esta temática. Si bien en un principio se invitó a participar en este volumen a los participantes del simposio, la invitación luego se amplió a otros investigadores e investigadoras que trataban temáticas afines, para poder ofrecer asi un producto con contribuciones diversas. La respuesta recibida por parte de los autores y autoras que contribuyen con sus trabajos a este volumen nos muestra la relevancia de la temática y la «buena salud» de los estudios sobre alimentación en la América precolombina y colonial. Cabe destacar la vocación interdisciplinaria de la mayoría de los artículos, en los que se combinan los datos etnográficos, arqueológicos e históricos, entre otros, para dar una visión amplia sobre la temática. Esperamos que esta publicación contribuya a afianzar los estudios sobre la alimentación, en el sentido amplio que aquí hemos considerado, en el continente americano.

Los trabajos que se presentan tratan sobre sociedades cronológica y geográficamente muy diversas. Éstos se centran sobre todo en estudios de casos realizados en Argentina, Brasil, Colombia, México y Perú, pero creemos que su relevancia trasciende a los casos particulares aquí presentados. En suma, la vastedad de las temáticas aquí tratadas permite ahondar en aspectos como la subsistencia en sociedades cazadoras-recolectoras, primeras sociedades agrícolas, las sociedades estatales y las sociedades preindustriales, y de esta manera aportar elementos para la reflexión sobre el papel que los alimentos, su obtención, procesado y consumo, tuvieron en estas sociedades.

Arqueozoología de sociedades cazadoras recolectoras: algo más que biomasa para estómagos ambulantes

FEDERICA MORENO RUDOLPH
Departamento de Arqueología y Antropología, IMF-CSIC
División de Antropología, Museo de Historia Natural (MEC), Montevideo (Uruguay)
ESTER VERDÚN CASTELLÓ
Departament de Prehistòria de la Universitat Autònoma de Barcelona
Unidad Asociada al CSIC
JORDI ESTÉVEZ ESCALERA
Departament de Prehistòria de la Universitat Autònoma de Barcelona
Unidad Asociada al CSIC

RESUMEN. Las Arqueologías neofuncionalista y ecológica impulsaron el estudio de los restos de faunas arqueológicas como un medio para conocer los sistemas adaptativos de las sociedades humanas cazadoras-recolectoras. La fauna arqueológica es conceptuada como una muestra promediada, que proporciona información acerca de la relación de los humanos con su medio ambiente. Desde nuestra posición teórico-metodológica se conciben los estudios de dicha fauna como un registro de los procesos de organización de las estrategias de producción y reproducción social, que dominan aquella relación. A través del ejemplo de un yacimiento arqueológico americano de sociedades C-R, presentamos esta forma alternativa de análisis arqueofaunístico, en el que la fauna es considerada como un producto más que se genera y redistribuye en función de parámetros sociales.

ABSTRACT. Neofunctionalists and ecological archaeologies promoted the study of archaeological faunal remains as a way to know the adaptive systems of the hunter-gatherer communities. The archaeological fauna was seen as a promediate sample which gives us information about the relationship between the people and their environment. From our theoretical and methodological perspective we regard the studies of these archaeological remains as a record of the organization processes of the production and social reproduction strategies. We present this alternative proposal of archaeofaunistical analyses through an example of an american hunter-gatherer archaeological site, where the fauna is considered as a product which is produced and distributed relating to a social parameters.

Introducción

En sus inicios los estudios de la fauna de los yacimientos arqueológicos estuvieron fundamentalmente orientados al establecimiento de biocronologías, pero estos objetivos se orientaron progresivamente hacia cuestiones económicas y paleoecológicas. Al mismo tiempo, se realizaron avances técnicos (análisis químicos y bioquímicos, láminas delgadas, etc.) y metodológicos (estrategias de muestreo, cuantificación, experimentación, tafonomía) que permitieron realizar reconstrucciones más ajustadas del espectro de especies explotadas y de sus formas particulares de explotación, a la vez que extraer más y mejor información paleoecológica.

Estas novedades técnicas y metodológicas no constituyen, por sí mismas, un cambio en las preguntas que se realizan los arqueozoológos. Éstas vienen dadas por la utilización de marcos teóricos que serán los que condicionen los objetivos de los estudios arqueofaunísticos y el uso que hagamos de las nuevas técnicas y metodologías. Los marcos teóricos son los que, apriorísticamente, establecen los «límites y alcances» de las preguntas que nos es posible responder desde la Arqueología. Según la perspectiva teórica que adoptemos, podremos hacer que la información constituya una simple fotografía más o menos detallada de un momento del pasado, que esta misma información exprese las formas de relación con el medio ambiente (entendido como un elemento externo a la sociedad), o podremos, a partir de la misma información, aproximarnos a los modos de producción y a las relaciones sociales de producción que se reflejan en esa realidad arqueológica y que determinan el tipo de relación que las sociedades establecen con los recursos animales.

Biomasa para estómagos ambulantes: significación de los estudios de la fauna arqueológica

Desde las perspectivas teóricas funcionalistas y ecológico-culturales, el estudio de la fauna arqueológica tiene como objetivo principal reconstruir la composición de la dieta de las sociedades del pasado y, como objetivo secundario, el uso de esta información como instrumento para la reconstrucción paleoecológica. Conocer la composición de la dieta y la importancia relativa de las diferentes especies, junto con el cálculo de los MUI, permite estimar de manera ajustada los diferentes aportes de biomasa animal en la dieta. Pero ¿para qué se realizan estos análisis?

Los cálculos energéticos y economicistas parten de puntos de vista sistémicos y adaptacionistas donde la sociedades son concebidas como sistemas formados por subsistemas que interactúan entre sí, se retroalimentan y tienden a buscar el equilibrio, y/o donde un cambio en uno de ellos desencadenará un cambio en los otros. Captan energía del medio externo (objetivo) y son susceptibles de sufrir cambios provocados por las alteraciones del mismo. El cambio climático y ecológico, es la razón última esgrimida para explicar el cambio social y la «readaptación» del sistema a las nuevas condiciones ecológicas.

Por otro lado, este tipo de cálculos se relacionan fuertemente con algunos conceptos teóricos de la arqueología de cazadores recolectores como el «amplio espectro», la «especialización» y la existencia de «recursos principales frente a recursos secundarios». Los cálculos energéticos permiten establecer si nos encontramos ante una sociedad que explota un amplio segmento del mundo animal o si se apoya en pocas especies estructuradoras de la dieta.

Desde un punto de vista funcionalista, y a muy grandes rasgos, la evolución de los CR es una línea que va desde la especialización en grandes mamíferos de «los grandes cazadores» de la «Era dorada del Paleolítico», pasa por una estrategia de amplio espectro como forma de compensar las extinciones holocénicas (mesolítico y la *Broad Spectrum Revolution*) culminando en una nueva especialización en recursos domesticados (neolítico).

Esta categorización de los recursos sesga la idea de la «dieta» como un todo integrado por distintos tipos de recursos, con distintos aportes de cada uno de ellos.

Así, los recursos principales son los que tienen un aporte proteínico-calorífico mayor, los grandes mamíferos. Los recursos secundarios son aquellos que tienen, individualmente, pequeños aportes calóricos, o sea, los de menor tamaño. Entre éstos están todo lo que es llamado (o mal llamado) caza menor (aves, roedores), el pescado, moluscos y crustáceos.

Esta valoración se realiza generalmente «a priori», sin estudios reales sobre los aportes alimentarios diarios y sobre las actividades y las dinámicas cotidianas centradas en la alimentación (la obtención del recurso, su procesado y los instrumentos necesarios para ello). Ésta es una de las consecuencias de concebir los conjuntos arqueofaunísticos como muestras promediadas y de no intentar acotar los diferentes subconjuntos menores, representativos de unidades de producción concretas y de duración determinable.

Esta cuestión se relaciona con el sesgo que han tenido los estudios arqueofaunísticos hacia el estudio de la macrofauna como principal fuente de información económica.

El interés en el estudio del aprovechamiento de los «pequeños animales» es relativamente reciente y está mostrando que su rol en las economías prehistóricas no se limitaba al papel de recursos amortiguadores. Este sesgo se vincula a cuestiones metodológicas que implican la utilización de técnicas de recuperación finas (cribado fino con agua, flotación).

Al incluir estas técnicas, las composiciones faunísticas cambian radicalmente y la importancia relativa de los aportes de biomasa de las grandes especies desciende y aumenta la importancia de las especies «complementarias». Esta recuperación desigual ha contribuido al desarrollo de conceptos tales como *principal* y *complementario* en relación con los recursos animales.

Por otro lado, los diferentes tipos de fauna implican diferentes tipos de actividades. De esta manera, la fauna grande es «cazada», mientras que la pequeña forma es «recolectada». Estas palabras tienen un significado implícito que va más allá de la actividad que nombran y que se extiende a cuestiones de género o interpretativas: los hombres cazan y las mujeres recolectan. Entonces, a partir de un sesgo en la recuperación, aparentemente técnico y «objetivo», se interpreta que la obtención de proteína animal es una tarea fundamentalmente masculina, ya que es el hombre cazador el que aporta la mayor parte de la biomasa animal.

Pretendemos afrontar el estudio de la dieta tomándola como una necesidad diaria que implica unas dinámicas sociales cotidianas. Éstas son las que se pretende conocer desde un punto de vista objetivo, valorando la importancia de cada uno de los alimentos (vistos éstos como el resultado de una o varias actividades).

El cálculo de la masa aportada por los animales a la dieta global es fundamental para entender la composición real de la dieta, pero se focaliza en el consumo sin tener en cuenta los procesos de obtención de ese recurso, la preparación del alimento y las formas de distribución entre sus consumidores, dejando fuera del análisis estas partes del proceso productivo.

A partir del estudio de los restos arqueofaunísticos, ya sean éstos residuos de alimentación o no, podemos también inferir qué trabajos se implementaron para la obtención de esos rendimientos calóricos.

La adquisición de la materia prima (el animal), las prácticas culinarias, la distribución del producto y la gestión final de los desechos son actividades que forman parte del proceso productivo, que difieren de una especie a otra y que involucran unos procesos de trabajo específicos y particulares que desde esta perspectiva de rendimiento calórico son totalmente obviados. Asi, lo que se obtendrá es únicamente uno de los aspectos de la gestión de los recursos animales.

Implicaciones del materialismo histórico en el estudio arqueozoológico

Recurso y medio ambiente

Partimos de la base de que no existen los recursos «naturales» como elementos externos a la formación social, sino que son aquellos elementos del medio ambiente efectivamente apropiados por la sociedad para su consumo. Es decir, que una comunidad posee el conocimiento y los medios materiales necesarios para obtenerlos, procesarlos y consumirlos.

En este sentido, los recursos dejan de ser «recursos naturales» y se convierten en «recursos históricos» ya que su incorporación al proceso productivo como elemento útil para la reproducción social está condicionado, entre otras cosas, por el desarrollo de las fuerzas productivas. Es recurso lo que se puede explotar (y efectivamente se explota) en un momento dado. Los recursos, las materias brutas, están históricamente determinados por las necesidades sociales y la capacidad extractiva concreta de dicha sociedad, por lo tanto el recurso natural deja de existir y lo que tendremos son recursos sociales (Piqué, 1999; Gassiot, 2000; Terradas, 2001). «*Los recursos constituyen la materialidad (mineral, vegetal y animal) existente en la Naturaleza, una vez que ha mediado un proceso de reconocimiento o selección social al ser considerados útiles para obtener bienes con determinado valor de uso. Toda materialidad natural es un recurso potencial, pero sólo aquellas materias seleccionadas por una sociedad determinada pasan a convertirse en recurso natural*» (Barceló *et al.*, 2006: 195).

Al mismo tiempo, no concebimos el medio ambiente como algo externo y objetivo al que los seres humanos se adaptan para extraer de él la energía necesaria para sobrevivir. Los seres humanos, lejos de adaptarse al medio, lo explotan, modificándolo para obtener de él lo que necesitan. Asi, el territorio de una sociedad queda conformado por aquel segmento del medio efectivamente explotado, socialmente apropiado. El medio ambiente, constituye el espacio donde se llevan a cabo todas estas actividades y que contiene todos los recursos explotables. Las sociedades se relacionan dialécticamente con este medio ya que lo modifican, explotándolo y adecuándolo pero este también contribuye a conformar unas u otras estrategias dentro de una comunidad. Es decir, el medio, si bien no determina la manera y las estrategias productivas que implementa una comunidad en un lugar determinado, las condiciona (Estévez, 1995).

Los recursos, los elementos del medio ambiente incorporados al proceso productivo, atravesarán una serie de etapas, en los que sucesivamente serán:

- Materia bruta: proviene directamente de la Naturaleza y es individualizada e incorporada a una dinámica socioeconómica. Una vez obtenida, se convierte en:
- Materia prima: toda materia bruta que ya ha sufrido algún tipo de modificación (extracción, transporte, etc.) que implique trabajo.
- Materia prima extraída.
- Materia prima elaborada.

En este esquema, quedan fuera de la definición de recurso todos aquellos elementos de la Naturaleza que no son incorporados al ciclo productivo (Barceló *et al.*, 2006).

Los seres humanos no son estómagos ambulantes, sino que desarrollan unas estrategias organizativas concretas para obtener los bienes necesarios que aseguren su subsistencia y la reproducción social, objetivo último de toda sociedad. En contra de la idea predominante en cierta literatura, que establece diferencias entre sociedades productoras (agrícolas-ganaderas) y sociedades depredadoras (cazadoras-recolectoras), entendemos que toda sociedad humana, por definición, es productora ya que tiene que realizar tareas productivas y reproductivas para poder vivir y perpetuarse como grupo.

En nuestra propuesta, el estudio de los restos arqueofaunísticos constituye, junto al resto de la información, un punto de partida para comprender las relaciones sociales de producción que rigen una sociedad, y no un objetivo en sí mismo. Se trata de establecer las formas, concretas e históricas, de organizar los procesos y las relaciones sociales de producción, las «estrategias organizativas». Éstas son pues, la manera en que se organizan mujeres y hombres en la gestión —obtención, transformación y distribución— de los recursos (Estévez y Vila, 1998).

El cálculo del valor social del producto: trabajo invertido, rendimiento obtenido y valoración social

La incorporación de los restos faunísticos al yacimiento es el resultado de las actividades de un grupo humano, que los modifica tanto en los procesos anteriores a su depositación como en los posteriores.

Los conjuntos arqueofaunísticos constituyen asociaciones únicas y particulares donde han interactuado en forma conjunta factores sociales y naturales que configuran una serie de características que son propias y exclusivas de cada conjunto (Estévez, 2000).

El análisis de estas características únicas nos permite obtener información social sobre la composición de la dieta animal y sobre las formas de gestión de los distintos recursos alimenticios. Además, a partir de los requerimientos naturales de cada especie consumida y de las modificaciones naturales sufridas por los restos durante y después de su depositación, se pueden inferir las características paleoecológicas de la zona. Por último, teniendo en cuenta el contexto en el que se habría ubicado el asentamiento, podemos entender las estrategias utilizadas para relacionarse con el medio.

El objetivo final es reconstruir las actividades que se realizaron para obtener bienes de subsistencia a partir de los animales y cómo se organizaron los distintos miembros de esa sociedad en ese momento concreto para llevarlas a cabo (Estévez *et al.*, 1998).

Para eso, una propuesta es afrontar el estudio arqueológico en términos de valor, evaluando la importancia de cada recurso en función de los procesos de trabajo invertidos y los rendimientos obtenidos. Estableciendo, si es posible y si existen, diferencias entre los distintos miembros de una sociedad en relación con el trabajo invertido y los rendimientos obtenidos. Esta diferencia nos dará una medida de la explotación de un sector de la sociedad por el otro (Barceló *et al.*, 2006).

Este tipo de análisis permitirá tener una noción del valor de cada producto, tanto real (trabajo invertido y rendimiento obtenido) como social (valoración social del producto y de las actividades necesarias para su obtención) (Barceló *et al.*, *op. cit.*).

Si el ciclo de producción de un bien de origen animal comienza en su obtención, el análisis deberá tener en cuenta los requerimientos ecológicos y las características etológicas del animal, que determinarán los desplazamientos y la tecnología necesarios para su captura (canoas, tecnología pesquera, arco y flecha, distancias, etc.), y la disponibilidad temporal para reconstruir las estrategias de ocupación y abandono del asentamiento.

Una vez obtenido, el aprovechamiento implicará una serie de actividades (transporte, procesamiento, distribución y gestión de desechos) que variarán de una especie a otras y significarán una inversión de trabajo determinada que será amortizada por el rendimiento obtenido. Pero no debe dejar de tenerse en cuenta la valoración social que se hace del producto y de las actividades destinadas a su obtención. Así, un producto que, objetivamente, constituye un aporte productivo significativo, puede ser evaluado negativamente por la sociedad, y a la inversa, un aporte poco significativo puede tener un alto valor social (Mameli y Estévez, 2005).

El rendimiento de los recursos varía no únicamente en función de la biomasa aportada, sino que los diferentes animales son aprovechados diferencialmente. Mientras algunas especies son explotadas únicamente desde un punto de vista alimenticio, otras lo son para obtener también materias primas para la fabricación de instrumentos, vestido, etc. El aprovechamiento diferencial de los recursos animales implica otro tipo de utilidades que no se tienen en cuenta y que determinan usos en apariencia económicamente irracionales. Son los distintos productos deseados los que condicionan el tipo de gestión implementada en cada caso y en cada especie.

Por último, la gestión de los recursos determina una construcción particular de un espacio social donde se organizan las actividades productivas (Mameli y Estévez, *op. cit.*). A nivel macro, las comunidades modifican el espacio como consecuencia de las actividades y de los procesos productivos que llevan a cabo en cada lugar, adaptándolo a sus necesidades. Este hecho se puede relacionar con el tipo de medio ambiente, el tipo de recursos y, en el caso de la fauna, con el tipo de especies presentes en ese medio y con los productos buscados.

A nivel micro, en el asentamiento, las actividades se organizan espacialmente de maneras no azarosas que implican una distribución espacial del material, que es una expresión de las relaciones sociales de producción que ordenan los procesos productivos (Mameli y Estévez, *op. cit.*).

En este sentido pensamos que la distribución desigual de un recurso entre los distintos miembros de las sociedades cazadoras recolectoras nos remite a una posible relación desigual entre estos mismos miembros (Barceló *et al.,* 2006).

Para evaluar los parámetros que nos permitirán aproximarnos al valor del producto (disponibilidad, distancia recorrida, tecnología empleada, tiempo de procesamiento y cocción, usos, etc.) deberemos realizar, paralelamente, un trabajo de experimentación y observación controlada para reconocer los atributos y las categorías significativas. Esta experimentación se realiza en tres niveles: los procesos de formación de sitios, los procedimientos de recuperación y de muestreo y las relaciones sociedad-medio.

La experimentación con los procesos de formación de sitios implica la observación tafonómica controlada: las formas naturales de muerte, depositación y pérdida de elementos esqueletarios de la fauna en los lugares donde se emplazan los yacimientos arqueológicos. Asi, se podrán conocer los agentes naturales (bióticos y abióticos) que actúan en la zona y que pueden haber actuado sobre los restos arqueofaunísticos, modificándolos, sustrayendo o aportando materiales, o cambiando su posición original (Mameli y Estévez, 1999).

La experimentación con los procedimientos de recuperación y muestreo se utiliza para evaluar la necesidad de diseñar técnicas que minimicen la pérdida de materiales y aseguren la representatividad de los taxones, sobre todo en el caso de restos pequeños (Juan-Muns, 1992).

Por último, las relaciones sociedad-medio pueden evaluarse a través de la replicación de la producción de bienes, que tiene como objetivo conocer los mecanismos y procesos de trabajo involucrados en cada caso para estimar el valor objetivo del producto. Esto implicará la experimentación en fabricación y uso de herramientas y el cálculo de tiempos de trabajo y distancias recorridas, entre otras cosas.

Arqueozoología en el Canal del Beagle

Esta propuesta fue testeada y puesta a punto en las investigaciones llevadas a cabo en los concheros de la costa del Canal del Beagle (Argentina) desde la década de los ochenta (Estévez y Vila, 1995; Orquera y Piana, 1999, entre otros).

La mayoría de estos concheros corresponden a los residuos de consumo producto de la ocupación de un lugar por cabañas construidas en el centro de las mismas acumulaciones de valvas que, a su vez, constituyen el límite de la estructura cubierta. El centro del círculo de las cabañas queda en una especie de hundimiento de la superficie del terreno a causa de los pequeños montículos de moluscos que fueron acumulados a su alrededor (Estévez y Vila, *op. cit.*).

Las condiciones climáticas y geográficas en las que se ubican delimitan mucho el tipo de recursos que se pueden encontrar en la zona. Las especies vegetales pertenecen mayoritariamente al género *Nothofagus*. Igualmente, la variedad de recursos animales que se podía explotar como alimentos era reducida: recursos litorales como el pescado o los moluscos, que es un tipo de recursos con un valor calórico bajo, aunque rico en proteínas y en vitaminas y muy abundante en la zona y lobo marino que posee un alto contenido de grasa y proteínas.

En el momento de llegada de los barcos europeos, la zona de los canales estaba ocupada por la sociedad Yámana. Por esta razón, nos han llegado varios testimonios etnográficos por parte de etnógrafos y misioneros, como por ejemplo el inglés T. Bridges o el alemán M. Gusinde (1986 [1937]).

Experimentación, excavación y muestreo

En Tierra del Fuego se desarrollaron experiencias de experimentación tafonómica para estudiar la acción de animales carroñeros (marcas en huesos y dispersión de carcasas), asi como los efectos de los agentes climáticos. Estos experimentos implicaron la observación controlada de carcasas de animales de diferente envergadura durante tres años, y permitieron determinar que la velocidad de destrucción de las carcasas varía según el tamaño, a la vez que concluir que el comportamiento de los zorros es altamente predecible y que los efectos que los mismos producen sobre animales muertos naturalmente no son confundibles con los patrones humanos de asentamiento (Mameli *et al.,* 1998; Mameli y Estévez, 1999; 1999-2001).

La excavación en extensión y la utilización de criterios de estratigrafía analítica, utilizadas en forma conjunta, resultaron imprescindibles para entender y reconstruir la dinámica de ocupación del sitio. El área abierta permitió excavar al mismo tiempo toda la extensión del yacimiento, lo que hizo posible que se tuviera siempre una visión global del espacio que éste ocupaba y de su forma, a la vez que de las variaciones de sus estructuras internas. La estratigrafía analítica permitió reconocer y aislar unidades discretas de depositación y ocupación, para excavarlas en forma discreta e individual, recuperando asi unidades de producción «cerradas» (Orquera y Piana, 1995).

En cuanto al muestreo y la recuperación, en dos de los yacimientos excavados se realizó una experimentación para ajustar el método de muestreo en concheros y desarrollar un sistema que garantizaba la representatividad de las muestras al mismo tiempo que rentabilizaba el tiempo invertido en su recuperación.

Estas experiencias de muestreo y la subsiguiente aplicación sistemática de técnicas de recuperación finas (flotación, cribado en agua y revisión de muestras de sedimentos sin cribar en condiciones de laboratorio por personas entrenadas) permitieron una mejora sustancial en la recuperación de restos de pescado, a la vez que la comprobación de que con unidades de muestro de volumen menor, se continuaba manteniendo la proporción global de restos. Por lo tanto, estas experiencias sirvieron para mostrar que en algunos casos, como éste, el muestreo resulta una herramienta útil, si es aplicado según los resultados de una experimentación previa apropiada a cada circunstancia específica (Juan-Muns, 1992).

Análisis arqueozoológicos

Las metodologías de excavación y registro, la experimentación tafonómica y las experiencias de muestreo, junto con las excelentes condiciones de preservación del yacimiento, determinaron que los conjuntos arqueofaunísticos recuperados y su información contextual fueran exhaustivos. Durante la etapa de laboratorio, se analizaron en forma independiente el pescado, las aves, los mamíferos y la malacofauna. Una vez culminados los análisis, los diferentes resultados se integraron junto con el resto del registro para obtener una visión completa de las diferentes unidades de producción y de las variaciones en la explotación de los recursos animales.

Se aplicaron metodologías de análisis que hicieron hincapié en:

- Determinación taxonómica y anatómica.
- Tipo y localización de trazas antrópicas.
- Análisis espacial y remontaje de piezas óseas.
- Estimación de NMIs en forma muy ajustada.
- Determinación de procesos postdepositacionales.
- Tratamiento estadístico descriptivo y analítico de la información.

Estos trabajos permitieron:

- una completa reconstrucción del espectro de especies explotadas, que mostró que el consumo de animales se extendía a muchos más taxones que los mamíferos marinos;

- una evaluación objetiva del peso relativo de cada especie o grupo de taxones en la composición general, que mostró que las especies «menores» representaban una parte muy importante del aporte calórico animal;
- determinar las formas de obtención de las diferentes presas, reconociendo las tecnologías aplicadas, que no siempre se corresponden con las tecnologías especializadas (cazar lobos con flechas y no con arpón);
- distinguir formas de procesamiento y distribución particulares, con diferentes áreas de procesamiento y consumo según especie.

Estos puntos nos llevan a concluir que estamos frente a una sociedad que estableció una relación con el medio y, concretamente, con los animales, lo bastante flexible como para aprovechar toda la variedad de recursos presentes en la zona. Desde el punto de vista de las tecnologías empleadas para su captación, se constata la utilización indiscriminada de todo tipo de tecnologías para todo tipo de recursos animales. Asi, si bien existen tecnologías altamente especializadas (como el arpón) ello no significa que existiera una correspondencia exclusiva entre éstas con cada tipo de recurso. Todo esto ha supuesto que se proponga, para describir este tipo de relación con el medio, el concepto de «especialización en la no-especialización», que implica que si bien son sociedades especializadas en la gestión de ambientes costeros, mantienen un carácter oportunista que les permite una cierta flexibilidad a la hora de obtener cualquier tipo de recursos (Juan-Muns, 1992; Estévez y Martínez, 1995, 1997; Estévez *et al.,* 1995, 2001; Mameli y Estévez, 2005; Verdún, 2005; Gassiot y Estévez, 2006).

Reflexiones finales

Desde una perspectiva materialista histórica, esta propuesta considera los restos arqueofaunísticos como el producto de los procesos de trabajo de una sociedad. Ya que éstos forman parte de las relaciones sociales de producción, son una evidencia de estas relaciones. En este ejemplo, el estudio de la fauna fue abordado entendiendo estos restos como producto del trabajo y de las actividades productivas de estas sociedades.

Para poder realizar una aproximación de este tipo hay ciertos aspectos metodológicos y de registro que hemos constatado que son necesarios (imprescindibles) para poder realizar interpretaciones sociales significativas. Estas cuestiones incluyen aspectos que tienen que ver tanto con los protocolos de campo como con los de laboratorio.

La excavación en extensión y por unidades estratigráficas completas resulta el método más adecuado para poder determinar las relaciones entre los materiales y las estructuras. Este abordaje permite la identificación de eventos de ocupación discretos, que junto con la aplicación de técnicas de estratigrafía analíticas y de registro tridimensional permite una reconstrucción global de cada evento de ocupación y de la sucesión de los mismos en ese contexto específico. De esta manera podremos ver en el interior de cada uno de estos eventos el conjunto «cerrado» de los animales consumidos en ese momento concreto. Esto nos permite establecer con mayor precisión la existencia de cambios en la composición del componente animal de la dieta, a la vez que determinar en qué momento ocurrieron esos cambios.

El trabajo de laboratorio, al igual que el de campo, se estructura en relación con los objetivos de la investigación. Si lo que se busca es reconstruir las actividades y las relaciones sociales que produjeron esa asociación particular, se deberán atender cuestiones básicas como la determinación taxonómica, anatómica, de sexo y edad; prestando especial atención a las modificaciones antrópicas y su localización (cortes, fracturas y alteración térmica). Por otro lado, la biometría es un elemento fundamental para establecer patrones de explotación y grado de presión extractiva. Por último, el remontaje de piezas óseas resulta una técnica muy adecuada para: establecer la distribución del producto entre los miembros de la comunidad; recuperar procesos de trabajo (traslado, descuartizamiento, fracturación, etc.); delimitar áreas de trabajo; establecer sincronías entre ocupaciones; y, en general, aportar información a la interpretación estratigráfica.

Paralelamente, todo esto ayudará a la comprensión de los procesos de formación de sitio involucrados.

Satisfacer las necesidades básicas en cualquier sociedad implica el desarrollo de una compleja estructura de relaciones sociales de producción que se plasmarán en una determinada estrategia organizativa. De esta manera, el estudio de la alimentación también es un camino para conocer las formas en que hombres y mujeres se organizan para la producción y la reproducción, y son estas formas y su transformación lo que constituye, desde nuestro punto de vista, el objeto de estudio de la Arqueología.

Bibliografía

BARCELÓ, J. A. *et al.* (2006). «Análisis etnoarqueológico del valor social del producto en sociedades cazadoras-recolectoras». En I. Briz (coord.), *Etnoarqueología de la Prehistoria: más allá de la analogía.* Barcelona: Departament d'Arqueologia i Antropologia. Instituciò Milà i Fontanals-CSIC (Treballs d'etnoarqueologia, 6). Pp. 189-207.

ESTÉVEZ, J. (1995). «Una història inacabada: l'estudi de restes animals davant d'un gran repte». *Cota Zero*, 11: 11-24.

— (2000). «Aproximación dialéctica a la arqueotafonomía». *Revista Atlántica Mediterránea de Prehistoria y Arqueología Social*, 3: 7-28.

ESTÉVEZ, J. y VILA, A. (coords.) (1995). *Encuentros en los conchales fueguinos, Treballs d'etnoarqueologia.* Bellaterra: UAB, Departament d'Antropologia Social i Prehistòria.

— (1998). «Tierra del Fuego: lugar de encuentros». *Revista de Arqueología Americana*, 15: 187-219.

ESTÉVEZ, J. *et al.* (1998). «Cazar o no cazar ¿es esta la cuestión?». *Boletín de Antropología Americana*, 33: 5-24.

GASSIOT, E. (2000). *Anàlisi arqueològica del canvi cap a l'explotació del litoral.* Tesis doctoral inédita, Universidad Autónoma de Barcelona. Departamento de Antropología Social y Prehistoria, Facultad de Filosofía y Letras.

GASSIOT, E. y ESTÉVEZ, J. (2006). «Last foragers in coastal economies: a comparative study of the Cantabrian Mesolithic, Yamana of Tierra del Fuego and the Archaic Foragers of the Central American Coast». En C. Grier; J. Kim; J. Uchiyama (eds.), *Beyond Affluent Foragers. Rethinking Hunter-Gatherer Complexity, Proceedings of the 9th ICAZ Conference, Durham 2002*. Oxford: Oxbow Books. Pp. 90-105.

GUSINDE, M. (1986) [1937]. *Los indios de Tierra del Fuego. Los Yámana*, tomo 2. Buenos Aires: Centro Argentino de Etnología Americana, Consejo Nacional de Investigaciones Científicas y Técnicas.

MAMELI, L. y ESTÉVEZ, J. (1999). «Procesos postdepositacionales: un caso de experimentación tafonómica en un área arqueológica». En L. Mameli y J. Pijoan (eds.), *Reunión de Experimentación en Arqueología,* Trabajos de Arqueología, Vol. especial. Bellaterra: Universitat Autònoma de Barcelona.

— (1999-2001). «Seguimiento taxonómico de carcasas de camélidos, ovinos y bovinos en Tierra del Fuego (Argentina) e implicaciones arqueológicas». *Revista Xama,* 12-14: 87-106.

— (2005). *Etnoarqueología de aves: el ejemplo del extremo sur americano,* Madrid: CSIC (Treballs d'Etnoarqueologia, 5).

JUAN-MUNS, N. (1992). *La pesca com a alternativa econòmica per als Yàmana, nòmades canoers del Canal Beagle (Tierra del Fuego, Argentina).* Tesis doctoral, inédita. Universitat Autònoma de Barcelona.

ORQUERA, L. A. y PIANA, E. L. (1995). «La excavación». En J. Estévez y A. Vila (coords.), *Encuentros en los conchales fueguinos.* Barcelona: Departament d'Arqueologia Social i Prehistoria, CSIC (Treballs d'Etnoarqueologia, 1).

— (1999). *Arqueología de la región del Canal Beagle (Tierra del Fuego, República Argentina).* Buenos Aires: Sociedad Argentina de Antropología.

PIQUÉ, R. (1999). *Producción y uso del combustible vegetal: una evaluación arqueológica.* Madrid: Universidad Autónoma de Barcelona-CSIC (Treballs d'Etnoarqueologia, 3).

TERRADAS, X. (2001). *La gestión de los recursos minerales en las sociedades cazadoras-recolectoras.* Madrid: Universidad Autónoma de Barcelona-CSIC (Treballs d'Etnoarqueologia, 4).

VERDÚN, E. (2005). *Aproximació a l'estudi dels conquillers a través de la malacofauna,* Trabajo de Investigación de Doctorado, Departamento de Prehistoria, Universidad Autónoma de Barcelona.

El aprovechamiento de los recursos vegetales entre los Selknam de Tierra del Fuego (Argentina), una aproximación etnoarqueológica

MARIAN BERIHUETE
Departament de Prehistòria de la Universitat Autònoma de Barcelona
Unidad Asociada CSIC
LAURA CARUSO
Departament de Prehistòria de la Universitat Autònoma de Barcelona
Unidad Asociada CSIC
ESTELA MANSUR
Centro Austral de Investigaciones Científicas (Ushuaia)
GUILLERMINA MASSACCESI
Centro Austral de Investigaciones Científicas (Ushuaia)
CARMEN MENSUA
Departament de Prehistòria de la Universitat Autònoma de Barcelona
Unidad Asociada CSIC
RAQUEL PIQUÉ
Departament de Prehistòria de la Universitat Autònoma de Barcelona
Unidad Asociada CSIC

RESUMEN. Desde una perspectiva integradora de la arqueología y las fuentes etnográficas (tanto escritas como museísticas) abordamos el estudio de las estrategias implementadas para el aprovechamiento de los recursos vegetales entre los Selknam de Tierra del Fuego (Argentina). Los datos obtenidos a partir del análisis de macrorrestos vegetales en el sitio Ewan, ocupado a principios del siglo XX, y su confrontación con los datos etnográficos muestran que el entorno forestal se aprovechó para obtener recursos leñosos, semillas y frutos. Éstos se utilizaron como combustibles, para la elaboración de instrumentos, para la construcción de las viviendas y como alimento.

ABSTRACT. From an integrating perspective of the archaeology and the ethnographical sources we approach the study of the strategies implemented for the exploitation of the vegetal resources among the Selknam of Tierra del Fuego (Argentina). The data obtained from the analysis of vegetal macroremains in the site Ewan, occupied at the beginning of the 20th C., and its confrontation with the ethnographical data shows that the forest environment was managed to obtain woody resources, seeds and fruits. These were used as fuel, for the elaboration of instruments, for the construction of the dwellings and as food.

El aprovechamiento de recursos vegetales ha sido frecuentemente subvalorado en el estudio arqueológico de las sociedades cazadoras-recolectoras. En ellas generalmente la investigación se ha centrado en al análisis de los restos líticos, que son hoy utilizados para deducir técnicas y estrategias de producción, y en el de los restos macrofaunísticos, a partir de los cuales se infieren datos sobre estrategias de captura, procesamiento y consumo. En cambio, los restos arqueobotánicos continúan siendo marginados de la mayor parte de los programas de investigación.

Este aparente «desinterés» por los restos arqueobotánicos parece deberse a diversos factores. Por un lado, se ha presentado como argumento la baja conservación de los restos vegetales en los contextos arqueológicos. En tanto que materia orgánica, éstos se descomponen rápidamente y tan sólo se preservan cuando se producen circunstancias particulares (carbonización, inclusión en medios anaeróbicos, etc.). Sin embargo, la carbonización de los vegetales no es un hecho excepcional y algunas partes de las plantas, por su naturaleza inorgánica, se conservan en todo tipo de sedimento, por lo que pueden ser recuperadas utilizando técnicas adecuadas. En este sentido, resulta fundamental comenzar reconociendo el sesgo que los métodos de excavación y recuperación introducen en las muestras. Asi, la no utilización de técnicas adecuadas implica la pérdida o subrepresentación de los recursos vegetales.

Por otro lado, generalmente se ha subrayado el papel de la caza, y por lo tanto de los recursos faunísticos, en la dieta de las sociedades cazadoras-recolectoras. Esta idea surge del análisis de datos etnográficos, ello pese a que numerosos trabajos etnográficos demuestran que las plantas tuvieron un papel fundamental en la economía de estos grupos. Tal circunstancia parte de la premisa derivada de la Etnografía clásica (y «por tradición» aceptada en Arqueología prehistórica) de que «los cazadores prehistóricos» cazaban sobre todo grandes mamíferos, o bien que sólo estos animales formaban parte importante de su dieta. Esta imagen etnográfica surge de diferentes corrientes de pensamiento, generalmente construidas desde una perspectiva androcéntrica (casi siempre fueron hombres, en particular del siglo XIX y comienzos del XX, los que las describieron) que además se centraron en sociedades que estaban siendo destruidas por el contacto con los modernos colonizadores en aras de la civilización (Mansur, 2006). Así, aun cuando trabajos clásicos sobre sociedades cazadoras-recolectoras hayan subrayado el importante rol de los recursos vegetales en la dieta, tal es el caso de Lee (1968), el título de cuya obra *Man the Hunter* (Lee y DeVore, 1968) parece haberse transformado en la premisa emblemática para los estudios en arqueología prehistórica.

Desde nuestro punto de vista, los recursos vegetales juegan un rol importante en los sistemas de producción y reproducción social de los cazadores-recolectores, no sólo en cuanto a su uso alimentario sino también por su empleo como materias primas esenciales. En cuanto a su uso alimentario, sin embargo, la visión que se ha extendido es que los vegetales constituyen *recursos secundarios* o *marginales,* frecuentemente sin hacer una evaluación económica real de su aporte a la dieta. Con respecto a todo lo que se refiere al uso de materias primas de origen vegetal para fines no alimentarios, es decir, para la manufactura de diversos tipos de bienes, tampoco las menciones son frecuentes. En este caso, la argumentación principal ha sido la baja representación de estos elementos en los contextos arqueológicos. Estos usos de plantas, aunque puedan ser inferidos indirectamente a partir de los análisis de rastros de uso de los instrumentos líticos, generalmente son poco tratados, excepto cuando la conservación de los materiales es excepcional.

Como consecuencia, los estudios sobre la alimentación de origen vegetal o la manufactura de artefactos con materias primas vegetales son muy esporádicos y poco sistemáticos en las investigaciones arqueológicas sobre sociedades cazadoras-recolectoras. Cuando han sido llevados a cabo, se han centrado sobre todo en evidenciar cuáles fueron las plantas consumidas, principalmente frutos y semillas silvestres, sin profundizar en los procesos de trabajo involucrados en su obtención y, por lo tanto, en el valor económico de estos productos.

Un caso aparte lo constituyen los carbones o residuos de combustión arqueológicos, que generalmente son ubicuos en los yacimientos. Su estudio es más frecuente ya que tradicionalmente se ha orientado a la reconstrucción del paisaje y su evolución a lo largo del tiempo. Sin embargo, pocas veces se los estudia en tanto que residuos de recursos consumidos.

En el marco del proyecto etnoarqueológico «Sociedad y Ritual entre los Selknam de Tierra del Fuego»[1] hemos tenido la oportunidad de llevar a cabo un análisis exhaustivo de las evidencias del consumo de vegetales, que tiene por objetivo poner de manifiesto la importancia económica de las plantas en las sociedades cazadoras-recolectoras. Para ello hemos confrontado la abundante documentación etnográfica existente y el estudio de colecciones de materiales etnográficos depositados en diferentes museos, con la investigación desde diferentes enfoques de los restos vegetales recuperados en la excavación de dos sitios de la zona central de Tierra del Fuego (Argentina).

Las sociedades indígenas

El territorio de Tierra del Fuego está ubicado en el extremo más meridional de Sudamérica, en el ámbito subantártico. Está formado por una isla mayor, la Isla Grande, que actualmente forma parte de los estados chileno y argentino, y una serie de islas menores e islotes que se extienden hacia el este y el sur.

Hasta fines del siglo XIX, Tierra del Fuego estuvo poblada por sociedades cazadoras-recolectoras que habían desarrollado dos modos diversos de interrelación con el ambiente (Borrero, 1991; Emperaire, 1955; Mansur, 2003; Massone, 2003; Massone *et al.,* 1993; Orquera y Piana, 1999a y b). En esa época, las zonas norte y centro de la Isla Grande eran el territorio del pueblo selknam, mientras que las costas de la parte meridional, así como las costas de la península Brunswick y de las islas e islotes que se extienden hacia el sur, eran habitadas por grupos canoeros, los yámana y alacalufes, tradicionalmente denominados «nómades del mar».

El análisis de la abundante documentación histórica y etnográfica existente revela que la base económica de estas sociedades provenía tanto de la caza como de la recolección de una amplia variedad de recursos. Sin embargo, en la práctica, los diferentes grupos fueron diferenciados sobre todo por su base alimenticia y en función de la visibilidad e importancia atribuida por los relatores a los residuos generados. Así, los canoeros del Canal Beagle fueron considerados principalmente como recolectores, debido al volumen de los depósitos de valvas de moluscos («concheros») de los sitios arqueológicos,[2] en tanto que los pueblos del norte de la isla fueron catalogados principalmente como cazadores. Para ellos, las fuentes señalan que su economía se

[1] El proyecto mencionado se desarrolla en colaboración entre el Centro Austral de Investigaciones Científicas (CONICET-CADIC) en Ushuaia, la Universidad Autónoma de Barcelona y el Laboratorio de Arqueología del Consejo Superior de Investigaciones Científicas de Barcelona. Ha contado con subsidios del programa para Excavaciones en el Extranjero del Ministerio de Cultura de España.

[2] Esta clasificación como «recolectores» fue reconsiderada a partir del estudio de numerosos sitios arqueológicos que revelaron que la recolección de recursos litorales (moluscos, crustáceos, etc.) funcionó como válvula de seguridad del sistema económico, pero que la mayor parte del aporte calórico y proteico provenía de la caza de mamíferos marinos, en particular las dos especies más comunes de pinnípedos: el lobo de un pelo *(Otaria flavescens)* y el lobo de dos pelos *(Arctocephalus australis)* (Orquera y Piana, 1999a).

basaba sobre todo en la explotación de recursos animales continentales, con mayor o menor uso complementario de los recursos de recolección marina y continental (Gusinde, 1937 [1982]; Chapman, 1986, 1989; Gallardo, 1910 [1998], entre otros). Todas las fuentes coinciden en señalar que el principal aporte alimentario provenía de la caza del guanaco, aunque mencionan también la captura de roedores y aves, la pesca en los lagos, ríos y lagunas y la recolección de vegetales y hongos. Asimismo, indican que el guanaco también brindaba otras materias primas importantes: las pieles para la confección de la vestimenta, recipientes, bolsas y paravientos; huesos para retocadores y otros utensilios; tendones para ligaduras, etc. Sin embargo, pasa prácticamente desapercibido el hecho de que todos los procesos de trabajo requerían la utilización de productos vegetales, y que estos recursos eran utilizados también para la construcción de la vivienda, como combustible, etc.

También resulta interesante señalar que, en la imagen forjada por viajeros y etnógrafos, la caracterización de la economía de ambos grupos se realiza según la información sobre la base alimenticia, es decir, centrándose sobre todo en las actividades cinegéticas, y complementariamente en la elaboración de los instrumentos que las hacían posibles, actividades que coincidentemente en general eran desarrolladas por los hombres. Al contrario, se ha prestado menos atención a otras actividades de subsistencia, que generalmente eran asumidas por las mujeres, entre ellas la obtención y procesado de recursos vegetales. En la visión tradicional de las fuentes etnográficas, estas actividades eran mínimas; en este sentido Gusinde (1937 [1982]: 175) afirmaba que: «[...] *los alimentos vegetales son prácticamente inexistentes*», «[...] *el suelo no rinde más que frutos insignificantes*», «*[F]altan las condiciones materiales para practicar un nomadismo superior, como también para el cultivo de huerta y la agricultura*».

Hoy se sabe que las plantas fueron utilizadas con una gran variedad de propósitos entre los indígenas fueguinos. Tanto para su obtención como para su procesado y consumo se aplicaron técnicas sofisticadas, que denotan el amplio conocimiento que tenían sobre el mundo vegetal.

El objetivo de este trabajo es presentar los resultados obtenidos, desde una perspectiva integradora de la arqueología y las fuentes etnográficas (tanto escritas como museísticas), sobre el estudio de las estrategias implementadas para el aprovechamiento de los recursos vegetales entre las comunidades fueguinas de la zona central de la Isla Grande. En este trabajo valoramos principalmente las aportaciones de los estudios antracológicos y carpológicos sobre el sitio Ewan de Tierra del Fuego, aunque también se han tenido en cuenta datos sobre otros usos de las plantas procedentes de etnógrafos, viajeros y otras personas que vivieron en la zona (Lista, 1887; Segers, 1891; Gallardo, 1910; Beauvoir, 1915; Cooper, 1917; Lothrop, 1928; Gusinde, 1937; Bridges, 1951; De Agostini, 1956; Martínez-Crovetto, 1968) y datos procedentes de otros yacimientos de Tierra del Fuego con cronologías similares, en este último caso centrados en el aprovechamiento del combustible vegetal.

Los sitios Ewan I y Ewan II

Durante las intervenciones arqueológicas en el sitio Ewan, llevadas a cabo los años 2003 a 2005, fueron excavados una estructura de madera de forma cónica (Ewan I) y un sitio ubicado a 200 metros al oeste de la primera (Ewan II) (figura 1). Partíamos de la hipótesis de que en este lugar se llevó a cabo la ceremonia de iniciación selknam denominada *Hain*, ya que su localización y tipo de construcción son compatibles con los datos ofrecidos por la información etnográfica con respecto a las características de la choza ceremonial y el área doméstica (Mansur *et al.*, 2004, 2005, 2007; Vila *et al.*, 2004).

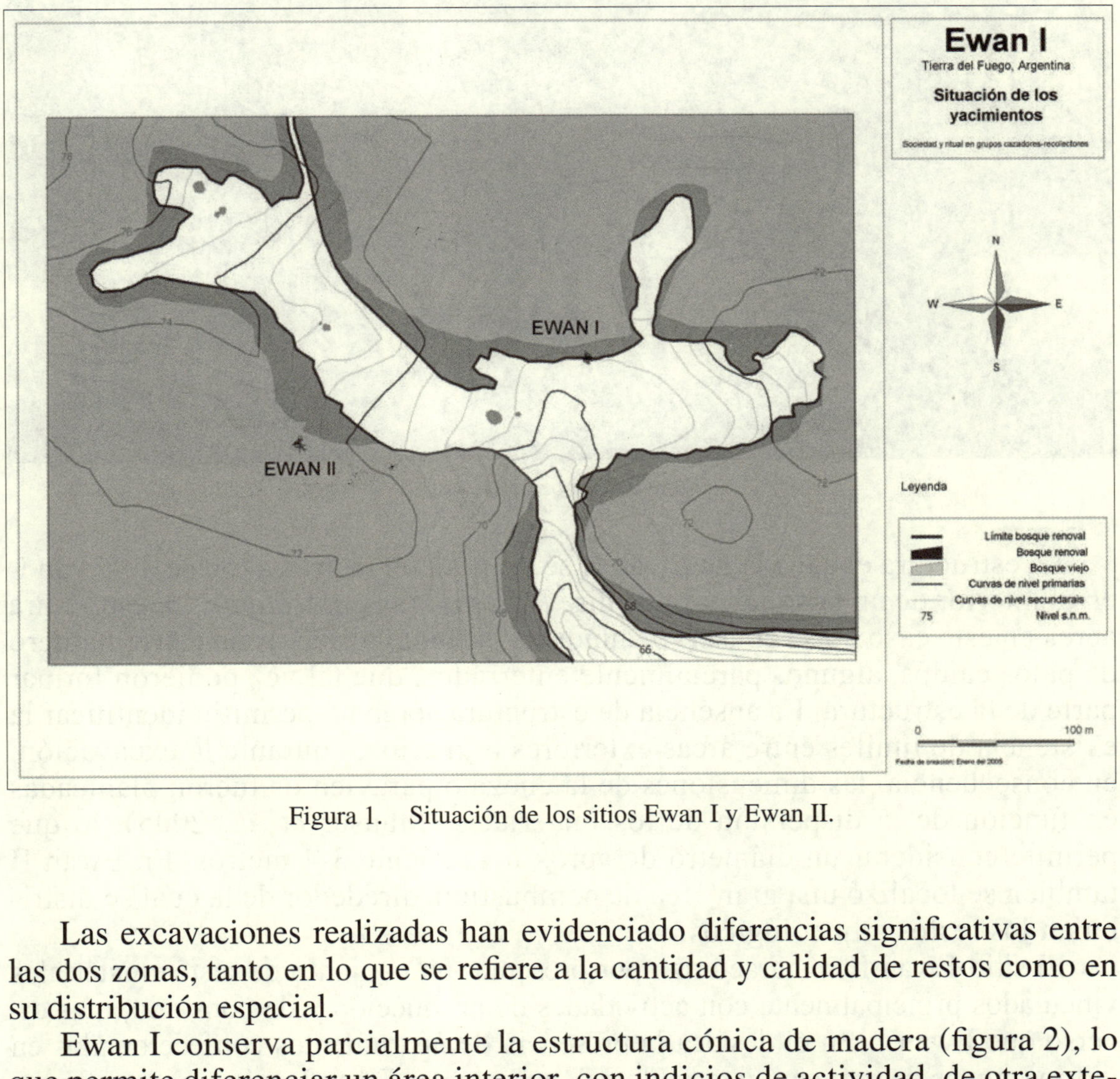

Figura 1. Situación de los sitios Ewan I y Ewan II.

Las excavaciones realizadas han evidenciado diferencias significativas entre las dos zonas, tanto en lo que se refiere a la cantidad y calidad de restos como en su distribución espacial.

Ewan I conserva parcialmente la estructura cónica de madera (figura 2), lo que permite diferenciar un área interior, con indicios de actividad, de otra exterior sin presencia de restos materiales. En el interior de la choza se documentó una gran área de combustión, en cuyo interior y cuya periferia inmediata se distribuía la mayor cantidad de restos arqueológicos. Las características constructivas, tamaño y localización de esta choza son coherentes con los datos etnográficos citados anteriormente, que relatan que la choza del *Hain* se construía en un claro, cerca de la primera línea de árboles, con la entrada orientada hacia el este. En este caso, la función ritual de Ewan I fue reconocida gracias a la etnografía y a la buena preservación de la estructura de madera y del entorno físico, elementos que no se hubiesen conservado en un registro arqueológico de mayor antigüedad.

Figura 2. Choza de Ewan I.

La estructura excavada de Ewan II se sitúa a 200 metros al oeste de Ewan I, en el interior de un bosque viejo de ñire *(Nothofagus antarctica)*. La estructura aérea en este caso no se conservó, aunque sí se pudo observar un cierto número de palos caídos, algunos parcialmente enterrados, que tal vez pudieron formar parte de la estructura. La ausencia de estructura aérea no permitió identificar la existencia de límites entre áreas exteriores o interiores durante la excavación; en consecuencia, las dimensiones de la choza o paravientos fueron planteadas en función de la dispersión de los materiales (Mansur *et al.*, 2005), lo que permite considerar un diámetro de aproximadamente 3-4 metros. En Ewan II también se localizó una gran área de combustión, alrededor de la cual se distribuían los restos arqueológicos.

El sitio Ewan II se caracteriza por presentar un conjunto de restos materiales vinculados principalmente con actividades de producción y de consumo, más diverso que Ewan I. En él destaca la presencia de instrumentos confeccionados en vidrio (puntas de proyectil y raspadores), ausentes en Ewan I, así como muy abundantes restos de talla que indican el desarrollo de actividades de subsistencia.

Datación de Ewan

La buena preservación de los palos utilizados para la construcción de la choza de Ewan I y de los restos de Ewan II permitió llevar a cabo la datación del sitio mediante el método de la dendrocronología. Para ello fue necesario confeccionar previamente una cronología testigo, con muestras de árboles vivos de la especie *Nothofagus Antarctica* (ñire), que fue la utilizada para construir ambas estructuras.

Para la serie de referencia se tomaron muestras con barreno de Pressler de 23 árboles que crecían en los alrededores del sitio, dos para cada individuo. La edad calendaria para cada anillo de crecimiento fue establecida de acuerdo con el criterio de Schulman (1956). Las mediciones de los anillos fueron registradas con el programa MEDIR (Krusik *et al.,* 1997). Posibles errores en las mediciones y el fechado de los anillos de crecimiento fueron detectados usando el programa COFECHA (Holmes, 1983). Aproximadamente un 90% del total de muestras recolectadas fue cofechada con éxito; las muestras restantes no pudieron ser cofechadas debido a la presencia de sectores con anillos poco distinguibles o diversos tipos de heridas o traumas en la madera.

Los troncos utilizados en la construcción de las chozas se dataron también mediante la utilización del programa COFECHA. Las muestras de Ewan I fueron extraídas con barreno de 6 de los palos que aún se encuentran en pie; también se obtuvieron rodajas de 13 palos que se encontraban caídos dentro de la choza. Pudieron ser cofechados 4 de los palos en pie y 5 de los palos caídos. En dos muestras de los palos en pie y en una de las rodajas se pudo distinguir que el último anillo corresponde al año 1905, y que el corte se efectuó probablemente en primavera, ya que el anillo no estaba totalmente formado. El resto de los palos había perdido la corteza y los últimos anillos formados. Las muestras de Ewan II están todavía en fase de estudio.

Los recursos forestales como combustible

En la etnografía selknam se encuentran pocas referencias sobre los combustibles utilizados, tan sólo algunas menciones generales sobre el aprovechamiento de la madera de los bosques de *Nothofagus,* pero sí se describen en detalle algunos aspectos de la gestión del fuego. Gusinde *(op. cit.)* señala que se utilizaban grandes troncos para alimentar los hogares, por lo menos en la zona más meridional de la Isla Grande, que es donde se encuentran las masas forestales. Estos troncos o grandes ramas se iban acercando al fuego a medida que se consumían. Para reavivar las brasas o remover la leña se utilizaban unas pinzas confeccionadas a partir de una rama de *Berberis* sp. (calafate, michay), arbusto que crece en los márgenes del bosque. Cooper (1917), por otra parte, señala que para encender el fuego utilizaban pirita y hongos secos. También se menciona el uso de antorchas para cazar aves confeccionadas con ramas de *Empetrum* sp.

El fuego fue utilizado por los selknam para una gran diversidad de propósitos, entre ellos procesar alimentos o transformar algunas materias primas, pero por encima de todo fue imprescindible para garantizar la supervivencia en un clima como el imperante en la zona. Así el fuego sirvió para dar calor y luz, permitiendo de esta manera que se pudiera desarrollar la mayoría de las actividades de producción y reproducción.

En lo que se refiere a la recolección de la leña, Gusinde *(op. cit.)* indica que participaba todo el grupo, aunque cada miembro tenía una responsabilidad diferente. Los niños y niñas se encargaban de recolectar ramitas, las mujeres arrancaban ramas de los árboles mientras que los hombres abatían ramas y desarraigaban troncos con sus lazos. Generalmente se buscaba leña muerta, aunque se evitaba aquella que estaba en proceso de descomposición. La leña así producida era después recolectada y transportada por las mujeres, que para este fin utilizaban una correa portadora con la que sujetaban los haces de ramas. Por lo tanto, era necesaria una gran inversión de tiempo y esfuerzo para obtener el combustible.

Aunque la leña es abundante en las zonas boscosas del centro y sur de la isla hay que señalar que ésta es escasa en el norte, donde el paisaje es estepario y tan sólo crecen pequeños arbustos aislados de *Chilliotrichum diffusum* (matanegra). Ello conlleva un mayor esfuerzo en la recolección del combustible vegetal en estas zonas.

En los sitios Ewan I y Ewan II, la excavación de las dos estructuras mencionadas permitió documentar sendas áreas de combustión de gran tamaño que ocupaban un lugar central en cada choza. En ambas áreas de combustión, asi como en el resto del área ocupada, el carbón era abundante y fue recogido de manera sistemática (a mano y mediante la flotación de los sedimentos). El estudio de los restos de madera carbonizada indica que el combustible utilizado fue exclusivamente *N. antarctica,* tanto en la choza ceremonial como en la doméstica. Los resultados son todavía provisionales, ya que la muestra estudiada es todavía pequeña (el análisis de los restos se encuentra aún en curso), no obstante se puede destacar la baja diversidad taxonómica en ambos depósitos.[3]

Nothofagus antarctica es la especie dominante en la actualidad en el bosque que rodea el claro donde se encuentran las chozas, por lo tanto podemos asumir un consumo local de la leña. Se trata de un recurso de fácil acceso, puesto que se presenta de manera abundante en el medio y, por tanto, siempre garantiza el aprovisionamiento de combustible. Las propiedades fisicoquímicas de su madera hacen que se considere como un combustible mediocre, no obstante este rasgo se ve compensado por la facilidad de recolección de este recurso en el entorno. También, al ser una especie arbórea, es uno de los taxones que ofrece la posibilidad de recolectar ramas y troncos de tamaño grande.

Las características de los carbones recuperados en el sitio, grandes fragmentos con anillos de crecimiento poco curvados, indica que la leña utilizada era de porte grande en ambas chozas. En Ewan II la conservación de algunos restos de madera parcialmente quemados, que todavía se conservaban en el fogón, corrobora que el tipo de leña utilizado eran troncos y ramas de gran tamaño. Estos troncos muestran señales de corte por hacha, lo que indica una recolección de leña selectiva, si bien no en cuanto a la especie consumida, sí al menos respecto a la morfología y características de la leña.

Los alimentos de origen vegetal

Los trabajos realizados por etnógrafos y las informaciones proporcionadas por viajeros y otras personas que vivieron en la zona a finales del siglo XIX y principios del XX aportan algunos datos, si bien escasos, sobre los usos de las plantas para fines alimentarios entre los selknam. Destacan los trabajos de Gallardo (1910),

[3] Esta baja diversidad taxonómica contrasta con lo observado en fogones de sitios de la costa norte del Canal Beagle (Túnel VII, Lanashuaia, Alashawaia, Shamakush), que muestran mayor diversidad en los tipos de combustible utilizados (Piqué, 1999). Sin duda la composición del bosque en las diferentes áreas de aprovisionamiento de los yacimientos jugó un papel importante, por lo que las marcadas diferencias encontradas entre los taxones representados pueden reflejar la diversidad paisajística.

Beauvoir (1915), Gusinde (1937 [1982]), Bridges (1948 [2000]), así como los estudios etnobotánicos de Martínez-Crovetto (1968).

De estas fuentes podemos obtener informaciones útiles sobre qué taxones eran consumidos, cuáles eran los procesos de trabajo necesarios para su extracción del medio y para su preparación, cuáles las modalidades de consumo o qué miembros del grupo se ocupaban de su recolección. Sin embargo, volvemos a insistir en que han de ser usadas de manera crítica, pues además del sesgo derivado de la visión eurocéntrica y androcéntrica, a menudo estos autores introducen claras apreciaciones personales sobre el valor económico de los recursos vegetales entre los selknam. Sin embargo, el trabajo de Martínez Crovetto *(op. cit.)* deja entrever que la sociedad selknam tenía un amplio conocimiento de los vegetales de su entorno, que le permitía hacer uso de los mismos según sus necesidades.

Aunque la mayoría de los autores señalan que el alimento vegetal desempeñaba un papel secundario en la dieta, también mencionan que los selknam apreciaban el sabor y recogían aquellos vegetales que podían emplear para su consumo alimentario. Resulta interesante destacar el consumo de diferentes partes de las plantas (tabla 1):

– Bayas: *Berberis, Empetreum rubrum, Pernettya mucronata, Ribes magellanicum, Rubus geoides.*
– Hojas: *Taraxacum magellanicum* (diente de león), *Apium austral.*
– Tallos*: Apium austral.*
– Raíces*: Apium austral, Boopis australis, Calyceraceae sp.*
– Semillas*: Descurainea canescens.*
– Savia: *Nothofagus* en primavera y otoño desprendían un trozo de corteza de los árboles jóvenes y presionaban para que saliera la savia.

Nombre	**Nombre indígena**	**Nombre castellano**	**Parte consumida**	**Modo de preparación**	**Autor**
Adesmia lotoides	*Kiárksh*		Raíces y tubérculos	Consumo directo	Martínez Crovetto
Apium australe	*Kiel, aitá*	Apio silvestre	Hojas y raíces	Consumo directo o hervido	Gusinde Martínez Crovetto Gallardo
Arjona patagonica	*Téen*		Raíces y tubérculos	Consumo directo	Martínez Crovetto
Azorella filamentosa	*Tésh(ue)n*		Raíces y tubérculos	Consumo directo o calentadas en la ceniza	
Azorella A. lycopodioides, A. monantha, A. selago, A. trifurcata	*Tes, tesh, tésh(ue)n*		Raíces y tubérculos	Consumo directo o calentadas en la ceniza	
Berberis buxifolia	*Maces, me'ch, mích, mich*	Calafate	Bayas	Consumo directo	Gusinde Bridges Martínez Crovetto

Berberis empetrifolia	*Mich kan, mich*	Calafatillo	Bayas	Consumo directo	Martínez Crovetto
Bolax caespitosa	*Tésh(ue)n, tísh(ue)n*		Raíces y tubérculos	Consumo directo o calentadas en la ceniza	
Bolax gunmifera	*Tésh(ue)n, tísh(ue)n*	Llareta	Raíces y tubérculos	Consumo directo o calentadas en la ceniza	
Boopis australis	*Íshta*		Raíces y tubérculos	Asada en la ceniza	
Descurainea canenscens o *antarctica*	*Thai, tâíiu, taáiu*		Semilla	Molido, tostado	Gusinde Beauvoir Gallardo Martínez Crovetto
Empetrum rubrum	*Kôl, kôle.* Fruto*: wasax, wáshj, wásje*	Murtilla	Bayas	Consumo directo	Gusinde Martínez Crovetto
Fragaria chiloensis	*Óltâ, ólta, o(u)ltá*	Frutilla silvestre	Frutos	Consumo directo	Martínez Crovetto
Hypochoeris incana	*sóol*		Raíces y tubérculos	Tostados o calentados sobre las cenizas	
Hipochoeris radicta	*Oitá*		Hojas	Consumo directo	
Nothofagus pumilio	*Kualchñinke, kualchínk*	Lenga	Savia	Consumo directo	
Oreomyrrhis andicola	*seltái*		Raíces y tubérculos	Consumo directo	
Pernettya mucronata	*Seuwh, shal*	Chaura	Bayas	Consumo directo	Gusinde Beauvoir Gallardo Martínez Crovetto
Pernettya pumilia	*Shal*	Mutilla	Bayas	Consumo directo	Martínez Crovetto
Ribes magellanicca	*Shéthrhen, estén, shitr, shetrr*	Parrilla	Bayas, hojas en té y corteza en infusión	Consumo directo o hervido de algunas partes	
Rubus geoides	*Waásh shal*	Frutilla de Magallanes	Bayas	Consumo directo	

Taraxacum magellanicum, gilliesii y *officinale*	*Oiten, oitá, oitáoi, oi'tá*	Achicoria	Flores, hojas y raíces	Consumo directo	Gusinde Martínez Crovetto

Tabla 1. Resumen de las principales especies citadas en la bibliografía etnográfica analizada.

Algunas de estas plantas eran consumidas directamente, éste era el caso de la mayoría de las bayas, que eran recolectadas por las mujeres y consumidas en crudo, a menudo in situ. Otras, en cambio, eran objeto de cocción o de una elaborada preparación. El ejemplo más representativo es el de las semillas de *Descurainea canescens*, éstas eran descascarilladas una vez secas y molidas entre dos piedras lisas, esta harina se amasaba con grasa y se obtenía asi una especie de pan de color chocolate que comían en cualquier momento y consideraban una golosina. También las raíces a menudo eran asadas al fuego.

La aplicación de un muestreo sistemático en los sitios Ewan I y Ewan II permitió recuperar restos de semillas carbonizadas en contextos arqueológicos selknam. Los resultados de su análisis nos permiten ampliar nuestros conocimientos sobre la economía selknam (Berihuete, 2006).

Si bien todo el sedimento del nivel arqueológico fue flotado, debido a la gran cantidad de restos, el análisis se centró en una muestra que consideramos representativa: los fogones y la transecta este-oeste, que representa todos los ámbitos en ambas chozas (entrada, consumo y circulación).

En Ewan I fueron recuperados 2952 restos que permitieron identificar dos especies *(Empetrum rubrum y Galium aparine)*, diez géneros *(Empetrum, Galium, Bromus, Festuca, Lolium, Carex, Cerastium, Poa/Phleum, Chenopodium/ Atriplex, Polygonum)* y nueve familias *(Empetraceae, Rubiaceae, Poaceae, Cyperaceae, Polygonaceae, Plantaginaceae, Chenopodiaceae, Caryophyllaceae, Umbelliferae)*.

En Ewan II fueron recuperados 527 restos, entre los que fueron identificados cuatro especies *(Empetrum rubrum, Galium aparine, Lolium perenne, Polygonum aviculare)*, 10 géneros *(Empetrum, Galium, Bromus, Festuca, Lolium, Carex, Cerastium, Malva, Chenopodium/Atriplex, Polygonum)* y 13 familias *(Empetraceae, Rubiaceae, Poaceae, Cyperaceae, Polygonaceae, Plantaginaceae, Chenopodiaceae, Caryophyllaceae, Umbelliferae, Malvaceae, Leguminosae, Labiatae, Plantaginaceae)*.

La especie predominante en Ewan I es la murtilla *(Empetrum rubrum)*, mientras que en Ewan II la más representada es el amor de hortelano *(Galium aparine)* (figura 3). La cantidad de ejemplares de estos taxones en cada caso es muy superior a la del resto, sugiriendo un uso diferenciado de taxones según la función de los espacios: ritual o doméstico. Sin embargo, a pesar de las diferencias taxonómicas entre las chozas, se observa un comportamiento similar en cuanto a la distribución de taxones (la mayor diversidad se da en la periferia más inmediata del fogón) y a la concentración de restos (la mayor cantidad se encuentra en la periferia más inmediata del fogón y en ambos casos se presentan concentraciones marginales).

Creemos que la combinación de arqueología y etnografía nos permite obtener una visión más completa sobre la economía de la sociedad selknam. Sin embargo, es difícil compaginar informaciones que a menudo no tienen punto de contacto aparente. En este punto la etnografía podría ayudarnos a inferir cómo llegaron hasta allí las especies encontradas (procesos de trabajo, modos de consumo) y para qué (usos de los taxones). Lamentablemente, entre las especies identificadas sólo la murtilla *(Empetrum)* es mencionada en los textos (Gallardo, 1998: 58; Gusinde, 1937 [1982]: 270, Martínez-Crovetto, 1968).

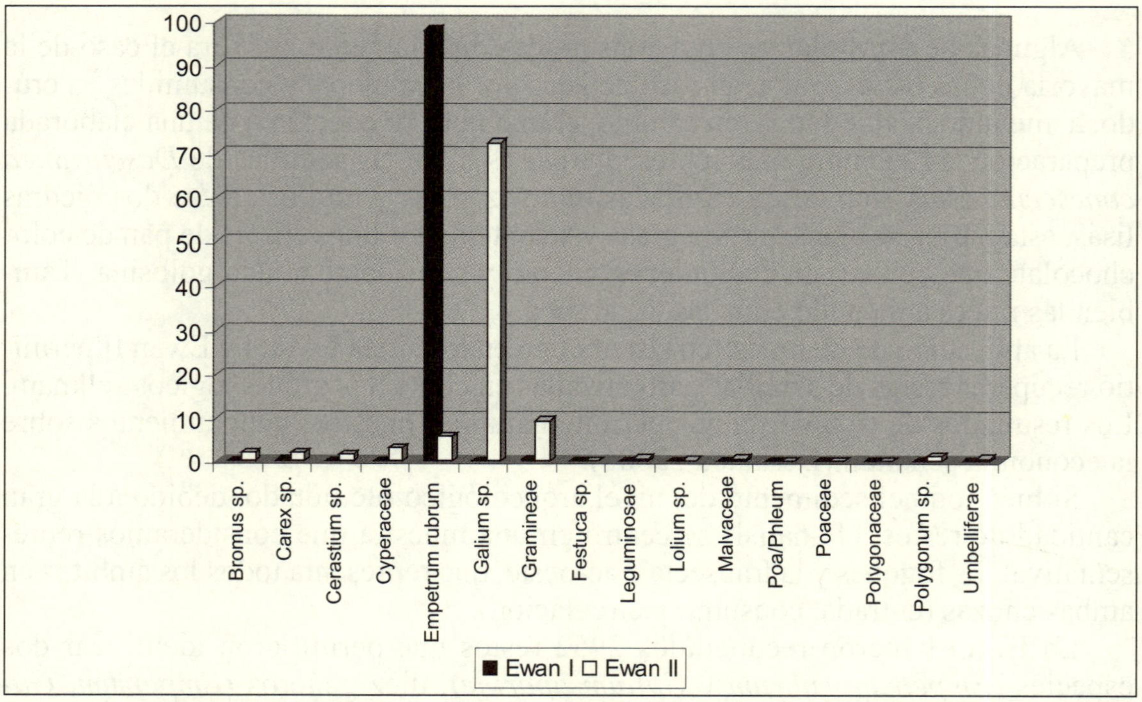

Figura 3. Distribución de taxones identificados entre semillas y frutos carbonizados en Ewan I y Ewan II.

La producción de bienes: materias primas y tecnología

Diferentes museos etnográficos europeos disponen de amplias colecciones de objetos procedentes de Tierra del Fuego elaborados con materias primas vegetales, que revelan la habilidad de estas sociedades para la transformación de las materias primas en bienes. Estos elementos, juntamente con las fuentes etnográficas, indican que las comunidades fueguinas aprovechaban intensamente los recursos del bosque para confeccionar todo tipo de bienes.

La madera fue materia prima para la confección de artefactos relacionados con la obtención de alimentos, tales como armas arrojadizas (arcos y flechas), instrumentos para recolectar moluscos, contenedores, para confeccionar medios de transporte y la vivienda. El proceso de producción de los artefactos de madera se iniciaba con la selección de las materias primas adecuadas para cada fin, según sus propiedades físicas, morfológicas o mecánicas. Este proceso comenzaba en el bosque, donde se escogían las especies e individuos apropiados para cada tipo de artefacto.

La madera se utilizaba en general para confeccionar mangos para instrumentos. Con escasa modificación, la madera también era empleada para hacer garrotes, palos para cavar, armas e incluso la vivienda. También era utilizada como complemento en el procesamiento de otras materias primas; en el caso de las pieles, por ejemplo, era indispensable para confeccionar los armazones de ramas que se utilizaban para tensar pieles, correas, etc.

Nothofagus fue el recurso más versátil y utilizado. Entre las diversas especies de *Nothofagus,* no obstante, parece que hubo una mayor predilección por los tipos *betuloides* y *antarctica.* Estas especies fueron utilizadas para confeccionar arcos y mangos para los venablos. Estos últimos también podían ser confeccionados con un tronco joven de *Maytenus magellanica* o *Drimys winteri.* Los troncos de los arbustos *Berberis illicifolia* y ocasionalmente los de *Chiliotrichum difussum* (maderas livianas y a la vez resistentes y flexibles) se utilizaban para hacer el astil de la flecha. *Berberis illicifolia* se utilizaba también para confeccionar la tenaza para el fuego.

La selección de las materias primas no se restringía a las especies utilizadas, sino también a las partes de los árboles más aptas para obtener el producto deseado. Por ejemplo, el arco se confeccionaba con la parte de la madera que se situaba justo debajo de la corteza para aprovechar la mayor flexibilidad de las fibras.

Otros recursos vegetales normalmente utilizados eran, por ejemplo, *Chiliotrichum difussum*, que se utilizaba como yesca, y un junco, *Marsippospermum grandiflorum,* que se utilizaba para confeccionar cestos.

Autores como Gusinde (1937 [1982]) y Lothrop (1928) también ofrecen información sobre los instrumentos utilizados en el trabajo de la madera. Para abatir troncos se utilizaban cuchillos de piedra; con ellos se efectuaba una incisión en la base del tronco de manera que posteriormente con la ayuda de lazos o la propia fuerza del cuerpo pudiera derribarse el árbol. Raspadores de piedra eran también utilizados para rebajar la madera hasta conseguir la forma deseada. La piedra de arenisca era utilizada para pulir las superficies y para un pulido más fino se utilizaba piel de zorro con una sustancia hecha a base de tierra.

A la vista de los artefactos depositados en el Museo Pigorini y el Museo Vaticano podemos considerar que el trabajo de la madera estuvo entre las grandes habilidades de los hombres fueguinos, o por lo menos de algunos de ellos. El trabajo de la madera fue una actividad esencialmente masculina, según citan los etnógrafos; los hombres incluso elaboraban los instrumentos de madera que utilizaban las mujeres. Hábiles talladores de madera, con instrumentos muy simples conseguían productos de gran calidad y bien acabados. Esta destreza se focalizó sobre todo en la manufactura de las armas, en las que se invertía una gran cantidad de tiempo de trabajo, mucho mayor que la dedicada a otros instrumentos de madera. En ellas destaca el alto grado de estandarización de las formas y dimensiones (Piqué, 2006).

Las plantas también se utilizaron para otras múltiples funciones, desde la higiene personal, la ornamentación y la decoración corporal. Para la higiene personal se utilizaba pasto o liquen. Para las pinturas corporales, el colorante negro que se obtenía de carbón de leña. Los objetos de adorno de materia prima vegetal son escasos, pero existen, por ejemplo, las pulseras de junco trenzado. Otro uso frecuentemente mencionado es el de herbáceas para el relleno de las sandalias o de haces de ramas que se colocaban bajo el calzado para facilitar el desplazamiento sobre la nieve.

En Ewan los únicos restos de madera conservados son los correspondientes al armazón de las chozas. Se trata de troncos de *Nothofagus antarctica* que fueron seleccionados según su forma y tamaño. Entre los troncos de las chozas encontramos algunos rasgos recurrentes que indicarían una selección de ciertos atributos y la modalidad de obtención de los troncos. La mayoría tiene un perfil rectilíneo o ligeramente sinuoso y en bastantes casos están acabados en una horquilla natural formada por la bifurcación de dos ramas, que podría servir para sujetar las pieles que cubrían la estructura en el caso de Ewan II o para encajar los palos entre ellos en el caso de Ewan I. En algunos casos la parte proximal corresponde a la raíz o tocón del árbol, lo que indica que fueron desarraigados, no cortados, para su uso. Esta práctica está bien documentada etnográficamente. No obstante, también se documenta la presencia de marcas de corte que indican el uso de hacha de hierro.

En lo que se refiere a las dimensiones de los troncos utilizados en las chozas se pueden apreciar diferencias que son resultado de las diferencias de tamaño de las estructuras; recordemos que el diámetro de Ewan I es de 6 metros mientras que para Ewan II se ha estimado que podría ser de 3-4 metros. En Ewan I el diámetro de la base de los palos en pie oscilaba entre 8 y 21 centímetros, siendo la media de 13,7 (desviación estándar de 2,97). En Ewan II los troncos más enteros, tienen un diámetro de entre 4 y 20 centímetros, con una media de 8,83 (desviación estándar de 3,85). Por otra parte, mientras que en Ewan I la mayoría de los troncos superaban los 4 metros de longitud, en Ewan II tan sólo tres de los 18 palos más enteros superaban esta medida, situándose la media en 354,3 centímetros.

Aunque en el sitio no se han conservado más artefactos de madera, cabe señalar que la presencia de puntas de proyectil y raspadores de vidrio permite suponer que fue necesario confeccionar mangos, arcos y astiles. El análisis de las trazas de uso de los artefactos de vidrio se encuentra todavía en curso, pero cabe esperar que en ellos se encuentren evidencias de estos enmangues y del mismo trabajo de la madera.

Conclusiones

De acuerdo con lo señalado al inicio consideramos que el uso de recursos vegetales constituyó un elemento fundamental para el desarrollo de las sociedades cazadoras-recolectoras. Más allá de su uso alimentario, de ellos se obtienen todo tipo de bienes. Asimismo, los recursos vegetales toman parte en una importante cantidad de procesos de trabajo que incluyen la confección de armas para la caza, el procesamiento de las pieles, la confección de herramientas e instrumentos, la vivienda, etc.

Hoy se sabe que las plantas fueron utilizadas con una gran variedad de propósitos entre los indígenas fueguinos. Tanto para su obtención como para su procesado y consumo se aplicaron técnicas sofisticadas, que denotan el amplio conocimiento que éstos tenían sobre el mundo vegetal.

En el caso de la zona central de la Isla Grande, el entorno forestal proporcionó recursos leñosos que se utilizaron como combustibles, para la elaboración de instrumentos o para confeccionar componentes de instrumentos y para la construcción de las viviendas. Del mundo vegetal también se obtuvieron raíces y frutos que se utilizaron como alimento, fibras para la confección de contenedores y cuerdas, etc. Asimismo, las actividades relacionadas con la obtención, procesado y consumo de estos recursos debieron de requerir una intensa dedicación por parte de la población.

Los resultados obtenidos en la investigación sobre los sitios Ewan I y II confirman la necesidad de aplicar técnicas de campo que permitan recuperar los microrrestos vegetales, sin los cuales una gran parte de la información sobre la subsistencia queda fuera de registro.

En este caso, trabajando desde una perspectiva integradora de la arqueología y las fuentes etnográficas (tanto escritas como museísticas) sobre el estudio de las estrategias implementadas para el aprovechamiento de los recursos vegetales creemos haber confirmado el rol esencial que jugaron los recursos vegetales, entre las comunidades fueguinas de la zona central de la Isla Grande.

Bibliografía

AGOSTINI, A. M. de (1956). *Treinta años en la Tierra del Fuego*. Buenos Aires: Peuser.

BEAUVOIR, J. M. (1915). *Los Shelknam. Indígenas de la Tierra del Fuego, sus tradiciones, costumbres y lengua*. Buenos Aires: Talleres gráficos de la Compañía general de fósforos (ed. facs., Zagier & Urruty, Ushuaia, 1998).

BERIHUETE AZORÍN, M. (2006). *Aportaciones de la carpología al análisis de la gestión de los recursos vegetales en las sociedades cazadoras recolectoras: el grupo selknam de Tierra el Fuego (Argentina)*. Trabajo de investigación programa de doctorado, Universidad Autónoma de Barcelona.

BORRERO, L. A. (1991). *Los Selk'nam (Onas). Su evolución cultural*. Buenos Aires: Búsqueda-Yuchán.

BRIDGES, L. (1951). *The uttermost part of the Earth*. London: Hodder and Stronghton (trad. esp.: *El último confín de la Tierra*. Buenos Aires: Marymar, 1978).

COOPER, J. M. (1917). «Analytical and Critical Bibliography of the Tribes of Tierra del Fuego and Adjacent Territory». *Bureau of American Ethnololgy,* Bulletin 63.

CHAPMAN, A. (1986). *Los Selk'nam. La vida de los Onas*. Buenos Aires: Emecé.

— (1989). *El fin de un mundo: los Selk'nam de Tierra del Fuego*. Buenos Aires: Vázquez Mazzini.

EMPERAIRE, J. (1955). *Les nomades de la mer*. Paris: Gallimard.

GALLARDO, C. (1910). *Los Onas*. Buenos Aires: Cabaut & Cia. (ed. facs., Ushuaia: Zagier & Urruty, 1998).

GUSINDE, M. (1937). *Die Feuerland Indianer*. Wien: Anthropos (trad. esp.: *Los indios de Tierra del Fuego*. Tomo 1: *Los Selk'nam*. 2 vols. Buenos Aires: Centro Argentino de Etnología Americana, 1982).

HOLMES, R. L. (1983). «Computer-assisted quality control in tree-ring dating and measurement». *Tree Ring Bull,* 43: 69-75.

KRUSIC, P. J., HOLMES, R. L. y KING, J. C. (1997). «MEDIR Version 1.13 measurement program». En D. Grissino-Mayer, R. L. Holmes y H. C. Fritts (eds.), *The International Tree-Ring Data Bank Program Library Version 2.1 User's Manual*, Laboratory of Tree-Ring Research, Tucson: The University of California. Pp. 18-20.

LEE, R. B. y DEVORE, I. (1968). *Man the Hunter*. Chicago: Aldine.

LEE, R. B. (1968). «Hat hunters do for a living, or how to make out on scarce resources». En R. B. Lee e I. DeVore (eds.), *Man the Hunter*. Chicago: Aldine. Pp. 30-48.

LISTA, R. (1887). *Viaje al País de los Onas*. Buenos Aires: Establecimiento Tipográfico A. Núñez.

LOTHROP, S. K. (1928). *The Indians of Tierra del Fuego*. Contributions from the Museum of the American Indian, New York: Heye Foundation, 10.

MANSUR, M. E. (2003). «El Corazón de la Isla. Arqueología de la zona central de Tierra del Fuego». En C. Odone y P. Mason (eds.), *Mundos Fueguinos. Doce Miradas. Sobre Selknam, Yaganes y Kawesqar*. Taller Experimental Cuerpos Pintados. Santiago de Chile: Fundación América, pp. 148-166.

MANSUR, M. E. (2006). «Los Unos y los Otros. El uso de fuentes etnográficas y etnohistóricas en la interpretación arqueológica». En *Etnoarqueologia de la Prehistoria: més enllà de l'Analogia*. Madrid: CSIC (Treballs d'Etnoarqueologia, 6). Pp. 316-336.

MANSUR, M. E. *et al.* (2005) en prensa. «Arqueología de Rituales en Sociedades Cazadoras-Recolectoras. Una aproximación desde el Análisis del Espacio Socialmente Producido». En *Arqueología de Fuego-Patagonia. Levantando piedras, desenterrando huesos... y develando arcanos*. Punta Arenas: Fundación CEQUA.

MANSUR, M. E., PIQUÉ, R. y VILA, A. (2004) [en prensa]. «Sociedad y Ritual en Tierra del Fuego. Excavaciones Arqueológicas en un Sitio Ceremonial del Corazón de la Isla». En *Actas del XV Congreso Nacional de Arqueología Argentina,* Río Cuarto.

— (2007). «Réflexions théoriques et méthodologiques pour l'étude du rituel chez les chasseurs-cueilleurs. Apports de l'ethnoarchéologie des sociétés de la Terre de Feu». En S. de Beaune (ed.), *Chasseurs-cueilleurs. Comment vivaient nos ancêtres du Paléolithique supérieur*. Lyon: CNRS. Pp. 143-150.

MARTÍNEZ CROVETTO, R. (1968). «Nombres de plantas y su utilidad, según los Indios Onas de Tierra del Fuego». *Estudios Etnobotánicos,* IV, Facultad de Agronomía y Veterinaria, Corrientes, Argentina, n.º 3: 1-20.

MASSONE, M. (2003). «Los antiguos cazadores del fuego». En C. Odone y P. Mason (eds.), *Mundos Fueguinos. Doce Miradas. Sobre Selknam, Yaganes y Kawesqar.* Taller Experimental Cuerpos Pintados. Santiago de Chile: Fundación América, pp. 117-143.

MASSONE, M., JACKSON, D. y PRIETO, A. (1993). *Perspectiva arqueológica de los Selk'nam.* Santiago: Centro de Investigaciones Diego Barros Arana (Col. Antropología).

ORQUERA, L. y PIANA, E. (1999a). *Arqueología de la región del canal Beagle (Tierra del Fuego, Argentina).* Buenos Aires: Sociedad Argentina de Antropología.

— (1999b). *La vida material y social de los yámana.* Buenos Aires: Eudeba.

PIQUÉ, R. (1999). *Producción y uso del combustible vegetal: una evaluación arqueológica.* Madrid-Barcelona: Universitat Autònoma-CSIC (Treballs d'Etnoarqueologia, 3).

— (2006). «L'uso del legno nelle società fuegine: manufatti dalle collezioni del Museo Pigorini». En A. Salerno y A. Taglaiacozzo (eds.), *Finis Térrea. Viaggiatori, esploratori e missionari italiani nella Terra del Fuoco.* Roma: Museo Nazionale Prehistórico Etnografico Luigi Pigorini. Pp. 182-192.

SCHULMAN, E. (1956). *Dendroclimatic change in semiarid America.* Tucson, Arizona: University of Arizona Press.

SEGERS, P. A. (1891). «Hábitos y costumbres de los indios Aonas». *Boletín del Instituto Geográfico Argentino,* XII (69): 56-82.

VILA, A., PIQUÉ, R. y MANSUR, M. E. (2004). «Etnoarqueología de rituales en sociedades cazadoras-recolectoras». En A. Lluis i Vidal-Folch y G. Dalla-Corte Caballero (eds.), *Catalunya-América. Fonts i documents de recerca.* Barcelona: Institut Català de Cooperació Iberoamericana (Col.lecció Amer&Cat, 12). Pp. 286-296.

Subsistence and lifeway of coastal brazilian moundbuilders*

RITA SCHEEL-YBERT
Museu Nacional, UFRJ. Rio de Janeiro, Brazil
S. EGGERS
Centro de Estudos do Genoma Humano, Dept. de Genética e Biologia Evolutiva, USP, São Paulo, Brazil
V. WESOLOWSKI
Escola Nacional de Saúde Pública, Fundação Oswaldo Cruz, Rio de Janeiro, Brazil
C. C. PETRONILHO
Centro de Estudos do Genoma Humano, Dept. de Genética e Biologia Evolutiva, USP, São Paulo, Brazil
C. H. BOYADJIAN
Centro de Estudos do Genoma Humano, Dept. de Genética e Biologia Evolutiva, USP, São Paulo, Brazil
M. D. GASPAR
Museu Nacional, UFRJ. Rio de Janeiro, Brazil
M. BARBOSA-GUIMARÃES
Museu Nacional, UFRJ. Rio de Janeiro, Brazil
M. C. TENÓRIO
Museu Nacional, UFRJ. Rio de Janeiro, Brazil
P. DEBLASIS
Museu de Arqueologia e Etnologia, Universidade de São Paulo, Brazil

RESUMEN. Se presenta una síntesis de los resultados de diferentes programas de investigación y disciplinas en relación con los recientes datos obtenidos sobre los modos de vida y subsistencia de los constructores de concheros de la costa sur y sureste de Brasil. Han sido estudiados doce concheros de considerable unidad cultural datados entre c. 6180 y 1180 cal BP. Se discuten los estudios paleoambientales, paleoetnobotánicos y bioantropológicos en relación con el análisis de la cultura material. Los datos indican que las poblaciones que vivían en los ecotonos costeros estaban bien adaptadas a su medio, con un sistema de subsistencia basado esencialmente en los recursos acuáticos. Asimismo, se documentan frecuentes infecciones, pequeña estatura entre los adultos y el consumo de alimentos ricos en carbohidratos. Estos resultados sugieren un espectro económico y de subsistencia más amplio del que previamente se suponía.

ABSTRACT. A synthesis of results from different research programs and disciplines associated to a review of recent research achievements concerning life way and subsistence of shellmound builders from the Southern and Southeastern Brazilian coast is presented. Twelve shellmounds of considerable cultural unity dated from c. 6180 to 1180 cal yrs BP were studied. Palaeoenvironmental, palaeoethnobotanical, and bioanthropological studies, supplemented by material culture analyses, are discussed. Data point to populations living in coastal ecotones, very well adapted to their environment, with a subsistence system essentially based on aquatic resources, as well as to small walking distances, frequent infections (especially during growth), small adult stature, and use of carbohydrate-rich food. These results suggest economic, subsistence, and health spectra larger than previously supposed.

---

* This paper is the result of a deep collaboration between the authors, all of which have contributed with significant data. The first three authors have equally contributed to its contents.

Introduction

Shellmounds, locally named «*sambaquis*», occur all along the Brazilian coast, with a large distribution across space (8000 km) and time (7000 to 1000 yrs BP). They vary from small 2m-high to 400m-long and 30m-high mounds, usually clustered in groups composed by sites of different size, morphology, relative contents, and function (DeBlasis *et al.,* 1998). Their stratigraphy present a complex sequence of shellfish-rich and sandy layers of variable composition and thickness, containing different archaeological vestiges, such as hearths, technological implements, and burials. The typical technological assemblage is composed by different industries on bones, shells, and lithics.

Although they are among the first recognized and better-studied archaeological sites in this country (DeBlasis *et al.,* 1998; Gaspar, 1998), recent research is drastically changing the traditional views about this society. This paper presents a synthesis of results from different research programs and disciplines associated to a review of recent research achievements concerning the shellmound dwellers from the Southern and Southeastern Brazilian coast. As it would be impossible to present here an extensive discussion about these sites and the culture associated to them, only a brief description is given. More detailed information may be found in the specific literature (DeBlasis *et al.,* 1998; Gaspar, 1998).

Sambaqui builders from all over the Brazilian coast are considered to belong to the same sociocultural system (Gaspar, 1992; DeBlasis *et al.,* 1998), but there are regional particularities. Southern sites are much larger than the others and present beautiful lithic sculptures as funerary offerings (Prous, 1991). They seem to have been exclusively funerary (Fish *et al.,* 2000), while at Southeastern and more Northern shores the sites combined in the same space habitation and funerary loci (Gaspar, 2000; Barbosa, 2001).

Traditionally, *sambaqui* builders were seen as small nomadic shellfish gathering bands of about 50-100 individuals, who were supposed to have shifted their economical system to fishing in a later time, due to diminution of molluscs availability (Kneip, 1980; Heredia *et al.,* 1989). Populations were considered to present small demographic densities and an egalitarian social system. Shellmounds were thought to be waste deposits. Only few authors noticed that, even if shellfish leftovers were more visible in the stratigraphy, they were not necessarily the more important item in diet (Figuti, 1993). Later development of zooarchaeological and stable isotope studies clearly demonstrated that fishing was preponderant over mollusc gathering since the initial occupation of these sites (Figuti, 1993; De Masi, 2001). It is now broadly admitted that *sambaqui* builders were essentially fishers and that shellfish gathering, although strategic in their economical system, was a secondary food source. Terrestrial faunal remains are relatively rare, indirectly confirming aquatic resources as the basis of their diet. On the other hand, shellfish remains probably served as building material for the construction of the mounds themselves (Afonso & DeBlasis, 1994; Fish *et al.,* 2000), as it was also suggested for shellmounds from other parts of the world, such as in Southeast USA (Luby & Gruber, 1999).

Plant consumption, however, remains underestimated. Plant gathering is still usually considered a secondary activity, with negligible dietary importance. As it is usually difficult to prove plant use, this activity is generally underestimated in favour of diets that leave more visible evidences in the archaeological record, such as shellfish, fish, and terrestrial game.

At present, following a rather widespread theoretical trend towards what has been called «complex hunter-gatherers» (Price & Brown, 1985; Chapman, 2003), particularly regarding coastal adaptations (Lightfoot, 1993; Gamble *et al.,* 2002), *sambaqui* builders are widely recognized to have been sedentary people with relatively large demographic parameters and more sophisticated sociocultural organizational patterns (DeBlasis *et al.,* 1998; Gaspar, 1998; Lima & Mazz, 1999/2000). Mounds are thought to be monumental constructions intended to mark the landscape. There is no available data about political integration at regional and supra-regional level, but the typological homogeneity from the lithic and bone industries, as well as the structural characteristics of the sites themselves, argue for a great cultural homogeneity in space and time (DeBlasis *et al.,* 1998).

Several researchers of different expertise are currently aimed at reconstructing *sambaqui* lifestyle, subsistence pattern, and sociocultural organization. In the light of the scant information about the *sambaqui* dwellers way of life, data on palaeoethnobotany and bioanthropology analyses from several South-Southeastern Brazilian shellmounds are summarized. Information about plant use, subsistence pattern, physical activities, health, and nutritional status are explored. Apart from adding some new data, this article aims to present an up to date panorama of the knowledge on these ancient coastal populations' lifeway, subsistence, and relation to the environment.

Material and methods

Twelve sites from the South-Southeastern coast of Brazil were studied (figure 1, table 1). Five regions of three Brazilian States are concerned. Each one of these has climatic, geological, and ecological particularities. However, the same vegetation types occur in all of them, especially the *restinga* (a mosaic of different xerophyte vegetation types typical to the coastal beach ridges), the Atlantic Forest (an ombrophilous tropical forest), and mangroves.

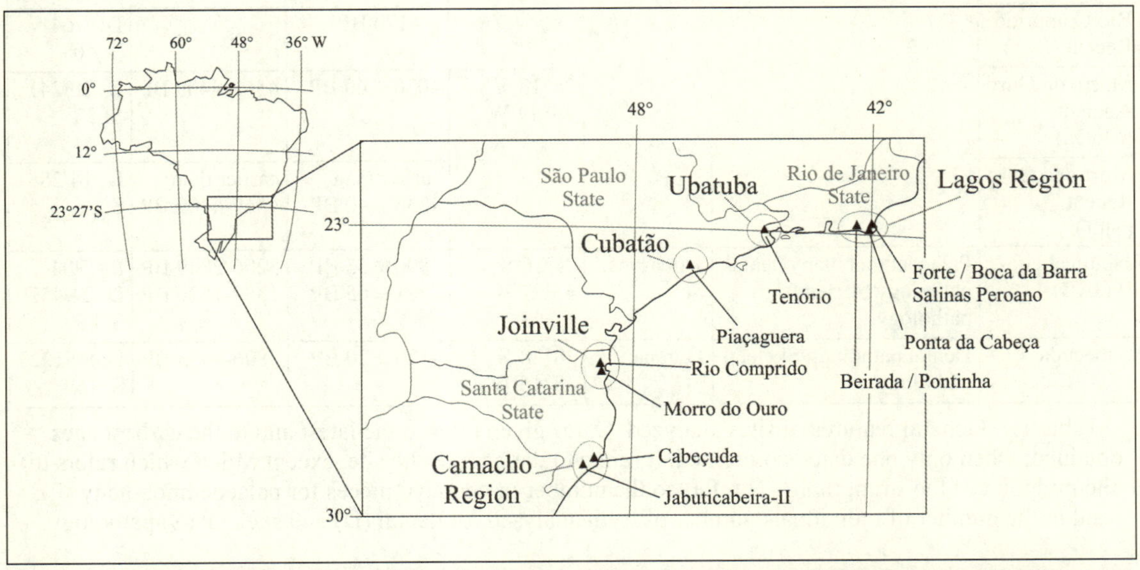

Figure 1. Geographical location of the studied sites, in five regions of the South-Southeastern Brazilian coast.

Palaeoenvironmental reconstruction was based on anthracological analyses (Scheel-Ybert, 2000, 2001a). Charcoal was collected from sediment samples of vertical profiles along the entire shellmounds height and recovered by flotation. Charcoal pieces were broken by hand and directly examined under reflected light brightfield/darkfield microscopes. Systematic determination was helped by the use of a computerized key for wood determination associated to a database of anatomical characters of Brazilian species (Scheel-Ybert *et al.,* 2002), by comparison with a comparative collection (Scheel-Ybert *et al.,* 2006), and by consultation of the specialized literature (e.g. Détienne & Jacquet, 1983; Gregory, 1994; Barros & Callado, 1997). Seeds and tubers analyses, still preliminary, were also performed under reflected light microscopy. Systematic determination was based on comparison with a comparative collection, and on consultation of the specialized literature (e.g. Hather, 1993, 2000).

Sites	**Type of analysis**	**Location**	**Coordinates**	**Conventional Ages**	**Calibrated Ages (2**	**N**
Forte (F)	Palaeoethnobotany	Cabo Frio, RJ	22°53' S 42°03' W	5520 ± 120 BP 2240 ± 70 BP	6180-5630 BP 1990-1670 BP	P: 8101
Salinas Peroano (S)				4490 ± 40 BP 1830 ± 45 BP	5280-4870 BP 1820-1570 BP	P: 2052
Boca da Barra (BB)				3760 ± 180 BP 1430 ± 55 BP	4540-3580 BP 1380-1180 BP	P: 698
Ponta da Cabeça (PC)		Arraial do Cabo, RJ	22°57' S 42°14' W	3270 ± 70 BP 2080 ± 40BP	3630-3270 BP 2110-1880 BP	P: 1752
Beirada (BEI)	PalaeoethnobotanyDental pathology Skeletal pathology	Saquarema, RJ	22° 55' S 42° 33' W	4520 ± 190 BP 3800 ± 190 BP	5240-4190 BP 4250-3290 BP	P: 519 D: 14/252 S: 30
Pontinha (P)	Palaeoethnobotany			2270 ± 190 BP 1790 ± 40 BP	2750-1750 BP 1730-1540 BP	P: 1621
Tenório (TEN)	Dental pathology Skeletal pathology	Ubatuba, SP	23°26'S 45°04'W	1875 ± 90 BP	1991-1551 BP	D: 22/405 S: 37
Piaçaguera (PIA)	Dental Pathology Skeletal pathology	Cubatão, SP	23°52'S 46°22'W	4930 ± 110 BP 4890 ± 110 BP	5909-5330 BP 5891-5323 BP	D: 38/565 S: 73
Rio Comprido Ancient (RCa)	Dental pathology Skeletal pathology	Joinville, SC	26°16'S 48°48'W	> 4490 BP		D: 7/140 S: 32
Rio Comprido Recent (RCr)				< 4170 BP		D: 3/64 S: 40
Morro do Ouro Ancient (MdOa)			26°18'S 48°49'W	4030 ± 40 BP	4569-4409 BP	D: 20/241 S: 33
Morro do Ouro Recent (MdOr)				earlier than 4030 ± 40 BP	earlier than 4569-4409 BP	D: 14/288 S: 26
Jabuticabeira-II (JAB)	PalaeoethnobotanyDental pathology Skeletal pathology	Jaguaruna, SC	28°36'S 48°57'W	2890 ± 55 BP 1781 ± 65 BP	3206-2849 BP 1859-1526 BP	P: 1904 D: 24/452 S: 89
Cabeçuda	Dental pathology Skeletal pathology	Laguna, SC	28°28'S 48°46'W	4120 ± 20 BP	4806-4453 BP	D: 89/1222 S: 167

Table 1. General features of sites analyzed. Dates given refer to the latest and to the earliest ages obtained; when only one date is presented, it refers to the base of the site, except MdO, which refers to the midpoint of the stratigraphy. N refers to the number of charcoal pieces for palaeoethnobotany (P), and to the number of individuals/number of teeth analysed for dental (D) and skeletal (S) pathology.

Bioanthropological data were collected from 231 individuals for oral health and 527 individuals for skeletal palaeopathologies. Sex and age at death were estimated according to current international standards (Buikstra & Uberlaker, 1994). Seven bioanthropological markers were chosen to help unravel the shellmound builders' life style. They are associated in different degrees to one or more of the following: diet, nutritional status, health, and physical activity. Diagnoses of palaeopathologies, carried out macroscopically, followed acknowledged criteria (Aufderheide & Rodríguez-Martín, 1998; Ortner & Putschar, 1981). In order to allow comparisons, palaeopathologies were scored as present or absent. Distinct clusters of burials in different stratigraphic levels of the sites Morro do Ouro and Rio Comprido were analysed separately and are referred to as «ancient» and «recent» series.

For more than half of the sites we could analyse archaeological evidence regarding at least two of the three different approaches (palaeoethnobotany, dental pathology, skeletal pathology). In one of the sites, Jabuticabeira-II, a long-term interdisciplinary research program is currently underway. This renders a rare opportunity to countercheck the results of one approach in the light of the others.

Results and specific discussion

Palaeoethnobotany

Palaeoethnobotanical results, including complete charcoal diagrams, were already published elsewhere, as well as a great part of the palaeoenvironmental data discussed below (Scheel-Ybert, 2000, 2001a, 2001b). Therefore, only a synthesis of the results is presented, in order to give a comprehensive picture of the environment in which *sambaqui* dwellers lived.

All the studied sites were established in the *restinga* environment (figure 2). Elements of «open *restinga*» (a shrubby sparse vegetation), *restinga* forest, mangrove, and coastal forests are represented in different proportions according to the site's geographical location.

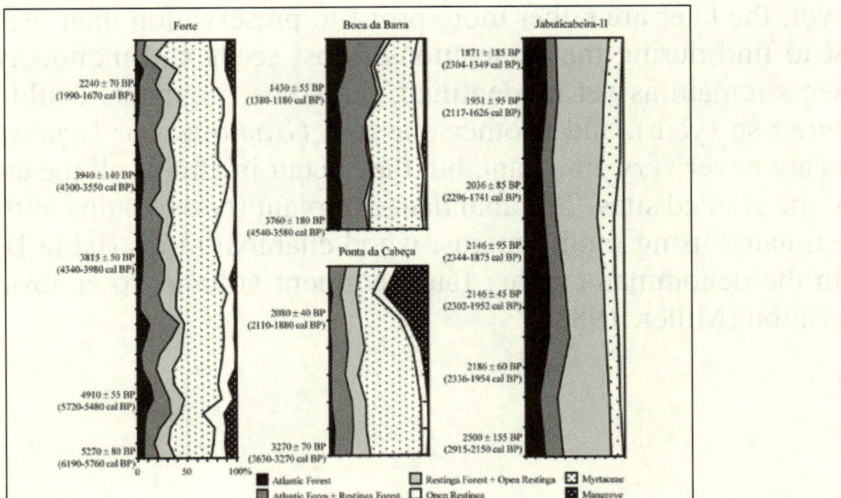

Figure 2. Selected summary charcoal diagrams showing the most representative sites of the Lagos (Forte, Boca da Barra, Ponta da Cabeça), and Camacho (Jabuticabeira-II) regions (in percentages of charcoal pieces). Species were grouped according to the vegetation types; as some *taxa* may occur in more than one vegetation type, compound vegetation types are presented; Myrtaceae species are presented in a separate group – this family may occur in several Brazilian plant associations, but high diversity and frequencies are typical for *restinga* formations (adapted from Scheel-Ybert, 2000, 2001b).

Anthracological spectra of all studied sites are essentially the same between circa 6000 and 1200 cal yrs BP, suggesting that the vegetation was not greatly affected either by climatic or by anthropogenic perturbations. However, climatic oscillations did occur, causing some variations in the mangrove vegetation from Southeastern sites during this period. At least two more humid and two drier episodes were recorded (Scheel-Ybert, 2000). These episodes were correlated with modifications of lagoon sedimentation, which also suggested regional climatic variations during the Holocene (Tasayco-Ortega, 1996).

Stability of the mainland coastal vegetation, in spite of the occurrence of climatic variations, was attributed to the edaphic character of the coastal vegetation (Scheel-Ybert, 2001b), but also to a conservative relationship of shellmound dwellers regarding the vegetation. Environmental stability certainly had an influence on this society. In addition to allowing a deeper knowledge about the plant associations these people dealt with, environmental stability might have been a decisive factor in triggering expansion of the *sambaqui* culture, sedentism, and maintenance of their sociocultural system.

Charcoal pieces bearing traces of decay before charring attested the use of dead wood for fire. The great taxonomic diversity of the charcoal assemblage and the good correspondence between charcoal spectra and the present-day vegetation are indicative of non-selective gathering of fuel wood (Scheel-Ybert, 2000, 2001a). However, it was suggested that the wood of *Condalia* sp (Rhamnaceae) might be selected, either for economic (this wood is reported to produce a blue pigment; the root bark of some species is used as soap or medicine; the plants bear edible fruits) or for ceremonial reasons (Scheel-Ybert, 2000). This hypothesis is based on the over-representation of this taxon in the anthracological record, as well as on evidences that its wood might have been charred green.

Carbonized plant food macro-remains were retrieved in all Southeastern shellmounds (Scheel-Ybert, 2001a). Until then, only palm nuts, probably mostly from *Astrocaryum*, *Bactris* and *Syagrus* genera, were usually found in these sites. However, the later are either more prone to preservation than seeds and tubers as easiest to find during the excavations. Most seeds and monocotyledonous tuber fragments remain as yet unidentified, but some fragments could be attributed to *Dioscorea* sp (yam), and another one to a *Gramineae* or *Cyperaceae* (figure 3). Tubers are never very abundant, but they occur in almost all the archaeological levels of the studied sites. The abundance of plant food remains in the different sites was estimated using food remains: wood charcoal ratios (table II). Charcoal was used in the denominator rather than sediment volume, to control for differential preservation (Miller, 1988).

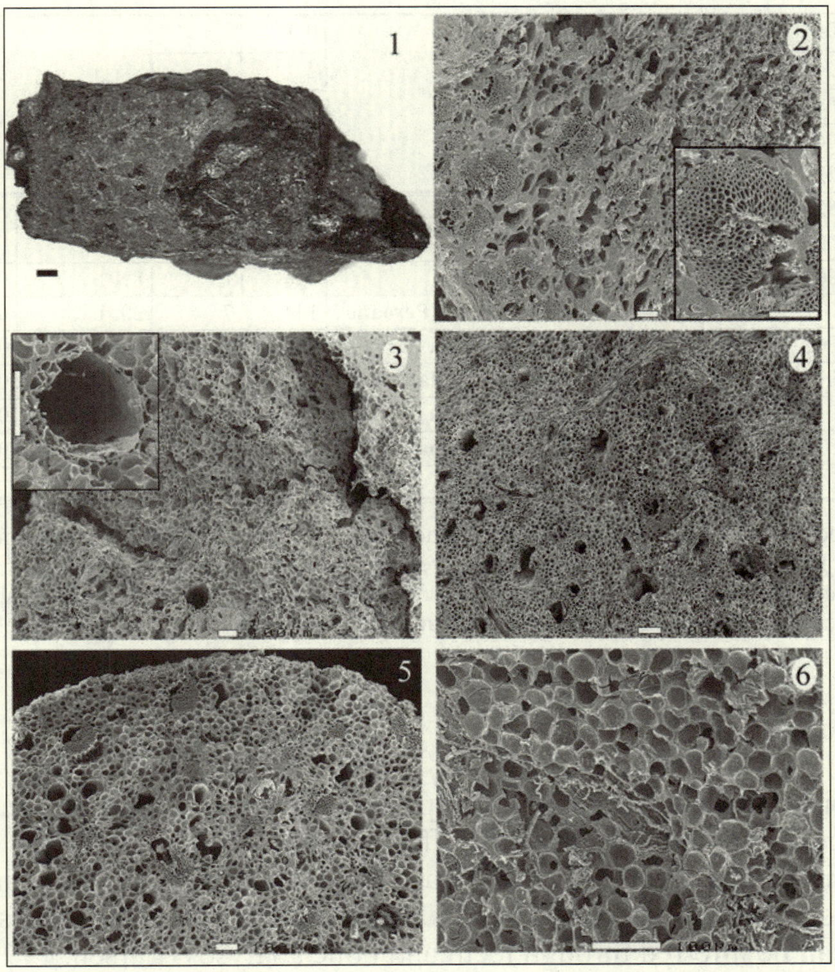

Figure 3. 1,2. cf. Gramineae/Cyperaceae tuber, macroscopic and SEM views. Salinas Peroano (1820-1570 cal yrs BP). 3. *Dioscorea* tuber. Forte (4340-3980 cal yrs BP). 4, 5, 6. unidentified monocotyledonous tubers. 4. Forte (5720-5480 cal yrs BP). 5. Forte (2360-2140 cal yrs BP). 6. Boca da Barra (1380-1180 cal yrs BP). Black scale = 1 mm. White scales = 100 m (Reproduced with permission from Scheel-Ybert, 2001a).

level	**Forte**		**Salinas Peroano**		**Boca da Barra**		**Ponta da Cabeça**		**Beirada**		**Pontinha**	
	FR:ch	T:ch	FR:ch	T:ch	FR:ch	T:ch	FR:ch	T:ch	FR:ch	T:ch	FR:ch	T:ch
0-10	0.03		0.02	0.01	0				0		0.11	
10-20	0.03		0.22	0.005	0.02	0.01			0.04		0.14	0.02
20-30	0.07		0.20	0.01	0.03				0		0.07	0.01
30-40	0.08		0.25	0.01	0.03	0.02			0		0.04	0.01
40-50	0.03		0		0.06	0.04			0		0.07	0.04
50-60	0.07	0.003	0.04		0.14	0.04	0.05		0		0.02	0.02
60-70	0.04	0.003	0.07		0		0.11	0.01	0.03		0.01	0.01
70-80	0.02	0.006	0.04		0.08	0.01	0.14	0.005	0.04		0.01	
80-90	0.03		0.07				0.02		0		0.05	0.02
90-100	0.04	0.006	0.01				0.02		0.02	0.02	0.004	
100-110	0.05		0.02				-		0		0.01	
110-120	0.01		0.02	0.01			-					
120-130	0.04	0.007	0.01	0.01			0.01					
130-140	0.02		0.01	0.01			0.003					
140-150	0.12	0.03	0				-					

150-160	0.04	0.001	0.11		0.01
160-170	0.04		0.03		-
170-180	0.08	0.02	0		
180-190	0.06		0		
190-200	0.02				
200-210	0.02	0.01			
210-220	0.02				
220-230	0.005	0.005			
230-240	0.01				
240-250	0.002				
250-260	0.01				
260-270	0.01				
270-320	0.02	0.002			
270-320c	0.01	0.001			

site	**p. nuts / seeds**	**tubers**	**charcoal**	**ratios**	
				FR:ch	T:ch
Forte	236	15	8101	0.03	0.002
Salinas Peroano	144	7	2051	0.07	0.003
Boca da Barra	22	8	698	0.04	0.01
Ponta da Cabeça	59	2	1956	0.03	0.001
Beirada	4	1	519	0.01	0.002
Pontinha	54	17	1621	0.04	0.01
TOTAL	519	50	14946		

Table 2. Food remains: wood charcoal (*FR:ch*) and tubers: wood charcoal (*T:ch*) ratios in Southeastern Brazilia sites. Ratios represent the number of food remains (seeds, palm nuts, and tubers) or the number of tuber fragments reported to the total number of charcoal pieces in each sample. In the inner table, total number of nuts and seeds, tubers, and charcoal pieces analyzed and ratios for each site, all levels combined.

Bioarchaeology

Food procurement, production, preparation, and consumption are important daily life concerns that can directly affect health in different ways. Consumed foodstuffs influence health, but the means by which people procure and prepare food can also have effects on it. For this reason, nutritional issues and subsistence strategies can be inferred through teeth and bone analyses (Larsen, 1999).

Very low caries frequencies, traditionally found among *sambaqui* dwellers (Mendonça de Souza, 1995), are confirmed for most of the sites analysed here (figure 4). However, in both strata from Morro do Ouro and in ancient Rio Comprido caries prevalence are analogous to agriculturalists in general (Wesolowski, 2000).

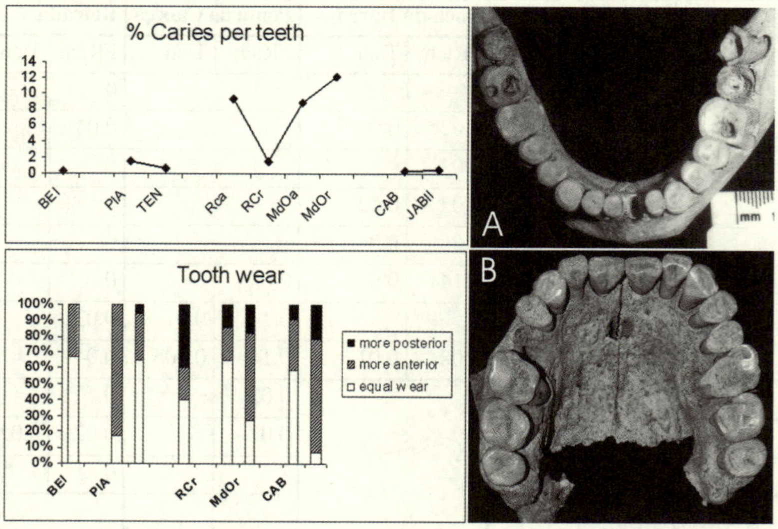

Figure 4. Frequencies of dental pathologies in the studied sites. Sites are presented by region and in each region by approximate chronological order. BEI: Beirada; PIA: Piaçaguera; TEN: Tenório; RC: Rio Comprido; MdO: Morro do Ouro; CAB: Cabeçuda; JAB: Jabuticabeira-II. (a) ancient series; (r) recent series. A: Caries and tooth wear (Morro do Ouro, burial #59); B: tooth wear (Jabuticabeira-II, burial #17a).

Caries is a multifactorial infectious disease whose etiological agent is a specific multicomponential bacterial flora. Although diet is one of the main factors influencing caries type and intensity, association between caries frequency and diet is indirect. Diets rich in carbohydrates usually increase decay probability, but there are evidences that this is not always the case (Tayles *et al.,* 2000). Diets based on seafood can render some protection against caries development. The presence of minerals in the diet, such as fluoride, is known to be a caries inhibitor (Leverett, 1982).

Masticatory tooth wear is considerably high in the analysed samples. Earlier studies attributed it to sand, tiny shellfish fragments (Mendonça de Souza, 1995), and phytoliths (Reinhard *et al.,* 2001) present in the food. In foragers, severity of anterior wear is usually greater than, or equal to, posterior wear (Larsen, 1999). Despite the high caries frequencies in some of the series, posterior wear is smaller than anterior dental wear and as such suggestive of foraging in all sites, except ancient Rio Comprido, where tooth wear pattern, apart from the high caries frequency, suggests cultivation (figure 4).

Bioanthropological markers also helped unravel shellmound builders' lifestyle. Osteoarthritis is often used as a marker of activity intensity (Goodman *et al.,* 1984; Bridges, 1991). In Brazilian shellmounds its frequency is usually higher in upper than in lower limbs (Mendonça de Souza, 1995; Neves, 1984), which is confirmed in this study (figure 5). This is suggestive of small walking distances, indicating smaller terrestrial resource catchment areas than observed among continental hunter-gatherers (Neves, 1984).

The high frequency of osteoarthritis in arms suggests high intensity/frequency of activities such as swimming and rowing. This pattern is more often seen in preagricultural populations, especially fishers, than in farmers from different regions of the world (Larsen *et al.,* 2002). Accepting higher arms osteoarthritis severity among foragers than agriculturalists, we would expect the hypothesized horticulturalists from ancient Rio Comprido and Morro do Ouro to present less arthritis in arms than the others, but this is not the case (figure 5). However, other aquatic populations also do not conform to the general trend of osteoarthritis reduction occurring with the shift away from foraging. High prevalence of osteoarthritis in arms may persist in cultivators if they remain highly dependent on aquatic resources, what seems to have been the case in these shellmounds. A similar trend was recorded in North-American populations from Georgia Bigth (Larsen *et al.,* 2002).

Very high *cribra orbitalia* frequencies (figure 5) conform to earlier *sambaqui* studies (Mello e Alvim & Gomes, 1989; Neves & Wesolowski, 2002). Most lesions are remodelled, suggesting that physiological stressors occurred during growth but healed. Originally considered an anaemia indicator (Stuart-Macadam & Kent, 1992), *cribra orbitalia* is presently attributed to different types of physiological stress (Wapler *et al.,* 2004). Its higher prevalence in tropical/subtropical regions, when compared to foragers from temperate zones (Larsen *et al.,* 2002), is attributed to an increased pathogen-load near the Equator (Stuart-Macadam & Kent, 1992). Bacterial infection, resulting from constant contact with animal remains used as food and construction material, proliferation of insects attracted by organic waste, and the geographical setting of shellmounds, might have contributed to this pathology development (Mendonça de Souza, 1995).

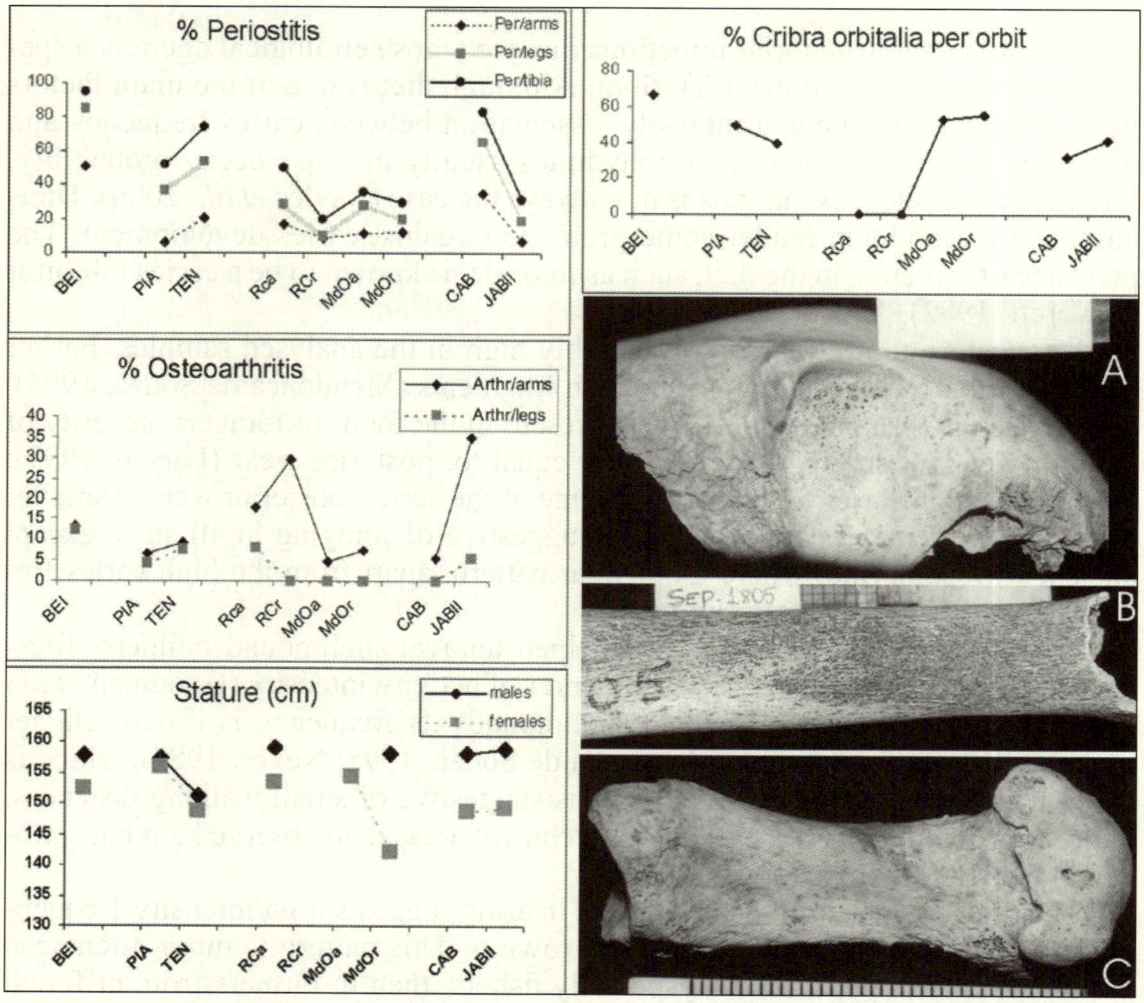

Figure 5. Frequencies of skeletal pathologies and stature ranges in the studied sites (legends as in figure 4). A: *Cribra orbitalia* (Cabeçuda, burial #1882); B: periostitis (Cabeçuda, burial #1805); C: osteoarthritis (Jabuticabeira-II, burial #10b).

Periostitis, porosity on the osseous outer layer of long bones, is due to inflammations and/or infections associated to either isolated traumatic events or systemic diseases (Ortner & Putschar, 1981). Most of the individuals studied here present it in at least two non adjacent bones and in the absence of detectable traumatic events. Periostitis is more frequent on legs than arms (figure 5), as expected, since legs are physiologically more prone to infections (Ortner & Putschar, 1981). These frequencies greatly surpass those observed for temperate foragers and even agriculturalists (Larsen *et al.,* 2002). Since traumatic events among *sambaqui* dwellers are rare (Lessa & Medeiros, 2001; Storto *et al.,* 1999, Okumura & Eggers, 2005), this result seems to confirm the high pathogen-load discussed above.

Stature is the net result of genetic determination, nutrition and health during development and growth. Chronic diseases, recurrent acute pathological states, and/or malnutrition can lead to growth retardation. Compensatory growth, allowing the child to return to its genetically determined growth curve, only occurs if it is cured and well nourished (Bogin, 1999). If not, there is adult stature stunting. In the samples studied here, adult stature ranges between 151-159 cm for males and 148-156 cm for females (figure 5). Thus, they were rather short and in the lower range for past and extant Amerindians (Storto *et al.,* 1999; Steckel & Rose, 2002). Since malnutrition seems unlikely in such a rich environment, this could be due either to a particular genetic background or to a long-term adaptation to chronic and/or acute and recurrent infectious diseases during development and growth.

Discussion

In the past, Brazilian shellmounds were regarded as mountains of waste left over by small nomadic bands whose diet was based on molluscs. More recently, *sambaqui* dwellers were proved to have subsisted mainly on fish and to have intentionally used mollusc shells to construct sites of specific functions such as huge cemeteries. A higher social complexity than formerly believed is suggested by the sites monumental dimensions and by the existence of exclusively funerary sites, funeral feastings, and variation in burial patterns and offerings (Fish *et al.,* 2000; Gaspar, 2000). However, many questions remain yet to be answered, including aspects of their subsistence, the use of plants, and their way of life.

The present study aimed at uniting different approaches to answer these questions in an interdisciplinary way innovative for Brazilian archaeology. New data is reported about plant use, diet, health, physical activity, and stature, while already published data on palaeoenvironment and on material culture are reviewed. As such, data point towards more complex subsistence strategies and more diversified modes of life among Brazilian shellmounds populations than earlier assumed.

Palaeoethnobotanical studies allowed palaeoenvironmental reconstruction and provided information on firewood utilization and diet for seven of the twelve sites analysed. Palaeopathological analyses, also from seven sites, revealed important information regarding these groups life way and their relation with the environment. The combination of results from both disciplines confirmed the importance of plants for this society, providing more solid bases for the debate on human management and plant cultivation.

Direct vestiges of plant consumption are very difficult to find, especially in the lowland tropics, where the humid climate and the acid soils account for a very poor preservation of plant remains. In this context, conservation is achieved almost exclusively by carbonisation, although microfossils like phytoliths or starch grains may also be trapped in plant grinding stones (Piperno *et al.,* 2000; Iriarte, 2004), into the dental calculus matrix (Reinhard *et al.,* 2001) and in sediments. Tuber macro-remains are rarely identified in archaeological sites (Hather, 1993). Their presence in most of the studied sites may be taken as indicative that they were much used by *sambaqui* builders. These plant remains alone do not imply in any kind of cultivation, but their association with other results, as those from bioanthropology discussed below, point to the possibility of human management or some incipient cultivation.

Some series analysed here show caries prevalence compatible with cultivation (Turner, 1979; Larsen *et al.,* 2002). Caries frequencies from Rio Comprido and Morro do Ouro sites, which largely surpass those observed for foragers, are similar to those found in some American natives, such as post-contact groups from Georgia Bight (Larsen *et al.,* 2002) and prehispanic Cuicuilto, who both practiced intensive agriculture (Marquez Morfin *et al.,* 2002). High caries frequencies in shellmounds can be explained by the consumption of cariogenic plants, such as tubers, and possibly their cultivation. Unfortunately, there are as yet no palaeopathological data for Southeastern Brazilian sites, in which palaeoethnobotany suggests important tuber consumption.

Low caries frequencies, suggestive of foraging, were found in all of the other sites. However, the worldwide observation that high reliance on aquatic resources leads to protection against caries should be taken into account. Indeed, numerous starch grains were retrieved in dental calculus from individuals exhumed at Jabuticabeira-II (Boyadjian *et al.,* 2007) and other Southern sites (Wesolowski, unpublished), attesting that carbohydrate-rich food did contribute significantly to their diet. Additionally, some of the starch grains are modified, indicating cooking.

Some authors already sustained that plant gathering, human management, and early plant domestication were practiced by *sambaqui* builders (Tenório, 2000), or that they might have developed agricultural practices (Dias & Carvalho, 1983). However, almost nothing is known about plant consumption and food production by Brazilian pre-ceramic groups, and whether domestication or cultivation has ever occurred in this cultural horizon is unknown.

Although site location, palaeopathological, chemical and zooarchaeological studies argue for a primary maritime focus for subsistence, it seems possible that *sambaqui* people practiced some kind of cultivation, perhaps under the form of garden plots holding tuber-producing and other edible/useful plants. A well-established agricultural system in the *sambaqui* dwellers society seems unlikely, as bioanthropological markers of cultivation, such as high caries rates, are not present in all sites and clear evidences of domesticated plants are lacking, but also because of the great dependence of *sambaqui* builders on marine resources. Nevertheless, the conservation of charred tuber remains, the high caries rates in some sites, and the high frequency of starch grains in dental calculus could be explained by the practice of human management or horticulture. Actually, it is broadly admitted that, well before intensification of South American known agricultural systems, based mainly on manioc and maize, different populations possessed a deep knowledge of the plant environment, practicing human management and/or incipient cultivation.

A review of lithic analyses carried out to date also supports the importance of plants to these populations, corroborating the palaeoethnobotanical and palaeopathological results.

In spite of some variations in the frequency of different lithic devices between sites (Emperaire & Laming, 1956; Uchoa, 1973; Beck, 1980; Kneip, 1994; Gaspar, 2003), the most common pieces of *sambaqui* lithic industry are simple flakes, with used edges, either small or big enough for direct handling. They were usually obtained from basalt, quartz or quartzite cobbles (Emperaire & Laming, 1956; Prous, 1992; Gaspar, 2003). Most of the artefacts are just roughly shaped, and very often cobbles, flakes and large fragments were directly used, with no retouching at all (Prous, 1992; Gaspar, 2003). Polished artefacts, made of hard basaltic rock, include small pendants, axes of various sizes, and zooliths (impressive lithic sculptures retrieved in funerary contexts from Southern sites).

There is also a great variety of groundstone tools, generally heavily used, frequently burned and broken into smaller pieces, often recycled into used or retouched pieces. Mortars and pestles of varied sizes, shapes, and use-wear patterns point to differentiated purposes, most of which probably related to plant processing. Pecked stones, usually associated to shelling palm fruits (Bryan, 1993), are very frequent all over the country. They were found in most of the sites analysed (Uchoa, 1973; Beck, 1980; Kneip, 1994; Gaspar, 2003).

Manos and metates are traditionally considered good indicators of plant food processing and even of plant domestication (Kamminga, 1979; Schlanger, 1991). Manos, presenting smooth and polished surfaces, are frequent in many of the studied sites, and in most of the Brazilian shellmounds as well. Only few metates, however, were found in these sites. We hypothesize these implements, of considerable size and weight, might possibly be of communitarian use.

Morphological and functional characteristics of shellmounds scrapers and used implements point mainly to wood and bone processing, while flakes and groundstone devices are related to food preparation (fish, wood, and plants processing). The patterning of the lithic artefact industry in a Southern Brazilian *sambaqui* was attributed to food processing contexts (Bryan, 1993). In Panama, very similar groundstone tool morphology and use-wear patterns are related to starch-rich plant processing, including manioc and maize, beginning c. 7000 yrs BP (Piperno *et al.,* 2000).

More specific studies of the lithic assemblage are still needed, especially regarding use-wear and organic residues of surface analysis. However, groundstone assemblages, related to considerably intensive plant processing, point to a much more significant role of plant foods to the *sambaqui* people subsistence than has been considered so far.

Based on the data already obtained, we assume that *sambaqui* dwellers had a plentiful, previsible, and broad diet, that incorporated marine protein and a variety of wild and maybe some cultivated plants, probably including some highly cariogenic species. Their small stature would thus be due to the high prevalence of long-term infectious disease during growth, affecting many generations (Mendonça de Souza, 1995). High survivorship with chronic infections (indicated by *cribra orbitalia* and periostitis), analyzed together with low stature, suggests that these people were well adapted to their habitat. This hypothesis is corroborated by much extended periods of site permanency - the studied sites attest of about 500 (Beirada, Pontinha), 1000 (Ponta da Cabeça, Jabuticabeira-II), 2000 (Salinas Peroano, Boca da Barra) or over 3000 (Forte) years of occupation (table 1).

Continual occupation, without any confirmed period of site abandonment, suggests sedentism, which was probably also triggered by resource abundance. Indeed, sites were established in coastal ecotones, in the vicinity of *restingas*, mangroves, forests, and lagoons, allowing access to abundant renewable plant, fish, and shellfish resources. Resource abundance is indirectly confirmed by low trauma frequency. High prevalence of *cribra orbitalia* and periostitis in most of the sites are also suggestive of sedentism, since sedentary life leads to waste accumulation and increases the likelihood of infections and physiological stress. The great number of burials (Fish *et al.,* 2000), as well as the occurrence of highly contagious infections such as treponematoses (Okumura & Eggers, 2005), supports this assertion, besides pointing to much higher population densities than previously assumed.

The lower and less variable arthritis in legs than in arms is suggestive of small walking distances. It could result either of foraging in a rich nearby environment or of gardening and harvesting carried out by horticulturalists. The variety, constancy, and previsibility of resources in coastal areas, and the lifestyle adapted to the coastal environment can explain the higher osteoarthrosis in arms than in legs. This reflects how more important rowing, swimming, and throwing nets was in comparison to walking.

Despite the relative stability of cultural (DeBlasis *et al.,* 1998; Gaspar, 1998) and ecological aspects (Scheel-Ybert, 2000) at a macro-regional level, shell-mounds present particularities concerning local characteristics. These may include site landscape insertion (Scheel-Ybert, 2000), site composition (Gaspar, 1998), site function (Fish *et al.,* 2000), frequency of palaeopathologies, and subsistence strategies (this paper). This seems to indicate that, even if all *sambaqui* moundbuilders were part of one single sociocultural system, they might present different ways of life and diverse subsistence strategies at the site level.

Conclusions

As archaeological research progressed, a number of prevailing preconceptions concerning the *sambaqui* society have been put aside. Once these people were no longer seen as nomadic shellfish gatherers, investigation on their lifeway, subsistence system, and sociocultural organization greatly improved.

This paper aimed to bring together results from different study areas, associating archaeological research to the so-called «related disciplines». Comparison of data from various disciplines, as attempted here, has the potential of enriching the discussion on prehistorical populations and of stimulating the scientific community to a more harmonious dialogue. This multidisciplinary approach, innovative in Brazilian archaeology, allowed new interpretations concerning palaeoenvironment, firewood economy, health, activity indicators, and diet.

Besides presenting new information on their way of life, some clues suggesting that plant consumption was particularly important to this society are provided. The conservation of tuber remains in many sites, along with the caries rates and tooth wear analyses indicate that plant foods were making a substantial contribution to their diet. Markers related to aquatic activities suggest continuity on the importance of marine resources.

References

AFONSO, M. C. y DEBLASIS, P. (1994). «Aspectos da formação de um grande *sambaqui*: Alguns indicadores em Espinheiros II, Joinville». *Rev. MAE-USP*, 4: 21-30.

AUFDERHEIDE, A. C. y RODRÍGUEZ-MARTÍN, C. (1998). *The Cambridge encyclopedia of human paleopathology*. Cambridge: Cambridge University Press.

BARBOSA, M. (2001). *Espaço e organização social do grupo construtor do sambaqui IBV-4, RJ.* MSc Dissertation. São Paulo: USP.

BARROS, C. F. y CALLADO, C. H. (1997). *Madeiras da Mata Atlântica.* Vol. 1. Rio de Janeiro: JBRJ.

BECK, A. (1980). «Sambaquis: tecnologia e subsistência». *Anais do Museu de Antropologia.* UFSC, 2: 124-138.

BOGIN, B. (1999). *Patterns of human growth.* 2nd ed. Cambridge: Cambridge University Press.

BOYADJIAN, C. H. C.; EGGERS, S. y REINHARD, K. (2007). «Dental wash: a problematic method for extracting microfossils from teeth». *J. Archaeol. Sci.* (in press).

BRIDGES, P. S. (1991). «Degenerative joint disease in hunter-gatherers and agriculturalists from the Southeastern United States». *Am. J. Phys. Anthropol.* 85: 379-391.

BRYAN, A. L. (1993). «The Sambaqui at Forte Marechal Luz, State of Santa Catarina, Brazil». En A. L. Bryan y R. Gruhn (eds.), *Brazilian Studies*. Corvallis: Center for the Study of the First Americans, Oregon St. Univ. Pp. 1-114.

BUIKSTRA, J. E. y UBERLAKER, D. (1994). *Standards for data collection from human skeletal remains*. Arkansas Archeological Survey Research Series, nº 44.

CHAPMAN, R. W. (2003). *Archaeologies of Complexity*. London: Routledge.

DE MASI, M. A. N. (2001). «Pescadores coletores da costa sul do Brasil». *Pesquisas,* 57: 1-136.

DEBLASIS, P. *et al.* (1998). «Some references for the discussion of complexity among the *sambaqui* moundbuilders from the southern shores of Brazil». *Rev. Arqueol. Amer.* 15: 75-105.

DÉTIENNE, P. y JACQUET, P. (1983). *Atlas d'Identification des bois de l'Amazonie et des régions voisines*. Montpellier: Centre Technique Forestier Tropical.

DIAS, O. F. y CARVALHO, E. T. (1983). «Um possível foco de domesticação de plantas no Estado do Rio de Janeiro: RJ-JC-64 (Sítio Corondó)». *Bol. Inst. Arqueol. Brasil.* 1: 4-18.

EMPERAIRE, J. y LAMING, A. (1956). «Les sambaquis de la côte méridionale de Brésil: campagnes de fouilles (1954-1956)». *J. Soc. Américan.* 45: 5-163.

FIGUTI, L. (1993). «O homem pré-histórico, o molusco e os sambaquis: considerações sobre a subsistência dos povos sambaquieiros». *Rev. MAE-USP,* 3: 67-80.

FISH, S. K. *et al.* (2000). «Eventos incrementais na construção de sambaquis, litoral sul do estado de Santa Catarina». *Rev. MAE-USP,* 10: 69-87.

GAMBLE, L. H.; WALKER, P. L. y RUSSELL, G. S. (2002). «Further considerations on the emergence of Chumash chiefdoms». *Amer. Antiq.* 67: 772-777.

GASPAR, M. D. (1992). «Aspectos da organização social de um grupo de pescadores, coletores e caçadores que ocupou o litoral do Estado do Rio de Janeiro». En A. J. G. Araújo y L. F. Ferreira (eds.), *Paleontologia e Paleoepidemologia: Estudos Multidisciplinares*. Rio de Janeiro: ENSP, Fundação Oswaldo Cruz. Pp. 95-109.

— (1998). «Considerations of sambaquis of the Brazilian coast». *Antiquity,* 72: 592-615.

— (2000). *Sambaqui: arqueologia do litoral brasileiro*, Rio de Janeiro: Jorge Zahar.

— (2003). «Aspectos da organização social de pescadores-coletores: região entre a Ilha Grande e o delta do Paraíba do Sul». *Pesquisas*, sér. Antropol., 59: 1-163.

GOODMAN, A. H. *et al.* (1984). «Health changes at Dickson Mound, Illinois». En M. N. Cohen y G. J. Armelagos (eds.), *Palaeopathology at the Origins of Agriculture*. Orlando: Acad. Press. Pp. 271-306.

GREGORY, M. (1994). «Bibliography of the systematic wood anatomy of dicotyledons». *IAWA J.*, suppl., 1: 1-266.

HATHER, J. G. (1993). *An archaeobotanical guide to root and tuber identification. Volume 1. Europe and South West Asia*. Oxford: Oxbow Monograph 28.

— (2000). *Archaeological Parenchyma*. London: Archetype Publ.

HEREDIA, O. R. *et al.* (1989). «Environment exploitation by prehistorical population of Brazil». En C. Neves (ed.), *Coastlines of Brazil*. New York: American Society of Civil Engineers. Pp. 230-239.

IRIARTE, J. (2004). «Evidence for cultivar adoption and emerging complexity during the mid-Holocene in the La Plata basin». *Nature,* 432: 614-617.

KAMMINGA, J. (1979). «The nature of use-polish and abrasive smoothing on stone tools». En B. Hayden (ed.), *Lithic use-wear analysis*. New York: Acad. Press. Pp. 143-158.

KNEIP, L. M. (1980). «A seqüência cultural do sambaqui do Forte, Cabo Frio, Rio de Janeiro». *Pesquisas*, sér. Antropol., 31: 87-100.

— (1994). «Cultura material e subsistência das populações pré-históricas de Saquarema, RJ». *Doc. Trabalho,* 2: 1-120.

LARSEN, C. S. (1999). *Bioarchaeology*. Cambridge: Cambridge Univ. Press.

LARSEN, C. S. *et al.* (2002). «A biohistory of health and behaviour in the Georgia Bight». En R. H. Steckel y J. C. Rose (eds.), *The backbone of history*. Cambridge: Cambridge University Press. Pp. 406-439.

LESSA, A. y MEDEIROS, J. C. (2001). «Reflexões preliminares sobre a questão da violência em populações construtoras de sambaquis». *Rev. MAE-USP,* 11: 77-93.

LEVERETT, D. H. (1982). «Fluorides and changing prevalences of dental caries». *Science,* 217: 26-30.

LIGHTFOOT, K. G. (1993). «Long-term developments in complex hunter-gatherer societies: recent perspectives from the Pacific coast of North America». *J. Archaeol. Res.* 1: 167-201.

LIMA, T. A. y MAZZ, J. M. L. (1999/2000). «La emergencia de complejidad entre los cazadores colectores de la costa atlántica meridional sudamericana». *Rev. Arq. Amer.* 17/18/19: 129-175.

LUBY, E. M. y GRUBER, M. F. (1999). «The dead must be fed: symbolic meanings of the shellmounds of the San Francisco Bay area». *Cambridge Archaeol. J.* 9(1): 95-108.

MARQUEZ MORFIN, L. *et al.* (2002). «Health and Nutrition in Pre-Hispanic Mesoamerica». En R. H. Steckel y J. C. Rose (eds.), *The backbone of history.* Cambridge: Cambridge University Press. Pp. 307-340.

MELLO E ALVIM, M. C. y GOMES, J. C. O. (1989). «Análise e interpretação das condições patológicas em crânios humanos de sitio arqueológico». *Rev. Pré-História,* 7: 127-145.

MENDONÇA DE SOUZA, S. M. F. (1995). *Estresse, doença e adaptabilidade: estudo comparativo de dois grupos pré-históricos.* PhD Thesis, Rio de Janeiro: ENSP/FIOCRUZ.

MILLER, N. F. (1988). «Ratios in paleoethnobotanical analysis». En C. A. Hastorf y V. S. Popper (eds.), *Current Paleoethnobotany.* Chicago: University Chicago Press. Pp. 72-85.

NEVES, W. A. y WESOLOWSKI, V. (2002). «Economy, nutrition and disease in prehistoric coastal Brazil: a case study from the State of Santa Catarina». En R. H. Steckel y J. C. Rose (eds.), *The backbone of history.* Cambridge: Cambridge University Press. Pp. 376-402.

NEVES, W. A. (1984). «Incidência e distribuição de osteoartrites em grupos coletores do Litoral do Paraná: uma abordagem osteobiográfica». *CLIO,* 6: 47-62.

OKUMURA, M. M. M. y EGGERS, S. (2005). «The People of Jaboticabeira II: reconstruction of the way of life in a Brazilian shellmound». *Homo,* 55: 263-281.

ORTNER, D. J. y PUTSCHAR, W. G. J. (1981). *Identification of pathological conditions in human skeletal remains.* Washington: Smithsonian Institute Press.

PIPERNO, D. R. *et al.* (2000). «Starch grains reveal early root crop horticulture in the Panamanian tropical forest». *Nature,* 407: 894-897.

PRICE, T. D. y BROWN, J. A. (eds.) (1985). *Prehistoric Hunters-gatherers: the Emergence of Cultural Complexity.* San Diego: Academic Press.

PROUS, A. (1992). *Arqueologia Brasileira.* Brasília: UNB.

REINHARD, K. J. *et al.* (2001). «Microfossils in dental calculus: A new perspective on diet and dental disease». *BAR Int. Ser.* 934: 113-118.

SCHEEL-YBERT, R. (2000). «Vegetation stability in the Southeastern Brazilian coastal area from 5500-1400 yr BP deduced from charcoal analysis». *Rev. Palaeobot. Palynol.* 110: 111-138.

— (2001a). «Man and vegetation in the Southeastern Brazil during the Late Holocene». *J. Archaeol. Sci.* 28: 471-480.

— (2001b). «Vegetation stability in the Brazilian littoral during the late Holocene: anthracological evidence». *Rev. Pesquisas Geoc.* 28: 315-323.

SCHEEL-YBERT, R.; SCHEEL, M. y YBERT, J.-P. (2002). *Atlas Brasil: databank for charcoal analysis and computerized key to charcoal determination.* Ver. 2.2. CD-Rom. Rio de Janeiro: UFRJ.

SCHEEL-YBERT, R. *et al.* (2006). «Coleções de referência e bancos de dados de estruturas vegetais: subsídios para estudos paleoecológicos e paleoetnobotânicos». *Arq. Museu Nacional,* 64(3): 255-266.

SCHLANGER, S. H. (1991). «On manos and metates». *Amer. Antiq.,* 56: 460-474.

STECKEL, R. H. y ROSE, J. C. (eds.) (2002). *The backbone of history: health and nutrition in the Western Hemisphere.* Cambridge: Cambridge University Press.

STORTO, C.; EGGERS, S. y LAHR, M. M. (1999). «Estudo preliminar das paleopatologias da população do *sambaqui* Jabuticabeira-II, Jaguaruna SC». *Rev. MAE-USP,* 9: 61-71.

Stuart-Macadam, P. y Kent, S. (1992). *Diet, demography and disease: changing perspectives on anemia*. New York: Aldine de Gruyter.

Tasayco-Ortega, L. A. (1996). *Variations paléohydrologiques et paléoclimatiques d'une région d'upwelling au cours de l'Holocène*. PhD Thesis. Paris: Université Paris VI.

Tayles, N.; Domett, K. y Nelsen, K. (2000). «Agriculture and dental caries? The case of rice in prehistoric Southeast Asia». *World Archaeol*. 32: 68-83.

Tenório, M. C. (2000). «Coleta, processamento e início da domesticação de plantas no Brasil». En M. C. Tenório (ed.), *Pré-história da Terra Brasilis*. Rio de Janeiro: EDUFRJ. Pp. 259-271.

Turner, C. G. (1979). «Dental anthropological indications of agriculture among the Jomon people of central Japan». *Amer. J. Phys. Anthropol.* 51: 619-636.

Uchoa, D. P. (1973). *Arqueologia de Piaçaguera e Tenório: análise de dois sítios pré-cerâmicos do litoral paulista*. PhD Thesis. Rio Claro: FFCL/UNESP.

Wapler, U.; Crubezy, E. y Schultz, M. (2004). «Is cribra orbitalia synonymous with anemia?» *Amer. J. Phys. Anthropol.* 123: 333-339.

Wesolowski, V. (2000). *A prática da horticultura entre os construtores de sambaquis e acampamentos litorâneos da região da Baia de São Francisco, Santa Catarina*. MSc Dissertation. São Paulo: USP.

Arqueobotánica en Colombia y su aplicación al estudio de patrones alimenticios y explotación de recursos vegetales en el pasado

SONIA ARCHILA
Departamento de Antropología, Universidad de los Andes, Bogotá (Colombia)

RESUMEN. Este escrito se refiere a los estudios de arqueobotánica en Colombia, trata sobre el desarrollo histórico de esta disciplina en el país y presenta comentarios sobre su estado actual. Cuando se aborda la temática mencionada es necesario considerar las características ambientales de Colombia, que condicionan la preservación de restos arqueobotánicos; así como técnicas de análisis apropiadas para revelar información sobre distintos recursos vegetales usados en el pasado. Los estudios que abordan problemáticas sobre la alimentación, y/o las relaciones entre humanos y ambiente deben buscar estrategias metodológicas que les proporcionen información complementaria, como por ejemplo, el uso de datos etnohistóricos e históricos o el uso de información etnobotánica para plantear la relación entre humanos y ambiente en el pasado, específicamente sobre el uso de recursos vegetales. De esta manera se contribuiría a plantear interpretaciones sobre uso y valor económico y cultural de las plantas en el pasado.

ABSTRACT. This paper deals with the history of studies on archaeobotany carried out in Colombia, and some comments about the present day state of these studies are presented. It is necessary to consider environmental conditions of Colombia which affect the preservation of plant remains, and the adequate analytical techniques in order to obtain data on the use of different kinds of plant resources during the past. Taking into account those restrictions, studies on archaeology of food and/or on relation between human and their environment, must consider complementary methodological strategies. For example, ethnohistorical, historical and ethnobotanical data can be used to study the relationship between humans and their environment during the past, particularly on the use of plant resources. Then, it will be possible to suggest hypotheses about the economic and cultural value of plants during the past.

Los estudios de arqueobotánica en Colombia

En Colombia los estudios de arqueobotánica han sido desarrollados desde la década de 1960 pero principalmente fue durante la década de 1990 cuando empezaron a tomar auge. Estos trabajos han incluido análisis de microrrestos principalmente polen (Van der Hammen, 1992; Monsalve, 1985; Mora *et al.,* 1991) y también fitolitos (Piperno, 1999; Piperno y Pearsall, 1998), asimismo se han realizado análisis de macrorrestos como semillas (Cavelier *et al.,* 1995, 2001; Morcote, 1994, 2006; Bonzanni, 1997) y maderas carbonizadas (Archila, 2005). Los estudios de palinología son los que se desarrollaron desde hace más tiempo. Durante la década de 1970, bajo la dirección del paleoecólogo holandés Thomas Van der

Hammen y del arqueólogo colombiano Gonzalo Correal, se llevaron a cabo varios estudios de reconstrucción del clima y flora de los periodos Terciario y Cuaternario en el norte de los Andes colombianos. Estos trabajos permitieron plantear un modelo general para explicar la historia y evolución de los principales ecosistemas del Neotrópico. En cuanto al periodo Cuaternario y en particular los últimos 18.000 años, se estudiaron secuencias paleoecológicas que reconstruyen la evolución de la fauna, flora y comunidades humanas más antiguas que habitaron las tierras altas en la cordillera oriental de Colombia (Van der Hammen, 1974, 1986, 1992).

Durante la década de 1990 la mayoría de trabajos de arqueobotánica fueron desarrollados de forma sistemática desde la Fundación Erigaie, institución que reunía un grupo de investigadores interesados en Arqueología Ambiental, quienes bajo la dirección de Inés Cavelier, Luisa Fernanda Herrera, Santiago Mora y Camilo Rodríguez, implementaron trabajos de palinología, geoarqueología y análisis arqueobotánicos de macrorrestos carbonizados procedentes principalmente de sus excavaciones en sitios arqueológicos de la región del Amazonas colombiano (Mora *et al.*, 1991; Herrera *et al.*, 1992; Morcote, 1994). Más recientemente llevaron a cabo estudios de semillas carbonizadas procedentes de varias otras regiones de Colombia, como por ejemplo, el departamento de Risaralda (Rodríguez y Montejo, 1996; Rodríguez, 2001). Maderas carbonizadas procedentes del Amazonas fueron estudiadas por Archila (2005).

En la actualidad el Instituto de Ciencias de la Universidad Nacional de Colombia realiza investigaciones de arqueobotánica bajo la dirección del arqueólogo Gaspar Morcote, principalmente dentro del programa que lleva a cabo en el Amazonas (Morcote, 2006). Algunos otros trabajos contemporáneos de arqueobotánica, en particular, polen, fitolitos y almidón, se han realizado en la región del medio río Cauca (Aceituno, 2002) y de semillas carbonizadas en el extremo norte de Colombia en la península de la Guajira (Socarrás, 2003). También existen trabajos de arqueobotánica que no se derivan de programas de investigación concretos, sino que corresponden más a identificaciones de micro o macrorrestos botánicos hallados ocasionalmente en sitios arqueológicos y que forman parte de proyectos de investigación que no abordan directamente la temática de la subsistencia o de la interacción humana con el medio ambiente (véase, por ejemplo, Morcote, 1996; Herrera y Morcote, 2001; Romano y Morcote, 2001).

Aunque la arqueobotánica es un campo que ha tomado cierto desarrollo dentro de los proyectos de arqueología en Colombia, aún no se cuenta con información derivada de secuencias arqueológicas completas que incluyan datos sobre los procesos de evolución en el uso de los recursos vegetales para la mayoría de regiones del país. Esta circunstancia hace difícil la correlación entre los datos arqueobotánicos, la reconstrucción ambiental, los restos materiales y la cronología. Por lo tanto, cualquier modelo sobre la subsistencia o sobre el uso humano de las plantas en el pasado es difícil de corroborar con datos de campo. Los modelos generales de interpretación sobre los desarrollos de sistemas de subsistencia y sobre posibles patrones de interacción entre grupos humanos y diversos ecosistemas se han planteado con base en datos indirectos sobre el uso de los recursos vegetales. Éstos generalmente consisten en artefactos relacionados con el consumo, procesamiento o producción de alimentos, tales como metates y manos de moler maíz; y platos de cerámica para asar tortas de yuca. Sin embargo, con el esfuerzo hecho por algunos investigadores (véase, por ejemplo, Cavelier *et al.,* 2001; Morcote, 2006; Archila,

2005) para implementar nuevas técnicas de análisis (fitolitos, maderas carbonizadas) e interpretación (etnobotánica y etnoarqueología), en el futuro se podrán construir estas secuencias arqueológicas y arqueobotánicas que contribuirán a entender la interacción entre los humanos y los recursos vegetales desde épocas prehispánicas hasta el presente.

La mayoría de los restos de plantas encontrados en sitios arqueológicos son restos carbonizados. El uso de sistemas de flotación ha incrementado la cantidad y espectro de restos de plantas recuperados de los sitios arqueológicos, pues con éstos se obtienen restos de plantas que antes no se consideraban, entre los que se encuentran semillas de tamaños inferiores a 2 milímetros, en su mayoría pertenecientes a plantas silvestres. Sin embargo, aún es notoria la falta de diseños metodológicos particulares para abordar el estudio cuantitativo de muestras de macrorrestos vegetales en sitios arqueológicos específicos que permitan responder preguntas directamente relacionadas con los sistemas de subsistencia del pasado.

En general, podría afirmarse que en Colombia los trabajos de arqueología que han abordado la problemática de la interrelación entre humanos y plantas en el pasado se han concentrado en dos grandes áreas. La primera de éstas se refiere a investigaciones de paleoecología con las que se ha planteado reconstrucción paleoambiental y la segunda a la reconstrucción de patrones alimenticios y su relación con determinados grupos humanos. Esta correlación nos podría conducir en un futuro a plantear y evaluar posibles patrones alimenticios a través del tiempo.

Paleoecología y reconstrucción ambiental

La mayoría de los datos sobre paleoecología y reconstrucción ambiental proceden de secuencias de polen tomadas en zonas cercanas a los sitios arqueológicos. Estos estudios generalmente se han complementado con análisis de suelos cuya interpretación contribuye a postular hipótesis sobre el uso más generalizado de los recursos vegetales y sobre las estrategias adaptativas que varios grupos humanos del pasado han implementado (véase Botero, 2001).

Los trabajos de arqueobotánica que en Colombia se han ocupado principalmente de reconstrucción ambiental se refieren al periodo más antiguo de ocupación del territorio, es decir, al de los cazadores recolectores. Entre éstos se destacan los que se derivaron del programa de investigación «Medio Ambiente Pleistocénico y Holocénico y el Hombre Prehistórico en Colombia» desarrollado por Thomas van der Hammen y Gonzalo Correal (Van der Hammen, 1992), quienes correlacionaron las fluctuaciones climáticas del Pleistoceno y Holoceno con los primeros habitantes del territorio, especialmente cazadores de megafauna y posteriormente cazadores de fauna menor y recolectores de productos comestibles vegetales habitantes de las altiplanicies de la cordillera oriental. Otros trabajos son, por ejemplo, el de Carlos López en la región del curso medio del río Magdalena (2004) y el de Cristóbal Gnecco (2000) en el altiplano de Popayán, que también abordan la problemática de las adaptaciones humanas antiguas a ambientes de alta montaña ubicados a elevaciones superiores a 1.500 metros sobre el nivel del mar como el altiplano de Popayán; y de valles fluviales amplios interandinos localizados a elevaciones inferiores a 500 metros sobre el nivel del mar como el valle del Magdalena medio (figura 1).

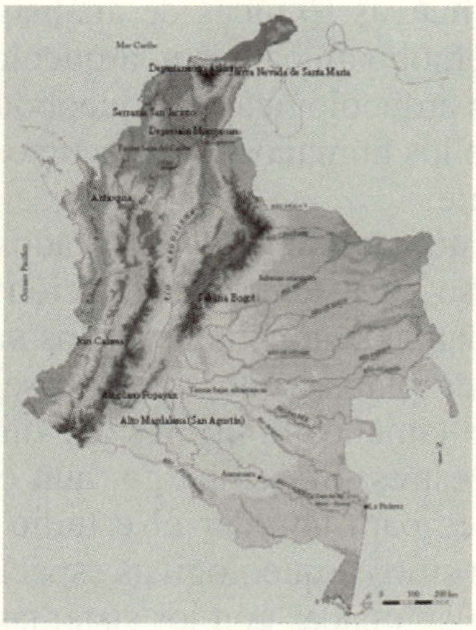

Figura 1. Mapa de Colombia con las regiones mencionadas en el texto. Adaptado de *Times Atlas of the World*, Concise Edition, 1995: 162-163.

También se han realizado trabajos de reconstrucción ambiental sobre periodos más recientes cuando existieron sociedades de cacicazgos o complejas. Entre éstos se pueden mencionar la Depresión Momposina (Plazas *et al.*, 1993), la sierra Nevada de Santa Marta (Herrera, 1985) en el norte del país; la Sabana de Bogotá en el centro del país (Boada, 2006; véase en este escrito la figura 2); el Alto Magdalena (Herrera *et al.*, 1989) y el del valle del río Calima (Monsalve, 1985), en el suroccidente de Colombia; la región de Antioquia en el noroccidente (Castillo, 1996) y los ríos Caquetá (figura 3) y Pureté en la Amazonía (Mora *et al.*, 1991; Morcote, 2006). En las investigaciones mencionadas la palinología es el marco de referencia para reconstruir los ambientes circundantes a los sitios estudiados y junto con análisis de suelos se usa para interpretar los sistemas de producción agrícola. Así se han reconstruido procesos de modificación del paisaje para crear suelos adecuados para la producción agrícola intensiva como en el caso de la Amazonía.

Figura 2. Paisaje en la Sabana de Bogotá, cordillera oriental. Se observan antiguos campos elevados y canales de drenaje cercanos al río Bogotá (fotografía, S. Archila).

Figura 3. Paisaje del medio río Caquetá en la Amazonía. Se observa el bosque tropical húmedo en una de las márgenes del río (fotografía, S. Archila).

Arqueobotánica y el estudio de patrones alimenticios

En Colombia las evidencias directas de la domesticación y cultivo de plantas son relativamente escasas, lo cual puede deberse en parte a que los restos orgánicos se preservan mejor en áreas con climas extremos, desérticos o en ambientes cerrados como cuevas o anaeróbicos como pantanos. Estos ambientes, más propicios para la preservación de restos orgánicos, no son muy comunes en Colombia. Los tejidos óseos de animales, más resistentes que los restos vegetales a los cambios constantes y bruscos de temperatura y humedad, son más frecuentemente encontrados en sitios arqueológicos, localizados tanto en tierras bajas como altas. A pesar de lo anterior, los investigadores generalmente recuperan sedimentos para realizar análisis de polen fósil o fitolitos; microrrestos relativamente frecuentes en ambientes tropicales. También la técnica de la flotación para recuperar macrorrestos vegetales carbonizados (semillas, pedúnculos, cáscaras, fragmentos de madera) ha permitido estudiar conjuntos de restos que proporcionan evidencias sobre el uso de plantas cultivadas y silvestres en el pasado.

La mayoría de los macrorrestos arqueológicos de plantas, identificados en Colombia, consisten en semillas de palmas y de árboles. La identificación de maderas carbonizadas no se ha realizado de forma sistemática sino con los materiales del medio río Caquetá en el Amazonas, y se carece de estudios locales y particulares sobre la explotación de maderas para combustibles y otros propósitos (Archila, 2005). Análisis de polen son relativamente comunes en los proyectos de arqueología pero, como se mencionó antes, se usan principalmente con el objetivo de proponer reconstrucciones de los ecosistemas asociados a los sitios arqueológicos. Estudios de residuos como granos de almidón y de fitolitos (Herrera y Cavelier, 1999; Piperno, 1999; Morcote, 2006) han arrojado información sobre la presencia de plantas cultivadas como la ahuyama (*Cucurbita* sp.), los tubérculos de leren *(Calathea allouia)* y el maíz *(Zea mays)*.

Si se tiene en cuenta la evidencia arqueobotánica actualmente disponible, las primeras plantas cultivadas en Colombia no fueron algunas consideradas productos básicos en la época del contacto con europeos, como por ejemplo maíz, yuca o fríjol. Las plantas presentes en los conjuntos de polen y fitolitos recuperados en sitios arqueológicos y fechados en épocas más tempranas incluyen arrurruz (*Ma-*

ranta sp.), quinua (*Chenopodium sp.*), leren *(Calathea allouia)*, ahuyama (*Cucurbita* sp.), calabazo (*Lagenaria* sp.) y varios árboles frutales (para una lista de las plantas identificadas en tierras bajas tropicales véanse tablas 4.1 y 4.2 en Archila, 2005: 88, 92). Así por ejemplo, en el medio río Caquetá el análisis de polen y de restos de semillas carbonizadas indica que las palmas fueron importantes para los antiguos habitantes del área, particularmente para quienes vivieron en la región hace unos 9.000 años AP. Actualmente los frutos de palmas y otros árboles son muy importantes para la alimentación de los habitantes indígenas de la zona, de acuerdo con la información etnográfica y etnobotánica disponible. Además, son ampliamente usadas partes de estas plantas distintas a los frutos.

Sobre los patrones de subsistencia y alimenticios de los cazadores recolectores, poblaciones más antiguas en el territorio colombiano (existieron aproximadamente desde 16.000 hasta 5.000 años AP), se han estudiado principalmente restos de fauna, mucho más visibles que los macrorrestos carbonizados de plantas. Estos restos de fauna, relativamente bien preservados en ambientes de cuevas o abrigos rocosos, corresponden a megafauna como por ejemplo mastodontes (*Haplomastodon* sp. y *Cuvieronius* sp.) en los sitios de fines del Pleistoceno y a fauna de tamaño mediano como venados (*Odocoelius* sp. y/o *Mazama* sp.) en sitios del Holoceno de hace unos 10.000 años (véase, por ejemplo, Correal y Van der Hammen, 1977, y Pinto, 2003). Durante las últimas décadas los trabajos que han considerado el estudio de los patrones de subsistencia en sociedades de estos grupos humanos han implementado técnicas de recolección sistemática (flotación, cernido en seco), de micro y macrorestos botánicos (polen, fitolitos, semillas y maderas), que han mejorado el registro arqueobotánico útil para la investigación de los patrones de subsistencia. En algunos casos se han obtenido evidencias directas sobre el uso de ciertos recursos vegetales, particularmente frutos de palmas (*Oenocarpus* sp., *Mauritia*, sp., *Astrocaryum* sp., entre otras) y otros árboles tales como aguacate (*Persea* sp.), para mencionar el más común (véase, por ejemplo, Cavelier *et al.,* 1995). En el sitio arqueológico llamado Peña Roja, medio río Caquetá (Amazonas), la información arqueobotánica mostró que hacia el 9.000 AP, se practicó horticultura de pequeña escala en huertas domésticas y se cultivaron ahuyamas (*Cucurbita* sp.), calabazos (*Lagenaria* sp.) y tubérculos de leren (véase Piperno, 1999; Herrera y Cavelier, 1999).

Con respecto al siguiente periodo de ocupación del territorio colombiano en época prehispánica, es decir, el Formativo (aproximadamente entre 6.000 AP y 1.000 d.C.), Bonzani (1997) realizó una investigación arqueobotánica en la serranía de San Jacinto al norte de Colombia. La autora recolecta y analiza macrorrestos carbonizados de un sitio de ocupación temprana (5.600 AP), por parte de un grupo humano que subsistía de la cacería y la recolección y que ocupó el lugar estacionalmente para aprovechar los recursos de fauna y posiblemente flora disponibles, haciendo uso de una movilidad logística.

Las tierras bajas del norte de Colombia podrían haber sido una de las áreas donde ocurrió la domesticación de plantas como los tubérculos (véanse Reichel-Dolmatoff, 1986; Langebaek y Dever, 2000), si se tiene en cuenta la dispersión natural de estas plantas y las características naturales de estos ambientes de llanuras cálidas, propicias para el crecimiento de las mismas. Reichel-Dolmatoff (1986) postula que entre las sociedades de cazadores-recolectores y agricultores del área ocurrieron cambios evolutivos que condujeron entre otras cosas a la adopción del sedentarismo, la vida en aldeas, la tecnología cerámica y la agricultura. Las evidencias en que se basan las ideas sobre la adopción de la agricultura consisten en artefactos indirectamente asociados al consumo y procesamiento de ciertas plantas tales como maíz y yuca (Archila, 1993, 2005). Sin embargo, existen algunos datos sobre plantas usadas desde al menos 2.000 AP, entre las que se encuentran *Chenopodium* sp. (género del pseudocereal quinua, tan importante en la dieta de muchas poblaciones de los Andes de Suramérica en época prehispánica) y semillas de pastos de las familias *Poaceae* sp. y *Malvastrum* sp. (para información detallada sobre estos hallazgos, véase tabla 4.2 en Archila, 2005: 92).

Otras investigaciones arqueológicas han localizado varios sitios del periodo Formativo en las tierras bajas del Caribe, pero los sitios se excavaron antes de que se desarrollaran y aplicaran técnicas modernas de recuperación y análisis arqueobotánicos y zooarqueológicos. Generalmente estos trabajos incluyen apéndices con listas de los diferentes taxones de animales identificados, ya que los restos de fauna se preservan con relativa frecuencia, mientras que los de plantas son ausentes. Esto en parte se debe a la baja preservación y visibilidad de estos restos en los sitios arqueológicos, pero también a los métodos de excavación y recuperación (Archila, 1993). Es importante que investigaciones futuras procuren ubicar sitios donde se puedan excavar contextos domésticos que permitan recolectar y analizar restos botánicos para poder plantear modelos de desarrollo de producción de alimentos. Recientemente una investigación realizada en el municipio de Tubará, en el departamento del Atlántico, localizó un sitio arqueológico correspondiente a un asentamiento nucleado que podría excavarse. Sin embargo, la cronología del lugar corresponde al Formativo Tardío y no al comienzo de este periodo, cuando posiblemente se iniciaron los procesos de manipulación de plantas que eventualmente condujeron a la adopción de la agricultura (véase Ramos y Archila, 2003). En otras regiones de Colombia como la sabana de Bogotá, se han llevado a cabo identificaciones de materiales botánicos asociados a sitios arqueológicos del periodo Formativo (Pinto, 2003).

Con respecto al periodo de sociedades complejas o cacicazgos, Herrera y Berrío (1996) estudiaron recientemente una secuencia de polen del sitio arqueológico Carate 25, en las tierras bajas del Caribe colombiano. Este sitio está asociado a un extenso sistema de campos elevados y a canales de drenaje que se construyeron para el manejo hidráulico de aguas de inundación y para la adecuación de tierras para la agricultura intensiva y extensiva (véase Plazas *et al.,* 1993). El análisis de polen de Carate 25 (Herrera y Berrío, 1996) arrojó datos sobre las plantas que se cultivaron, entre las que se encuentran calabaza *(Cucurbita maxima)*, maíz *(Zea mays)* y una planta del género *Ipomoea* sp., al que pertenece, por ejemplo, la batata. Estas plantas fueron cultivadas hacia el 1010 d.C. En el 1270 d.C. un tipo de calabaza fue reemplazada por otro *(Cucurbita mixta)*, mientras que el maíz *(Zea mays)*, el ají (*Capsicum* sp.), una planta del género *Ipomoea* sp. y una planta del género *Manihot* sp. que podría ser yuca, continuaron presentes en la secuencia de polen. Hacia el 1400 d.C., se observó en la secuencia polen una planta del género *Erythroxylon* sp., al que pertenece la coca; calabaza, maíz, batata, yuca y una fruta del género *Passiflora* sp.

Con base en las investigaciones de polen y macrorrestos realizadas en las planicies aluviales del bajo río Calima (sitio Ordóñez) y del bajo río San Juan (sitio Palestina) en el suroccidente de Colombia, se piensa que la dieta humana durante el periodo comprendido entre 4000 AP y el siglo XVII d.C. incluyó maíz, frutos de palmas como chambira *(Astrocaryum standleyanum)*, macana *(Bactris barronis, B. coloradonis, B. gasipaes)*, palmiche *(Geonoma deversa)*, milpeso *(Oenocarpus bataua*, *O. mapora*, *Orbignya cuatrecasana)* y chonta *(Socratea exhorriza)*; así como árboles frutales, entre los que se encuentran juansoco *(Couma macrocarpa)*, papaya *(Carica papaya)*, chanul *(Humiriastrum procerum)*, *Rheedia madruno* y guayaba (*Psidium* sp.) (Romero, 1995).

En la región de Araracuara, medio río Caquetá, los estudios de palinología indican que hacia el 4645±40 AP los habitantes del área cultivaron maíz en parcelas, para lo que alteraron poco el bosque. Hacia el 1565 AP, 775±25 AP (GrN 16968) y 1150 AP, estas poblaciones despejaron áreas extensas de bosque, modificaron los suelos y cultivaron maíz, yuca, ajíes y batatas (véase Mora *et al.,* 1991; Herrera *et al.,* 1992; y Herrera y Cavelier, 1999).

Preservación de los restos arqueobotánicos

Las condiciones ambientales en el trópico (altas temperaturas, elevada humedad, fluctuaciones diarias y estacionales de lluvias y sequías) hacen difícil la preservación y recuperación de restos de plantas en sitios arqueológicos. Los restos más comunes son semillas u otras partes de plantas carbonizados que frecuentemente se encuentran muy fragmentados, lo cual dificulta su identificación. A lo anterior se suma el hecho de la enorme diversidad de la flora en el trópico, lo que condiciona de varias maneras los resultados de las investigaciones arqueobotánicas. Por ejemplo, es primordial contar con colecciones de referencia lo suficientemente amplias para intentar identificaciones de los especímenes arqueológicos (véase Pearsall, 1995: 113, 129).

Aunque existen problemas de preservación de los materiales orgánicos en Colombia, éstos se pueden encontrar carbonizados y se pueden identificar generalmente hasta nivel de género. Los macrorrestos de plantas estudiados incluyen tuzas, granos y raquis de maíz; frutos de palmas, semillas de vegetales y legumbres y fragmentos de maderas carbonizadas (véase, por ejemplo, Cavelier *et al.,* 1995; Morcote, 1994, 1996; Romero, 1994; Bonzani, 1997; Rodríguez y Montejo, 1996; Socarrás, 2003; Archila, 2005, para una discusión sobre los problemas asociados a la interpretación de conjuntos de restos botánicos en sitios arqueológicos).

Aunque la madera carbonizada se encuentra con frecuencia en cualquier tipo de sitio arqueológico de Colombia, normalmente sólo se ha usado para datación por radiocarbono. Sólo recientemente se han hecho investigaciones particulares sobre la explotación del recurso madera en el pasado (véase Archila, 2005, 2006), en cuanto a su uso como combustible y para otros propósitos o incluso como fuente de información para reconstrucción paleoambiental. Uno de estos trabajos (Archila, 2005) combina fuentes de información etnográficas, etnobotánicas y arqueológicas y plantea un modelo para la caracterización de los conjuntos de carbones procedentes de sitios arqueológicos.

Importancia de la arqueobotánica para estudiar las relaciones entre humanos y ambiente en el pasado

Para evaluar la importancia de la arqueobotánica en el estudio de las relaciones entre humanos y el ambiente en el pasado, sería importante que contáramos con mayor cantidad de datos empíricos sobre el uso de los recursos vegetales en el pasado; entonces podríamos, por ejemplo, discutir las transformaciones o continuidades de los patrones alimenticios a través del tiempo. Se podrían observar los fenómenos en momentos cruciales como, por ejemplo, el tiempo en que se adoptaron sistemas de producción de alimentos con base en la agricultura o cuando tras el contacto con los europeos, se introdujeron nuevos productos alimenticios (por ejemplo, el aceite de oliva, el vino, el azúcar de caña), plantas (entre las más importantes, el trigo y la cebada) y animales (tales como vacas, cerdos, gallinas). Sería interesante documentar arqueológicamente la problemática de dónde, cómo y cuándo se propiciaron esos cambios; cómo se incorporaron a los sistemas de economía de subsistencia aborígenes; y cómo se transformó el papel de los individuos, productores, distribuidores y consumidores.

Con respecto a la agricultura y sus orígenes se ha avanzado en el conocimiento, sobre todo en el estudio de los sistemas de producción relacionados con la intensificación de la producción agrícola, por ejemplo, por medio de la modificación de suelos para obtener condiciones óptimas a través de suelos negros o «terras petras» (véase Mora *et al.*, para el Amazonas, o Salgado y Stemper, 1994, para el Chocó en la costa Pacífica); o por medio de la construcción de sistemas de campos elevados en zonas planas inundables o en laderas de montañas (véase, por ejemplo, Sánchez, 2005, para la región de San Agustín en el Alto Magdalena; Boada, 2006, para la sabana de Bogotá; o Plazas *et al.*, 1993, para las tierras bajas de las llanuras del Caribe). En varios de los trabajos mencionados se han realizado análisis arqueobotánicos (polen, fitolitos o macrorrestos carbonizados) para identificar los productos cultivados y consumidos. Sin embargo, el énfasis ha estado en el entendimiento de las obras de infraestructura asociadas a los sistemas mismos de producción agrícola y en su relación con los sistemas sociales y políticos de estas sociedades.

Algunos autores como Reichel-Dolmatoff (1986) han postulado que en las llanuras del Caribe, en el norte de Colombia, el cultivo de tubérculos como la yuca se practicó durante el periodo Formativo (aproximadamente hacia el 2000 AP), antes del cultivo de plantas productoras de semillas como maíz. La evidencia arqueológica para sostener esta afirmación son artefactos relacionados con el procesamiento de semillas y/o tubérculos. La baja preservación de restos carbonizados de los mismos tubérculos y su difícil identificación hacen complicada la reconstrucción de la historia del manejo de las raíces/tubérculos en el área. En el futuro podrían explorarse análisis de residuos de granos de almidón de estas plantas o la identificación de fragmentos de madera de árboles pequeños y de arbustos de los cuales las raíces y tubérculos se derivan.

Existen restricciones para los estudios arqueobotánicos debido a problemas de preservación de los restos disecados o carbonizados; estos problemas deberían abordarse desde la perspectiva del uso de técnicas más modernas de análisis arqueobotánicos como fitolitos o análisis de residuos en artefactos o sedimentos. Otra limitante es la relativa poca cantidad de estudios arqueobotánicos realizados en distintas regiones y periodos, clave para entender cambios importantes en sistemas de subsistencia, o aún la realización de estudios de nivel primario con la simple identificación de los recursos que verdaderamente jugaron un papel importante en la adopción de los sistemas de producción de alimentos vegetales.

En Colombia es particularmente notoria la carencia de estudios de genética molecular aplicados a la arqueología para investigar cuestiones relacionadas con el origen de la domesticación de las plantas y de la agricultura, la dispersión de plantas, o para averiguar los centros de origen de domesticación de plantas. Estos métodos han sido usados para estudiar la historia filogenética de plantas muy importantes en la alimentación de las poblaciones aborígenes americanas, como la manioca o yuca (*Manihot esculenta* Crantz), en otros lugares de Sudamérica, como Brasil, o de Mesoamérica. Además, se han combinado con estudios de etnobotánica con poblaciones campesinas que seleccionan, propagan y domestican poblaciones de plantas (véase Clemenet, 2006).

Teniendo en cuenta el estado actual de la investigación arqueobotánica en Colombia, se puede afirmar que esta disciplina ha contribuido al conocimiento de parte de los sistemas de subsistencia del pasado. En particular ha sido importante para formular interpretaciones novedosas sobre el uso de recursos vegetales silvestres y de los bosques desde las épocas más antiguas de ocupación del territorio, es decir, hace unos 10.000 años AP. Es importante destacar la importancia que han tomado las investigaciones etnobotánicas y etnográficas para interpretar el registro arqueobotánico en varias regiones del país.

Bibliografía

ACEITUNO, F. J. (2002). «Interacciones fitoculturales en el Cauca Medio durante el Holoceno Temprano y Medio». *Arqueología del Area Intermedia,* 4: 89-113.

ARCHILA, S. (1993). «Medio ambiente y arqueología de las tierras bajas del caribe colombiano». *Boletín Museo del Oro,* 34-35: 111-164.

— (2005). *Arqueobotánica en la Amazonía colombiana. Un modelo etnográfico para el análisis de maderas carbonizadas.* Bogotá: Fundación de Investigaciones Arqueológicas Nacionales (FIAN); Universidad de los Andes; Centro de Estudios Socioculturales e Internacionales (CESO).

— (2006). *Historia del uso del recurso leña combustible en el municipio de Ráquira, Boyacá.* Bogotá: Universidad de los Andes. Manuscrito sin publicar.

BOADA, A. M. (2006). *Patrones de asentamiento regional y sistemas de agricultura intensiva en Cota y Suba, Sabana de Bogotá (Colombia).* Bogotá: Fundación de Investigaciones Arqueológicas Nacionales (FIAN).

BONZANI, R. (1997). «Plant diversity in the archaeological record: a means toward defining hunter gatherer mobility strategies». *Journal of Archaeological Science,* 24: 1129-1139.

BOTERO, P. (2001). «Relaciones entre las ciencias de la Tierra y la Arqueología». En G. Morcote (ed.), *Memorias del Simposio Pueblos y Ambientes: una mirada al pasado precolombino.* Bogotá: Academia Colombiana de Ciencias Exactas, Físicas y Naturales (Colección Memorias, 10). Pp. 7-46.

CASTILLO, N. (1996). «Reconocimiento arqueológico en el valle de Aburrá». *Boletín de Antropología,* 20.

CAVELIER, I. *et al.* (1995). «No sólo de caza vive el hombre. Ocupación del bosque amazónico, holoceno temprano». En I. Cavelier y S. Mora (eds.), *Ámbito y Ocupaciones Tempranas de la América Tropical.* Bogotá: Fundación Erigaie, Instituto Colombiano de Antropología. Pp. 27-44.

— (2001). «Las palmas como mediadores en el origen de las plantas cultivadas en el Caquetá noroeste Amazónico». En G. Morcote (ed.), *Memorias del Simposio Pueblos y Ambientes: una mirada al pasado precolombino.* Bogotá: Academia Colombiana de Ciencias Exactas, Físicas y Naturales (Colección Memorias, 10). Pp. 111-120.

CLEMENT, C. R. (2006). «Domesticação de Paisagens e Plantas Amazônicas a Interação de Etnobotânica, Genética Molecular e Arqueología». En G. Morcote, S. Mora y C.

Franky (eds.), *Pueblos y Paisajes Antiguos de la Selva Amazónica*. Bogotá: Washington, Universidad Nacional de Colombia. Taraxacum. Pp. 97-112.

CORREAL, G. y VAN DER HAMMEN, T. (1977). *Investigaciones arqueológicas en los abrigos rocosos del Tequendama. 11000 años de prehistoria en la sabana de Bogotá.* Bogotá: Biblioteca Banco Popular.

GNECCO, C. (2000). *Ocupación temprana de bosques Tropicales de Montaña.* Popayán: Universidad del Cauca, Serie Estudios Sociales.

HERRERA, L. (1985). *Agricultura Aborigen y Cambios de Vegetación en la Sierra Nevada de Santa Marta.* Bogotá: Fundación de Investigaciones Arqueológicas Nacionales (FIAN).

HERRERA, L.; DRENNAN, R. D. y URIBE, C. A. (1989). *Prehispanic Chiefdoms in the Valle de la Plata, Volume 1. The Environmental Context of Human Habitation.* Pittsburgh-Bogotá: University of Pittsburgh-Universidad de los Andes.

HERRERA, L. F. *et al.* (1992). «The technical transformation of an agricultural system in the Colombian Amazon». *World Archaeology* 24(1): 98-113.

HERRERA L. y BERRÍO, J. C. (1996). *Vegetación natural y acción antrópica durante 2000 años: análisis palinológico de un perfil asociado a canales artificiales del sistema hidráulico prehispánico. Antiguo curso del río San Jorge, municipio de San Marcos, Sucre.* Bogotá: Fundación Erigaie. Informe final. Inédito.

HERRERA, L. y CAVELIER, I. (1999). «Tapir people vs. fish people: subsistence change in northwest Amazonía from 9000 BP». Artículo presentado al XVI International Botanical Congreso, symposium organizado por Dolores R. Piperno y Beryl B. Simpson. August 1-7, 1999. St. Louis, USA. Inédito.

HERRERA, L. y MORCOTE, G. (2001). «Tumbas inundadas de Calima: contexto e identificación botánica de los restos conservados». En G. Morcote (ed.), *Memorias del Simposio Pueblos y Ambientes: una mirada al pasado precolombino.* Bogotá: Academia Colombiana de Ciencias Exactas, Físicas y Naturales (Colección Memorias, 10). Pp. 132-154.

LANGEBAEK, C. y DEVER, A. (2000). *Arqueología en el Bajo Magdalena: un estudio de los primeros agricultores del Caribe colombiano.* Informes Arqueológicos del Instituto Colombiano de Antropología e Historia, N.º 1. Bogotá: ICANH.

LÓPEZ, C. (2004). *Landscape development and the evidence for early human occupation in the inter-Andean tropical lowlands of the Magdalena River, Colombia.* Tesis de doctorado. Universidad de Temple, Philadelphia. Inédita.

MONSALVE, J. G. (1985). «A Pollen Core from the Hacienda Lusitania». *Procalima,* 4: 40-44.

MORA, S. *et al.* (1991). *Cultivars, Anthropic Soils and Stability. A Preliminary Report of Archaeological Research in Araracuara, Colombian Amazonia.* Pittsburgh: University of Pittsburgh (Latin American Archaeology Reports, 2).

MORCOTE, G. (1994). *Estudio Paleoetnobotánico en un Yacimiento Pre-Cerámico en el Medio río Caquetá.* Bogotá: Tesis de grado, Departamento de Antropología, Universidad Nacional de Colombia. Inédita.

— (2006). «Plantas y gentes antiguas en un Igapó estacional del interfluvio Solimões-Içá (Amazonas-Putumayo)». En G. Morcote, S. Mora y C. Franky (eds.), *Pueblos y Paisajes Antiguos de la Selva Amazónica, op. cit.*, pp. 253-260.

— (1996). «Evidencia arqueobotánica de cultígenos presentes en grupos muiscas de la sabana de bogotá en los siglos VIII al XI dC». En B. Enciso y M. Therrien (comps.), *Bioantropología de la Sabana de Bogotá. Siglos VIII al XV dC.* Bogotá: Instituto Colombiano de Antropología. Pp. 59-84.

PLAZAS, C. *et al.* (1993). *La Sociedad Hidráulica Zenú. Estudio arqueológico de 2000 años de historia en las llanuras del Caribe colombiano.* Bogotá: Banco de la República, Colección Bibliográfica.

PINTO, M. (2003). *Galindo, un sitio a cielo abierto de cazadores/recolectores en la Sabana de Bogotá (Colombia).* Bogotá: Fundación de Investigaciones Arqueológicas Nacionales (FIAN).

PIPERNO, D. R. y PEARSALL, D. M. (1998). *The Origins of Agriculture in the Lowland Neotropics.* San Diego: Academic Press.

PIPERNO, D. (1999). *Report on phytoliths from the site of Peña Roja, western Amazon Basin.* Bogotá: Fundación Erigaie. Informe inédito.

RAMOS, E. y ARCHILA, S. (2003). *Subsistence Economies and Development of Complex Society in the Formative Communities of Northern Colombia. Phase 1.* Bogotá: Fundación Heinz Family Foundation. Informe inédito.

REICHEL-DOLMATOFF, G. (1986). *Arqueología de Colombia. Un texto introductorio.* Bogotá: Fundación Segunda Expedición Botánica. Litografía Arco.

RODRÍGUEZ, E. y MONTEJO, F. (1996). *Antiguos pobladores y labranzas en el valle del río Otún. Arqueología de rescate. Variante La Romelia-El Pollo.* Bogotá: Fundación Erigaie. Informe inédito.

RODRÍGUEZ, E. (2001). «Diversificación de cultivos o formas de producción: datos sobre actividades económicas de subsistencia prehispánica en el valle medio del río Otún Risaralda». En G. Morcote (ed.), *Memorias del Simposio Pueblos y Ambientes: una mirada al pasado precolombino.* Bogotá: Academia Colombiana de Ciencias Exactas, Físicas y Naturales (Colección Memorias, 10). Pp. 189-224.

ROMANO, F. y MORCOTE, G. (2001). «Evidencia arqueológica de Prestoea acuminata (Palmae) en yacimientos del Reciente Agustiniano». En G. Morcote (ed.), *Memorias del Simposio Pueblos y Ambientes: una mirada al pasado precolombino.* Bogotá: Academia Colombiana de Ciencias Exactas, Físicas y Naturales (Colección Memorias, 10). Pp. 153-163.

ROMERO, Y. (1995). «Hombres cosechadores del bosque pluvial bajo del Chocó, estudio paleobotánico». *Revista Colombiana de Antropología,* XXXII: 197-218.

SALGADO LÓPEZ, H. y STEMPER, D. (1994). «Suelos antropogénicos prehispánicos en los bosques húmedos tropicales del Choco». *Cespedesia,* 20: 187-190.

SOCARRÁS, J. L. (2003). «Las plantas en la subsistencia de los antiguos habitantes del Medio Ranchería, sur de la Guajira (Colombia)». *Boletín de Arqueología,* 18: 53-98.

SÁNCHEZ, C. (2005). *Sociedad y Agricultura Prehispánica en el Alto Magdalena.* Informes Arqueológicos del Instituto Colombiano de Antropología e Historia, n.º 4. Bogotá: Instituto Colombiano de Antropología e Historia.

VAN DER HAMMEN, T. (1974). «The Pleistocene changes of vegetation and climate in tropical South America». *Journal of Biogeography,* 1: 3-26.

— (1986). «Fluctuaciones holocénicas del nivel de inundaciones en la cuenca del bajo Magdalena-Cauca-San Jorge (Colombia)». *Geología Nor-Andina,* 10: 11-18.

— (1992). *Historia, Ecología y Vegetación.* Bogotá: Fondo FEN Colombia-Corporación Colombiana para la Amazonía Araracuara-Fondo de Promoción de la Cultura Banco Popular.

Procesamiento de tubérculos y raíces por grupos agropastoriles del noroeste argentino prehispánico: análisis de indicadores en residuos de molienda

María del Pilar Babot
Consejo Nacional de Investigaciones Científicas y Técnicas (CONICET) - Instituto de Arqueología y Museo, Universidad Nacional de Tucumán, Argentina

RESUMEN. Se presentan evidencias sobre el uso de raíces y tubérculos andinos útiles (*Solanum tuberosum, Oxalis tuberosa, Canna edulis, Hipseocharis pimpinellifolia, Ipomoea* sp. y no diferenciados) por parte de grupos agropastoriles del Noroeste argentino (*ca.* 2000-1000 años AP). Se efectúa el análisis de microfósiles en residuos de uso de artefactos de molienda de seis sitios arqueológicos de Puna de Atacama, Prepuna y Área Valliserrana. Se discuten modalidades de procesamiento de esos recursos mediante el análisis tafonómico de microfósiles para postular que la trayectoria posterior a la cosecha o recolección de tuberosidades pudo incluir su deshidratación —deshidratación por congelamiento y otras—, tostado y molienda para la obtención de harinas y pastas.

ABSTRACT. Evidences concerning the use of useful Andean tubers and roots (*Solanum tuberosum, Oxalis tuberosa, Canna edulis, Hipseocharis pimpinellifolia, Ipomoea* sp. and undifferentiated) that belong to agro-pastoralist groups from Northwestern Argentina (*ca.* 2000-1000 years BP), are shown. Microfossil analysis of grinding use residues is done for artefacts coming from six archaeological sites of Puna de Atacama, Prepuna and Valliserra areas. Manners of resource processing are discussed by the way of a taphonomic analysis of microfossils resulting in a postulated trajectory for tubers and roots that includes its harvesting, dehydration —by freezing and others—, roasting and grinding to the obtaining of flours and pastes.

Tubérculos y raíces tuberosas en la arqueología centro-surandina

El conocimiento que se tiene sobre el uso de plantas que producen tubérculos y raíces tuberosas útiles por parte de los grupos prehispánicos del Área Andina procede de macrorrestos botánicos recuperados en sitios con posibilidades de preservación de materia orgánica. Lo que se sabe sobre el aprovechamiento de las mismas para consumo resulta mayormente de inferencias efectuadas al combinar el conocimiento botánico tradicional con el registro de ecofactos recuperados como desechos u ofrendas en los sitos arqueológicos. En particular, las *cadenas de procesamiento* o gamas de tratamientos previos a la ingesta o uso de los recursos vegetales constituyen un campo que no ha sido explorado en profundidad desde las evidencias independientes provistas por los propios contextos arqueológicos.

Al restringirnos al ámbito específico de los Andes Centro-Sur y a las especies que se discuten en este trabajo, es notable lo esporádico de los hallazgos de raíces y tubérculos, los cuales proceden de la costa peruana y las tierras altas peruano-bolivianas. Éstos corresponden a macrorrestos de papa común (*Solanum tubero-*

sum L.), rizomas de achira (*Canna edulis* Ker-Gwal.), raíces almacenadoras de batata (*Ipomoea batatas* [L.] Poir.), tubérculos de oca (*Oxalis tuberosa* Mol.) y de ulluco (*Ullucus tuberosus* Caldas), tuberosidades no identificadas y otras asignadas a nivel de género. La integridad de estos datos y su cronología se discuten en Chevalier (1999), Pearsall (1994) y Whitehead (1999), entre otros. Las representaciones iconográficas en la cerámica del área y el hallazgo de azadas líticas para el supuesto laboreo de tubérculos proveen de evidencias indirectas sobre el empleo prehispánico de estos recursos.

En lo que respecta a la porción meridional de los Andes Centro-Sur los macrorrestos de tubérculos y raíces son más escasos, aun considerando la totalidad de los taxones que presentan tuberosidades útiles. Para la vertiente occidental de los Andes, pueden mencionarse rizomas tuberosos de Ciperáceas (*Scirpus* sp.) en Tulán 54 —*ca.* 3.400 AP— (Núñez 1994) y epidermis de *Solanum maglia* Schlechtendal en Monteverde —*ca.* 13.000 AP— (Ugent *et al.,* 1987). La información concerniente al territorio argentino procede del ámbito de la Puna de Atacama y su borde oriental. Se han registrado raíces tuberosas de soldaque (*Hypseocharis pimpinellifolia* J. Rémy, Ann) en Inca Cueva 4 —*ca.* 10.000 años AP— (Aschero y Podestá, 1986); tuberosidades no identificadas en alero Los Viscos —*ca.* 2.200 años AP— (Korstanje, 2005); papas silvestres en Inca Cueva 5 —*ca.* 1.200 años AP— (García, 1998); ejemplares silvestres de los géneros *Hoffmanseggia*, *Hypseocharis*, *Oxalis*, *Ipomoea* y *Solanum*, entre otros, en Inca Cueva 4 y Despensas —hallazgos de superficie— (Fernández, 1969-1970); tubérculos de oca en Huachichocana III —*ca.* 1.300 años AP—; semillas de achira en Santa Rosa de Tastil y restos de su rizoma en Huachichocana III —s. XV-XVI AD— (cf. Tarragó, 1980). Se hallaron partes leñosas de *Adesmia horrida* Gillies ex Hook. & Arn. en Quebrada Seca 3 y vainas de *Hoffmanseggia eremophila* Phil. en QS3, Punta de la Peña 3 y Cueva Salamanca 1; ambas poseen rizomas tuberosos comestibles (Rodríguez, 2003). Los residuos de uso en artefactos de la Puna meridional y septentrional argentina —microfósiles e isótopos estables, respectivamente— proveen de información complementaria para contextos de cazadores-recolectores en proceso de transición hacia la producción agropastoril (Babot, 2004; Fernández *et al.,* 1992).

Si las evidencias sobre tubérculos y raíces útiles en el registro arqueológico regional son escasas, los datos concernientes a sus modalidades de procesamiento son aún más exiguos. El tostado y/o descascarillado, que se infiere a partir del estado de la piel de varios de los macrorrestos mencionados en los párrafos anteriores, constituyen las prácticas más notorias. Más allá de ellas solamente se ha documentado de manera directa la molienda y cocción de tubérculos en unos pocos casos (Babot, 2004; Fernández *et al.,* 1992). Sin embargo, la información provista por fuentes históricas y etnográficas sobre el manejo tradicional de recursos americanos señala que diversos tratamientos de los tubérculos y raíces pudieron estar disponibles en tiempos prehispánicos y ser combinados para lograr diferentes subproductos. En lo que respecta únicamente a tratamientos destinados al consumo humano, que engloban mecanismos de preservación, procesamiento y cocción pueden mencionarse las variantes sintetizadas en el cuadro 1.

Los ejemplos anteriores no pretenden abarcar todas las modalidades posibles de tratamientos, sino ilustrar sobre la diversidad de prácticas involucradas en los mismos y sus formas de combinación, enfatizando en aquellos más complejos en los que algún tipo de almacenamiento o procesamiento precede a la molienda.

Desde luego, al menos los registros actuales o subactuales muestran diversidad intrarregional en estos aspectos y es posible que lo mismo caracterizara al momento prehispánico. De igual modo, es esperable que algunas formas o combinaciones particulares de tratamientos no se preservaran con el tiempo o que, al contrario, se incorporaran de manera reciente a los repertorios culinarios, lo cual no implica que no pudieran haber estado en uso en el pasado arqueológico. Así, la deshidratación por congelamiento, que se emplea también para la preservación del ulluco y de varias especies andinas cultivadas de *Solanum* (Brücher, 1989; CIP, página web), podría haber sido aplicada a tubérculos y raíces para los cuales no se hallan referencias actuales.

Interesa destacar el papel de ciertos tratamientos como el tostado o cocido, asoleado, almacenamiento temporal y deshidratación por asoleado o congelamiento en tres aspectos: a) la transformación de productos no aptos para el consumo humano —básicamente eliminación de principios amargos, aprovechamiento de tubérculos agusanados y/o endulzamiento (Brücher, 1989; CIP, página web; Slanis y Grau, 2001)—, b) la posibilidad efectiva de su preservación en el tiempo con su consecuente disponibilidad anual y d) el aporte a la diversidad del «recetario» y el mejoramiento del sabor. En este marco, la molienda y la cocción (hervido, horneado, tostado) constituyen prácticas estrictamente necesarias para el aprovechamiento de los subproductos deshidratados y, eventualmente, almacenados.

Papa común (*Solanum tuberosum* L.; Solanaceae) [1, 2, 3]
a) cosecha de tubérculos → consumo en fresco mediante hervido (guisados)
b) cosecha de tubérculos → almacenamiento temporal → deshidratación por congelamiento (*chuño, tunta/tuntilla, muraya, musq'u*) → consumo fresco después de descongelar (*luxuta* o congelao y *qhach'u ch'uñu*)
c) cosecha de tubérculos → almacenamiento temporal → deshidratación por congelamiento (*chuño, tunta/tuntilla, muraya, musq'u*) → cocido (guisados)
d) cosecha de tubérculos → almacenamiento temporal → deshidratación por congelamiento (*chuño, tunta/tuntilla, muraya, musq'u*) → molienda → cernido (harinas y panificados)
e) cosecha de tubérculos → almacenamiento temporal → deshidratación por congelamiento (*chuño, tunta/tuntilla, muraya, musq'u*) → tostado → molienda

Oca (*Oxalis tuberosa* Mol.; Oxalidaceae) [1, 2, 3]
a) cosecha de tubérculos → asoleado temporal → consumo en crudo o mezclados con miel
b) cosecha de tubérculos → asoleado temporal → cocido mediante hervido, tostado u horneado (guisados y otros)
c) cosecha de tubérculos → deshidratación por asoleado (*cabi*) → Molienda (harina o *caya*)
c) cosecha de tubérculos → deshidratación por congelamiento (*caya*) → molienda (harinas y panificados)

Achira (*Canna edulis* Ker-Gwal.; Cannaceae) [3, 4]
a) cosecha del rizoma → almacenamiento temporal → cocido mediante hervido (guisados)
b) cosecha del rizoma → almacenamiento temporal → cocido mediante tostado (postres)
c) cosecha del rizoma → almacenamiento temporal → deshidratación → molienda (harinas, pastas, panificados)

Ulluco (*Ullucus tuberosus* Caldas, Bacellaceae) [3, 4]
a) cosecha del tubérculo → consumo en crudo
b) cosecha del tubérculo → cocido mediante hervido (sopas, guisos, acompañando *charqui*)
c) cosecha del tubérculo → deshidratación

Batata (*Ipomoea batatas* (L.) Poir.; Convolvuleaceae) [3] a) cosecha de la raíz almacenadora → consumo en fresco b) cosecha de la raíz almacenadora → deshidratación → molienda (harinas)
Soldaque (*Hypseocharis pimpinellifolia* J. Rémy, Ann; Oxalidaceae) [5, 6] a) recolección de la raíz tuberosa → cocido o tostado

Cuadro 1. Trayectorias de procesamiento de tubérculos y raíces de papa común, oca, achira, batata y soldaque para consumo humano. Referencias. Sobre la base de: [1]: Parodi, 1991, [2]: Storni, 1942, [3]: CIP, página web, [4]: Brücher, 1989, [5]: Fernández, 1969-1970, [6]: Slanis y Grau, 2001.

Casos de estudio del Noroeste argentino

En este trabajo se explora el aprovechamiento de raíces y tubérculos andinos, domésticos y silvestres, de utilidad para el consumo humano, a partir de la evidencia proporcionada por microfósiles en residuos de uso que han sido recuperados de artefactos de molienda arqueológicos del Noroeste argentino. Los objetivos de la investigación exceden la asignación taxonómico/anatómica de los microrrestos botánicos para abordar las trayectorias o cadenas de procesamiento de los recursos de los que éstos proceden, es decir, sus modalidades de tratamiento, sobre la base de la valoración de indicadores arqueológicos de las mismas, generados a partir de información etnográfica, etnohistórica y experimental.

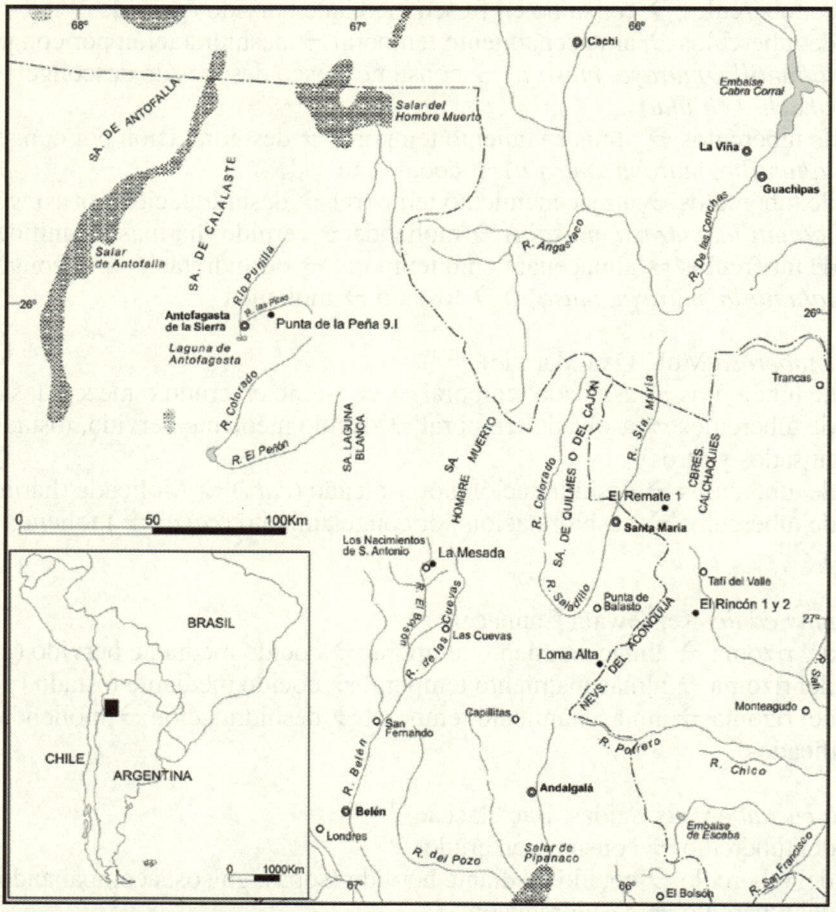

Figura 1. Ubicación de los sitios de procedencia del instrumental de molienda analizado.

Los sitios tomados como casos de análisis presentan ocupaciones que se ubican entre los *ca.* 2.000-1.000 años AP. Sus características generales se resumen en la tabla 1. Éstos conforman una transecta ambiental entre los 3.500-2.300 msnm, desde Antofagasta de la Sierra en la Puna de Atacama (Punta de la Peña 9.I -PP9. I-), pasando por el Valle de El Bolsón en la Prepuna catamarqueña (La Mesada -LM-), hasta la Falda Occidental del Aconquija (Loma Alta -LA-), la Quebrada de Amaicha (El Remate 1 -ER1-) y El Rincón (El Rincón 1 y 2 -RN1, RN2-) en la zona Valliserrana de Tucumán y Catamarca (figura 1). Estos ámbitos con sus disponibilidades diferenciales de recursos naturales y sus particulares condiciones para el cultivo engloban buena parte de la diversidad del entorno biogeográfico del noroeste argentino (Bruniard, 1999; Parodi, 1991).

Todos los contextos corresponden a grupos con economías productoras bien constituidas, principalmente de tipo agropastoril, resultantes de un proceso de transición gradual y variable desde la caza-recolección (Albeck, 2000; Olivera, 2001). Se trata de grupos que se organizaron en torno a la explotación de una gama diversa de recursos, conservando un importante dinamismo que involucraba sitios de ocupación permanente con otros de residencia transitoria y de funcionalidad específica en zonas de producción, caza y/o recolección (Aschero, 2000; Olivera, 2001) y manteniendo activo el intercambio de bienes y productos (Aschero, 2000).

Sitio	**Nº Artefacto**	**Unidad de procedencia**	**Clase de artefacto / Estado**	**Características del sitio y Cronología**
Punta de la Peña 9.I	3.PP9.I	Superficie	Molino simple (F)	Punta de la Peña 9 conforma una base residencial multicomponente. El sector I presenta recintos subcirculares y elípticos simples dispersos, con muros de piedra, que contienen ocupaciones domésticas y de tipo «corral» más áreas de depósitos de residuos y enterratorios (1430±60 AP – *ca.* 1100 AP) (Babot *et al.*, 2006; López Campeny, 2001; Cohen, 2005).
	4.PP9.I	Superficie	Molino simple (F)	
	5.PP9.I	Superficie	Molino doble (F)	
	7.PP9.I	Superficie	Mortero simple (F)	
	8.PP9.I	Superficie	Molino simple (F)	
	10.PP9.I	Superficie	Mano de molino simple (E)	
	12.PP9.I	Superficie	Molino simple (F)	
	19.PP9.I	Superficie	Mortero simple (E)	
	20.PP9.I	Superficie	Molino simple (F)	
	21.PP9.I	Superficie	Mano de molino simple (F)	
	22.PP9.I	Superficie	Mano de molino simple (F)	
	26.PP9.I	Superficie	Preforma de mortero simple (F)	
	29.PP9.I	Superficie	Mano de molino simple (F)	
La Mesada	42.LM	E V, Capa 9	Molino simple (E)	Base residencial agropastoril con recintos domésticos en vinculación con campos productivos cercanos. E V es un recinto circular con muros de piedra y ocupaciones domésticas (1520±90 AP) (Korstanje, 2005).
Loma Alta	25.LA	R 47, Nivel 4	Mano de molino doble + yunque (E)	Asentamiento agropastoril con núcleos de habitación intercalados y adosados a estructuras productivas –canchones de cultivo–. El R 47 es una unidad con muros de piedra y ocupaciones domésticas y comunitarias tipo «patio» adosado a viviendas (1600±120 – 1450±120 AP) (Scattolin, 2001).
El Remate 1	27.ER1	E 61, Nivel 3	Mano de molino doble + *chopping tool* (F)	Base residencial agropastoril con recintos domésticos dispersos a semiconglomerados más áreas productivas con riego. E 61 constituye una habitación adosada a un recinto elíptico tipo «patio» (*ca.* siglos VII a IX D.C.*) (Cohen *et al.*, 2000; Ribotta, 2001).

El Rincón 1	s/n.RN1	E X	Molino simple (F)	Base residencial agropastoril con recintos domésticos dispersos. E X constituye un recinto subcircular con muros de piedra y ocupaciones domésticas en el que ocurre reciclaje de instrumentos de molienda en muros (*ca.* siglos IV a VI DC*) (Cuenya y García Azcárate, 2003).
El Rincón 2	29.RN2	E X, Nivel 2	Molino simple (E)	Base residencial agropastoril con recintos domésticos dispersos. E X constituye un recinto circular con muros de piedra en torno a un espacio abierto central, en el que ocurre reciclaje de instrumentos de molienda en muros (1700±40 – 1440±40 AP) (Cuenya y García Azcárate, 2003).

Tabla 1. Procedencia y características de los artefactos de molienda analizados. Referencias: E 61 / R 47: indica el número de estructura o recinto de procedencia, E: entero, F: fracturado, *:indica cronología estimada.

Metodología

La muestra que se analiza en este trabajo se conformó con 18 artefactos de molienda móviles enteros y fragmentados —9 molinos, 3 morteros y 6 manos de molino— (tabla 1). Éstos constituyen una fracción de un conjunto mayor compuesto por 70 artefactos móviles y 19 bloques fijos con superficies para la molienda que forman parte de nuestra investigación sobre tecnología y utilización de instrumental de molienda en el Noroeste argentino.

En todos los casos se obtuvieron muestras de residuos de molienda para el análisis de microfósiles de acuerdo con la metodología indicada por Babot (2004, 2007). Sus asignaciones taxonómico/anatómicas se efectuaron por comparación con material de referencia actual y con publicaciones sobre el tema, las cuales se mencionan y discuten en Babot (2004, 2005a, 2007), Korstanje (2005) y Korstanje y Babot (2007). Las asignaciones se basaron, principalmente, en las características de los granos de almidón de reserva que constituyen los microfósiles más típicos en los tejidos vegetales de almacenamiento (*sensu* Babot, 2007; Korstanje y Babot, 2007). Los silicofitolitos y cristales de calcio sin valor diagnóstico para los taxones registrados también se consideraron para las asignaciones, pero únicamente en los casos con registro positivo de almidón típico.

Se emplearon patrones o estándares de comparación sobre daños ocasionados por diferentes prácticas en los granos de almidón —combinaciones de rasgos que son más factibles de hallar como consecuencia de procesamientos tradicionales—, los cuales han sido generados sobre una base etnográfica y experimental (Babot, 2003, 2004, 2005b) y se comportan como indicadores arqueológicos de esas prácticas. Se sostiene que los microfósiles «guardan memoria» de los procedimientos por los que pasaron los recursos vegetales de los cuales proceden. Sobre esta base, se indagó en los residuos de molienda en búsqueda de indicadores de la trayectoria de las partes útiles procesadas. Dado que diferentes prácticas pueden ocasionar patrones de daño similares (Babot, 2003, 2004), se procedió mediante el criterio de coherencia entre las expectativas arqueológicas y los daños observados, según el cual los resultados se evalúan a la luz de las hipótesis de trabajo.

Al trabajar con conjuntos de microfósiles —asociaciones— (Babot, 2004, Korstanje y Babot, 2007), pudo efectuarse un análisis contextual de la evidencia, registrando indicadores microscópicos que remitieran al entorno de trabajo (cobertura vegetal de superficie o empleada durante el procesamiento de los recursos comestibles, entre otros).

Trayectorias de tubérculos y raíces en los casos de estudio

El análisis de las muestras de residuos de uso en los artefactos de molienda estudiados arrojó evidencias del aprovechamiento de cinco taxones identificados a nivel de especie y género (tabla 2, figura 2). De ellos, tres corresponden a especies domésticas que producen rizomas y tubérculos amiláceos comestibles, *Solanum tuberosum* —2 casos de la Puna de Atacama—, *Oxalis tuberosa* —5 casos de la Puna de Atacama— y *Canna edulis* —2 casos del área Valliserrana de Tucumán y 4 casos de la Puna de Atacama—; otro taxón pertenece al género *Ipomoea* sp. con raíces almacenadoras, cuyo estatus no es posible establecer —1 caso de Prepuna—; y otro a una especie silvestre con raíces tuberosas aptas para el consumo humano, *Hipseocharis pimpinellifolia* —3 casos de la Puna de Atacama—. Un único silicofitolito asignado originalmente a *Ullucus tuberosus* (*sensu* Korstanje, 2005; Korstanje y Babot, 2007) en Antofagasta de la Sierra (Babot, 2004) debe ser descartado por el momento ante la escasez de evidencias contundentes sobre este tubérculo en la Puna meridional argentina. Las asignaciones corresponden a partes útiles y no útiles de los taxones mencionados; las últimas procederían de un aporte fortuito de tejidos a la superficie de los recursos de molienda.

También se observaron granos de almidón atribuidos genéricamente a tubérculos/raíces no diferenciados. Se trata de catorce casos distribuidos en todos los sitios analizados cuya fuente taxonómica se desconoce y podría corresponder a alguna de las especies tuberosas menos conocidas del Noroeste. Además de *Adesmia horrida* (Romo *et al.,* 1999), se sabe que otras plantas puneñas silvestres poseen rizomas tuberosos comestibles, correspondiendo a los géneros *Scirpus* (*sensu* Núñez, 1994) y *Hoffmannseggia* (*sensu* Fernández, 1969-1970; Villagrán *et al.,* 2003). Asimismo, en los bosques nublados de la zona montañosa de Tucumán y Catamarca crecen la ajipa *(Pachyrizus ahipa)*, formas silvestres de especies domésticas que producen tuberizaciones, tales como el *Smallanthus macroscyphus*, pariente del yacón (*Smallanthus sonchifolius* Poep.) y las formas salvajes de la mashua (*Tropaeolum tuberosum* Ruiz & Pav.) y la maca (*Lepidium meyenii* Walp.) (A. Grau com. pers. 2006). En las montañas del Noroeste argentino existen alrededor de diecisiete especies de *Solanum* que forman tubérculos (Sección Tuberarium), tales como la silvestre *S. acaule* (Cabrera, 1983) y las cultivadas, «rukki, choque-pitu, ayo, paya o luki» (*S. juzepzukii* Buk), y «monde luki o sipanchachi» (*S. curtilobum* Juz. *et* Buk.) (Brücher, 1989).

Los resultados obtenidos sugieren que durante el primer milenio de nuestra era los grupos agropastoriles del Noroeste argentino disponían de un repertorio amplio de raíces y tubérculos comestibles, domésticos y silvestres, cuyo cultivo o recolección pudo llevarse a cabo en espacios próximos a los sitios estudiados o en otros ámbitos micro y mesotérmicos de la región. Algunos de ellos ya están presentes en contextos correspondientes a grupos de cazadores-recolectores transicionales de Antofagasta de la Sierra (Babot, 2004).

Destaca la diversidad del registro de tubérculos de la Puna de Atacama en comparación con lo acotado de éste en Prepuna y el Área Valliserrana. Es notable la redundancia del registro de oca en Antofagasta de la Sierra, donde la especie resistente a las heladas estuvo en uso hasta el siglo XX (C. Aschero com. pers. 2006), y su ausencia en los otros sitios. También son coherentes las observaciones de *Ipomoea* sp. en el Valle de El Bolsón, relativamente próximo al Campo del Arenal, donde crecen varias especies silvestres del género (Cabrera, 1983; A. Grau com. pers. 2006). Se tiene un registro bajo de papa común. Ocurre lo contrario con la achira, cuya documentación sugiere que existió su consumo tanto en cercanías de los ámbitos apropiados para su cultivo —el Valle de Tafí, contiguo a la faja de bosque nublado—, como a varios kilómetros de distancia, en Antofagasta de la Sierra. Allí, este recurso debió de formar parte de los circuitos de circulación de bienes que están reflejados en los conjuntos faunísticos y vegetales del lugar, los cuales conectaban diferentes ambientes dentro del Norte argentino-chileno (Babot, 2004; López Campeny, 2001). Los datos de soldaque señalan en la misma dirección.

El análisis tafonómico del conjunto de microfósiles posibilitó identificar una serie de procedimientos que tuvieron lugar con antelación a la molienda de tubérculos y raíces (tabla 2, figura 2). Esta información permitió inferir posibles secuencias de procesamiento de los recursos puestas en marcha por los grupos productores en el área de estudio. En términos generales, se sugiere que existió una cosecha o recolección seguida de prácticas de deshidratación —incluyendo deshidratación por congelamiento—, tostado y molienda para la obtención de harinas y/o pastas. Sus indicadores se discuten a continuación.

a) Molienda y deshidratación. Algunos daños mecánicos y alteraciones en las propiedades ópticas de los granos de almidón podrían resultar de ambos procesos. Otras modificaciones más severas en diferentes clases de microfósiles —especialmente fracturas y fisuras perimetrales— pueden atribuirse a la molienda y se deben al efecto de la fricción y percusión que tienen lugar durante esa actividad. Aun cuando los residuos que se analizan proceden directamente de las zonas activas de los artefactos de molienda, las evidencias tafonómicas de esta práctica son importantes a los fines de controlar la integridad de las muestras y descartar su contaminación (Babot, 2003). No existe una asociación directa entre clase artefactual y tipo de recurso procesado, por lo que se diría que los molinos y morteros —incluyendo una preforma de mortero que estuvo en uso antes de finalizar su manufactura—, se emplearon para obtener subproductos del procesamiento de tuberosidades.

Artefacto	Asignación anatómico/ taxonómica	Clase de microfósil	Modalidades de Procesamiento e indicadores para todo el conjunto de microfósiles
3.PP9.I	*Oxalis tuberosa* – tubérculo	FCa[1, 4]	Molienda húmeda o humedad en el *locus* de procesamiento (D, EE) - Posible tostado (Mc)
4.PP9.I	*Oxalis tuberosa* – tubérculo *Canna edulis* – rizoma Tubérculos/raíces no diferenciados	GA[1, 2, 5], FCa[1, 4] GA[1, 2, 12] GA[2]	Molienda + deshidratación (GA con abolladuras, daños en cruz de extinción y birrefringencia; Sif desarticulados) - Deshidratación por congelamiento («figuras fantasmagóricas» de GA) - Posible tostado (Mc)
5.PP9.I	*Solanum tuberosum* – tubérculo Tubérculos/raíces no diferenciados	GA[1, 2, 11] GA[2], Sif[3, 7, 8], FCa[1, 3, 4]	Molienda + deshidratación (GA con abolladuras, daños en cruz de extinción y birrefringencia; Sif desarticulados; D fracturadas) - Molienda húmeda o humedad en el *locus* (D) - Posible tostado (Mc)

8.PP9.I	*Hypseocharis pimpinellifolia* – raíz tuberosa	GA[1, 2]	Molienda + deshidratación (GA con abolladuras, grietas, daños en cruz de extinción y birrefringencia, GA múltiples fracturados; Sif desarticulados) - Molienda húmeda o humedad en el *locus* (D) - Posible tostado (Mc)
10.PP9.I	*Canna edulis* – semilla	GA[1, 2]	Molienda + deshidratación (GA con abolladuras, grietas, daños en cruz de extinción y birrefringencia; Sif desarticulados) - Posible tostado (Mc)
12.PP9.I	Tubérculos/raíces no diferenciados	GA[2]	Molienda + deshidrat. (GA con abolladuras, fracturas, daños en birrefringencia; Sif desarticulados) – Mol. húmeda o humedad en el *locus* (D) - Posible tostado (Mc) - Deshidratac. por congelamiento («figuras fantasmagóricas» de GA)
19.PP9.I	Tubérculos/raíces no diferenciados	GA[2], Sif[3, 7, 8]	Molienda + deshidratación (GA con daños en cruz de extinción y birrefringencia; Sif desarticulados; D fracturadas) - Molienda húmeda o humedad en el *locus* (D) - Posible tostado (Mc) - Ataque enzimático (GA con perforaciones)
20.PP9.I	*Oxalis tuberosa* – tubérculo Tubérculos/raíces no diferenciados	FCa[1, 4] GA[2], FCa[1, 3, 4]	Molienda + deshidratación (GA con abolladuras, daños en cruz de extinción y birrefringencia) - Molienda húmeda o humedad en el *locus* (D, EE) - Posible tostado (Mc)
21.PP9.I	Tubérculos/raíces no diferenciados	GA[2], Sif[3, 7, 8], FCa[1, 3, 4]	Molienda + deshidratación (GA con grietas, abolladuras, daños en cruz de extinción y birrefringencia, agrandamiento de hilo) - Posible tostado (Mc) - Ataque enzimático (GA con perforaciones)
22.PP9.I	*Oxalis tuberosa* – tubérculo *Hypseocharis pimpinellifolia* – raíz tuberosa Tubérculos/raíces no diferenciados	GA[1, 2, 5], FCa[1, 4] GA[1, 2] GA[2]	Molienda + deshidratación (GA con grietas, abolladuras, daños en cruz de extinción y birrefringencia, GA múltiples disgregados; Sif desarticulados) - Posible tostado (Mc) - Ataque enzimático (GA con perforaciones)
26.PP9.I	*Canna edulis* – rizoma, semilla Tubérculos/raíces no diferenciados	GA[1, 2, 12], Sif[1, 3, 4] GA[2], Sif[3, 7, 8], FCa[1, 3, 4]	Molienda + deshidratación (GA con daños en cruz de extinción y birrefringencia; Sif desarticulados; D fracturadas) - Molienda húmeda o humedad en el *locus* (D) - Posible tostado (Mc) - Ataque enzimático (GA con perforaciones)
29.PP9.I	Tubérculos/raíces no diferenciados	GA[2]	Molienda + deshidratación (GA con abolladuras, daños en cruz de extinción y birrefringencia) - Molienda húmeda o humedad en el *locus* (D) - Posible tostado (Mc)
42.LM	*Ipomoea* sp – raíz almacenadora Tubérculos/raíces no diferenciados	GA[1, 2, 6, 9, 10] GA[2], FCa[1, 3, 4]	Molienda + deshidratación (GA con abolladuras, grietas y daños en cruz de extinción; Sif desarticulados) - Posible tostado (Mc)
25.LA	Tubérculos/raíces no diferenciados	GA[2], FCa[1, 3, 4]	Molienda + deshidratación (GA con abolladuras y daños en birrefringencia) - Posible tostado (Mc)
27.ER1	Tubérculos/raíces no diferenciados	GA[2]	Molienda + deshidratación (GA con abolladuras, grietas, daños en cruz de extinción y birrefringencia) - Molienda húmeda o humedad en el locus (D) - Posible tostado (Mc)
29.RN2	*Canna edulis* – rizoma; vaina	GA[1, 2, 12], Sif[1, 4]	Molienda + deshidratación (GA con abolladuras, daños en cruz de extinción y birrefringencia; Sif desarticulados) - Molienda húmeda o humedad en el locus (D)
s/n.RN1	*Canna edulis* – rizoma Tubérculos/raíces no diferenciados	GA[1, 2, 12], Sif[1, 4] GA[2]	Molienda + deshidratación (GA con abolladuras, fracturas, daños en birrefringencia) - Posible tostado (Mc)

Tabla 2. Presencia de tubérculos y raíces en las muestras analizadas. Se mencionan los microfósiles que se han considerado como indicadores taxonómico/anatómicos y de modalidades de procesamiento. Referencias: GA: granos de almidón, Sif: silicofitolitos, FCa: fitolitos de calcio, D: diatomeas, EE: espículas de esponjas, Mc: microcarbones. 1: Korstanje y Babot, 2007, 2: Babot, 2004, 3: Babot, 2005a, 4: Korstanje, 2005, 5: Cortella y Pochettino, 1995, 6: Loy, 1994, 7: Pearsall, 2000, 8: Piperno, 1988, 9: Piperno y Holst, 1998, 10: Ugent *et al.,* 1981, 11: Ugent *et al.,* 1982, 12: Ugent *et al.,* 1984.

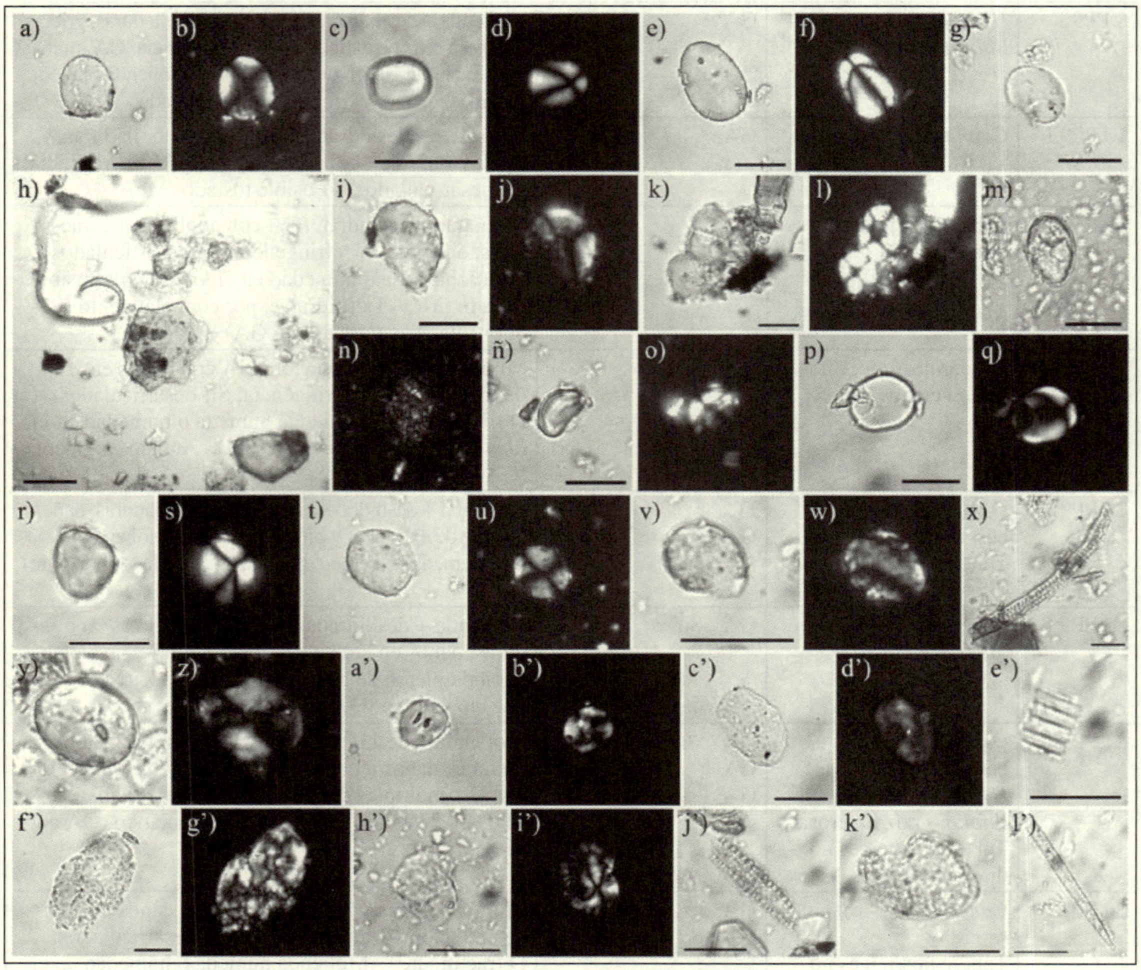

Figura 2. Microfósiles en residuos de uso de artefactos de molienda del Noroeste argentino. a-b) GA simple de *Solanum tuberosum* —5.PP9I—; c-f) GA simples de *Oxalis tuberosa* —4.PP9I y 22.PP9.I—; g-j) GA simples de *Canna edulis*, en (h) se observa, además, un pelo silicificado que se asigna a la misma especie —26.PP9.I, 29.RN2 y s/nº.RN1—; k-l) GA compuestos de *Ipomoea* sp —42.LM—; m-o) GA pseudocompuesto y compuesto, respectivamente, de *Hypseocharis pimpinellifolia* —8.PP9.I y 22.PP9.I—; p-u) GA simples de tubérculos/raíces no diferenciados —4.PP9.I, 21.PP9.I y 25.LA—; v-w / y-b') GA simples de tubérculos/raíces no diferenciados con daños por ataque enzimático —5.PP9.I, 19.PP9.I y 21.PP9I—; x) elementos de conducción silicificados —19.PP9.I—; c'-d' / f'-i') GA de tubérculos/raíces no diferenciados con daños debidos a deshidratación por congelamiento —3.PP9.I, 4.PP9.I y 12.PP9.I—; e' / j'-l') valvas de diatomeas fracturadas por molienda —7.PP9.I, 5.PP9.I y 19.PP9.I—. Las micrografías de granos de almidón corresponden en cada caso a vistas con luz normal y polarizada —izquierda y derecha, respectivamente—, con excepción de (g) y (h). Escala: 20 µm.

b) Deshidratación por congelamiento. Los daños mecánicos ocasionados en el almidón por la formación y desintegración de cristales de hielo durante el congelamiento y descongelamiento de tuberosidades y, eventualmente, su posterior pisoteado, pueden ser de diferente grado. De ellos, únicamente los más severos —emplastos que adoptan la forma de «figuras fantasmagóricas» en las que se observan granos dañados superficialmente y en apariencia de estar reventados o casi totalmente vaciados, más modificaciones intensas en su cruz de extinción— pueden ser atribuidos a estas prácticas de manera no ambigua; los mismos se asocian frecuentemente a la preparación de *chuño* (Babot, 2003). Éstos han sido reportados únicamente en dos muestras de fragmentos de molinos de Antofagasta de la Sierra —4.PP9I y 12.PP9I—; la magnitud de los daños en los granos de almidón impide su asignación taxonómica. Aun cuando se trata de dos casos acotados, su presencia es importante al señalar que la conservación de tubérculos y raíces mediante su dehidratación controlada y almacenamiento se empleó para diferir en el tiempo el consumo de estos recursos.

En cuatro muestras de Antofagasta de la Sierra se documentaron marcas debidas a ataque enzimático, constituidas por perforaciones notorias en la superficie de los granos de almidón. Las mismas podrían deberse al sepultamiento de tuberosidades para su deshidratación o almacenamiento, al empleo de tubérculos agusanados o bien a procesos de degradación postdepositacionales.

c) Sepultamiento o depositación en el suelo durante el procesamiento y/o almacenamiento temporal. En todas las muestras analizadas, con excepción de 19.PP9I, se observaron silicofitolitos correspondientes a partes aéreas de especies de *Poaceae* —principalmente, hoja—. Por su procedencia anatómica y por la ausencia de indicadores de semilla, éstos no se relacionarían con la molienda de gramíneas para consumo. En cambio, podrían indicar su empleo para la cobertura de pozos durante la deshidratación por congelamiento de tubérculos o bien su uso como recubrimiento durante el almacenamiento temporal de los subproductos de la deshidratación (Parodi, 1991; Storni, 1942). Si bien las poáceas no se han preservado como macrorrestos en el registro arqueológico de los sitios estudiados, su uso en el acondicionamiento de espacios de actividad está documentado en momentos previos de la ocupación de Antofagasta de la Sierra. Además, están presentes en la cobertura vegetal actual de Puna, Prepuna y el Área Valliserrana, por lo que podrían proceder, al menos en parte, de un aporte natural o accidental. Por su dominancia en la vegetación moderna de los sitios, las especies de Asteraceae podrían tomarse como buenos indicadores del *locus* de ciertos procesamientos, tales como el pisoteado, asoleado, depositación superficial o enterrado y desenterrado para el congelamiento y descongelamiento. No obstante, sus silicofitolitos diagnósticos están muy poco representados en las muestras —únicamente dos casos, 7.PP9.I y 19.PP9.I—.

Las diatomeas y espículas de esponjas podrían corresponder al entorno acuoso durante el proceso de deshidratación o proceder del suelo durante la depositación, pisoteo, asoleado o almacenamiento. Las mismas están presentes en siete de las diecinueve muestras analizadas y no se encuentran relacionadas sistemáticamente con un tipo de ambiente o recurso vegetal molido. Estos microfósiles fueron interpretados previamente como posibles evidencias de molienda húmeda de algunos de los recursos tuberosos y no tuberosos cuyos residuos se encuentran en los artefactos estudiados (Babot, 2004) y ésta es una posibilidad que no debe subestimarse. Su baja abundancia relativa y estado de fragmentación permite, en cambio, descartar que su presencia se deba a contaminaciones postdepositacionales.

d) Tostado. Coincidiendo con ciertas prácticas actuales, los microcarbones se han tomado como posibles indicadores del tostado de tubérculos y raíces previo a la molienda. Con excepción de la muestra 29.RN1, estas micropartículas son ubicuas. Sin embargo, en su totalidad o en parte, podrían haber sido incorporadas a los residuos de uso con posterioridad al descarte o resultar del procesamiento de otros recursos no tuberosos que también se han documentado en las muestras analizadas (Babot, 2004), los cuales no se informan aquí por razones de espacio. Algunas de las muestras proveen de evidencia adicional aportada por emplastos de partículas carbonosas, tejido vegetal deshidratado, arenilla cristalina y granos de almidón, los cuales ocurren por efecto de la aplicación de calor en seco (tostado/horneado) y posteriores procesos de desagregación mecánica (Babot, 2003).

Estos tratamientos habrían facilitado la transformación de productos no aptos para el consumo humano, la posibilidad efectiva de su preservación en el tiempo más el consumo diferido, la ampliación del «recetario» y el mejoramiento del sabor de los recursos comestibles.

Conclusiones

En este trabajo se han presentado evidencias sobre la presencia y uso de diferentes raíces y tubérculos andinos útiles, domésticos (*Solanum tuberosum*, *Oxalis tuberosa*, *Canna edulis*), silvestres (*Hipseocharis pimpinellifolia*), de estatus desconocido (*Ipomoea* sp.) y otros no diferenciados, por parte de grupos agropastoriles que ocuparon el Noroeste argentino entre los *ca.* 2.000-1.000 años AP. Esto se llevó a cabo a partir del análisis de microfósiles contenidos en residuos de uso de artefactos de molienda procedentes de seis sitios arqueológicos ubicados en los ámbitos de Puna de Atacama, Prepuna y Área Valliserrana.

Asimismo, se han documentado diferentes modalidades de procesamiento de los tubérculos y raíces a partir del análisis de asociaciones de microfósiles y de la evaluación de sus daños. La trayectoria posterior a la cosecha o recolección de tuberosidades pudo incluir su deshidratación —deshidratación por congelamiento y otras—, tostado y molienda para la obtención de harinas y/o pastas. Estas prácticas de conservación y posterior tratamiento indican que los grupos agro-pastoriles pudieron diferir su consumo con respecto al momento de la cosecha o recolección y tener una disponibilidad anual de ellos.

Los resultados obtenidos se encuadran dentro de una tendencia general que perfila al análisis de microfósiles, residuos orgánicos adsorbidos e isótopos estables como las estrategias metodológicas más aptas para el estudio de tuberosidades, independientemente de su antigüedad (cf. otros casos de estudio en Loy *et al.,* 1992; Piperno *et al.,* 2000; Ugent *et al.,* 1981, 1982, 1984). Consideramos que sería pertinente una complementación de las tres vías. En lo que respecta al análisis de trayectorias de recursos, es deseable proveer de evidencia adicional procedente del análisis de residuos de las distintas etapas de procesamiento en los *loci* de actividad, contenedores, estructuras de cocción, de almacenamiento y otros artefactos involucrados en el tratamiento de tubérculos y raíces, tales como artefactos de labranza. Si bien estos últimos facilitan la interpretación de la ocurrencia de siembra y cosecha, la información determinante sobre esta etapa de la trayectoria de los tubérculos y raíces sólo puede ser aportada por el estudio de campos de cultivo. Asimismo, se requiere profundizar el estudio de base del almidón de varias especies tuberosas poco conocidas del Noroeste argentino y el Área Centro-Surandina, en general, dado que ellas podrían haber constituido recursos comestibles en el pasado prehispánico de la región.

Agradecimientos

A M. A. Korstanje, M. C. Scattolín, E. Ribotta y J. García Azcárate, quienes me facilitaron parte de los artefactos arqueológicos y la información contextual que se presenta en este trabajo. Esta investigación fue financiada por los proyectos FONCYT-PICT 9888, PIP-CONICET 3041 y CIUNT G205, dirigidos por C. Aschero.

Bibliografía

ALBECK, M. E. (2000). «La vida agraria en los Andes del Sur». En M. N. Tarragó (dir.), *Nueva Historia Argentina*. Tomo I. Buenos Aires: Sudamericana. Pp. 187-228.

ASCHERO, C. A. (2000). «El poblamiento del territorio». En M. N. Tarragó (dir.), *Nueva Historia Argentina*. Tomo I. *Op. cit.* Pp. 17-59.

ASCHERO, C. A. y PODESTÁ, M. M. (1986). «El arte rupestre en asentamientos precerámicos de la Puna argentina». *Runa,* 16: 29-57.

BABOT, M. P. (2003). «Starch grain damage as an indicator of food processing». En D. M. Hart y L. A. Wallis (eds.), *Phytolith and starch research in the Australian-Pacific-Asian regions: the state of the art*. Canberra: Pandamus Books. Pp. 69-81.

— (2004). *Tecnología y utilización de artefactos de molienda en el Noroeste Prehispánico.* Tesis de doctorado en Arqueología. San Miguel de Tucumán: Universidad Nacional de Tucumán. Ms.

— (2005a) «Silicophytoliths and calcium crystals in useful wild and domestic plants of the Southern Andes». *The Phytolitharien,* 17, 2: 20-21.

— (2005b). «Damage on starch from processing Andean food plants». En R. Torrence y H. Barton (eds.), *Ancient starch research.* California: Left Coast Press. Pp. 31-32, 66-67, 71.

— (2007). «Granos de almidón en contextos arqueológicos: posibilidades y perspectivas a partir de casos del Noroeste argentino». En prensa en B. Marconetto, P. Babot y N. Oliszewski (comps.), *Paleoetnobotánica del Cono Sur: estudios de casos y propuestas metodológicas*. Córdoba: Editorial Ferreyra para el Museo de Antropología, Universidad Nacional de Córdoba.

BABOT, M. P. *et al.* (2006). «Ocupaciones agropastoriles en los sectores intermedios de Antofagasta de La Sierra (Catamarca): un análisis desde Punta de La Peña 9.I.». *Comechingonia* (Córdoba), 9: 57-78.

BRÜCHER, H. (1989). *Useful plants of neotropical origin: and their wild relatives*. Heidelberg: Spriner-Verlag.

BRUNIARD, E. D. (1999). «El escenario geográfico». En *Nueva Historia de la Nación Argentina.* Tomo I. Buenos Aires: Academia Nacional de la Historia, Planeta. Pp. 39-63.

CABRERA, Á. C. (1983). *Flora de Jujuy.* San Salvador de Jujuy: Instituto Nacional de Tecnología Agropecuaria (INTA).

CENTRO INTERNACIONAL DE LA PAPA (CIP), página web (2002). Enlaces: *Pocket guide to nine exotic Andean roots and tubers* y *Lost crops of the Incas. Little known plants of the Andes with promise for worldhwide cultivation* (1989), National Academies Press.

CHEVALIER, A. (1999). «De la pomme de terre à la coca: statut de l'archéobotanique au Pérou et revue critique des données». En A. Chevalier, L. Velarde e I. Chenal-Velarde (eds.), *L'Amérique du Sud. Des chasseurs-cueilleurs à l'Empire Inca*. Cambridge: BAR International Series 746. Pp. 43-61.

COHEN, M. L. (2005). *Entre guano y arena... ocupaciones recurrentes: Un caso de estudio en el sitio Punta de la Peña 9-III, Antofagasta de la Sierra, Catamarca.* Trabajo final de la Carrera de Arqueología, San Miguel de Tucumán: Universidad Nacional de Tucumán. Ms.

COHEN, M. L., LÓPEZ CAMPENY, S. M. L. y URQUIZA, S. V. (2000). *«De Remate». La antigua vida cotidiana en el Valle de Amaicha.* San Miguel de Tucumán: Cátedra de Métodos y Técnicas de la Investigación Arqueológica, Universidad Nacional de Tucumán. Ms.

CORTELLA, A. R. y POCHETTINO, M. L. (1995). «Comparative morphology of starch of three Andean tubers». *Starch/Stärke,* 47, 12: 455-461.

CUENYA, M. P. y GARCÍA AZCÁRATE, J. (2003). «Procesos de formación de sitios arqueológicos y su relación con cambios pedológicos, El Rincón, Tafí del Valle, Tucumán». *Chúngara,* vol. esp., I: 415-423.

FERNÁNDEZ, J. (1969-1970). «La recolección de bulbos, rizomas y tubérculos entre los cazadores superiores de la Puna». *Anales de Arqueología y Etnología* (Mendoza), 24-25: 131-142.

FERNÁNDEZ, J., PARANELLO, H. O. y RAMOS, A. (1992). «El análisis de elementos traza y de las relaciones entre isótopos estables del carbono en cerámicas del Temprano (3000 años A.P.) de la Puna jujeña, como indicadores de su manufactura autóctona y funcionalidad probable». *Cuadernos UNJu* (Jujuy), 3: 13-19.

GARCÍA, L. C. (1998). *Arqueología de asentamientos formativos en la Puna Oriental y su borde, Provincia de Jujuy: el cambio hacia una vida crecientemente sedentaria y productiva en Azul Pampa, Dpto. de Humahuaca.* Tesis doctoral, Buenos Aires: Universidad de Buenos Aires. Ms.

KORSTANJE, M. A. (2005). *La organización del trabajo en torno a la producción de alimentos en sociedades agropastoriles formativas (Pcia. de Catamarca, Rep. Argentina).* Tesis de doctorado en Arqueología, San Miguel de Tucumán: Universidad Nacional de Tucumán. Ms.

KORSTANJE, M. A. y BABOT, M. P. (2007). «A microfossil characterization from South Andean economic plants». En prensa en M. Madella y D. Zurro (eds.), *Plants, people and places: recent studies in phytolithic analysis,* Cambridge: Oxbow Books.

LÓPEZ CAMPENY, S. M. L. (2001). *Actividades domésticas y organización del espacio intrasitio. El sitio Punta de la Peña 9 (Antofagasta de la Sierra, Prov. de Catamarca).* Trabajo final Carrera de Arqueología, San Miguel de Tucumán: Universidad Nacional de Tucumán. Ms.

LOY, T. H. (1994). «Methods in the analysis of starch residues on prehistoric stone tools». En J. Heather (ed.), *Tropical Archaeobotany: Applications and new developments.* New York: Routledge. Pp. 86-114.

LOY, T., SPRIGGS, M. y WICKLER, S. (1992). «Direct evidence for human use of plants 28,000 years ago: starch residues on stone artifacts from the northern Solomon Islands». *Antiquity,* 66: 898-912.

NÚÑEZ, L. (1994). «Emergencia de complejidad y arquitectura jerarquizada en la Puna de Atacama: las evidencias del sitio Tulán 54». En M. E. Albeck (ed.), *De costa a selva. Producción e intercambio entre los pueblos agroalfareros de los Andes Centro Sur.* Tilcara: Instituto Interdisciplinario Tilcara, Universidad de Buenos Aires. Pp. 85-115.

OLIVERA, D. E. (2001). «Sociedades agropastoriles tempranas: el Formativo Inferior del Noroeste argentino». En E. E. Berberián y A. E. Nielsen (dirs.), *Historia Argentina Prehispánica.* Córdoba: Brujas. Tomo I. Pp. 83-125.

PARODI, L. (1991). *Agricultura prehispánica.* Jujuy: Universidad Nacional de Jujuy.

PEARSALL, D. (1994). «Issues in the analysis and interpretation of archeological maize in South America». En S. Johannessen y C. Hastorf (eds.), *Corn and culture in the Prehistoric New World.* Boulder: Westview Press. Pp. 245-272.

— (2000). *Paleoethnobotany. A handbook of procedures.* New York: Academic Press. 2ª ed.

PIPERNO, D. R. (1988). *Phytolith Analysis: An Archaeological and Geological Perspective.* San Diego: Academic Press.

PIPERNO, D. R. y HOLST, I. (1998). «The presence of Starch Grains on Prehistoric Stone Tools from the Humid Neotropics: indications of Early Tuber Use and Agriculture in Panama». *Journal of Archeological Science,* 25: 765-776.

PIPERNO, D. R. *et al.* (2000). «Starch grains reveal early root crop horticulture in the Panamanian tropical forest». *Nature,* 407, 19: 894-897.

RIBOTTA, E. E. (2001). «Investigaciones arqueológicas en El Remate (Tucumán)». En *Resúmenes de las V Jornadas de Comunicaciones de la Facultad de Ciencias Naturales e IML.* Serie Monográfica y Didáctica 41. San Miguel de Tucumán. Pp. 19.

RODRÍGUEZ, M. F. (2003). «Cambios en el uso de los recursos vegetales durante los distintos momentos del Holoceno en la Puna Meridional Argentina». *Chúngara,* vol. esp., I: 403-413.

ROMO, M. *et al.* (1999). «La transición entre las tradiciones de los Oasis del Desierto y de las Quebradas Altas del Loa Superior: etnobotánica del Valle del río Grande, 2ª Región, Chile». *Chúngara,* 31, 2: 319-360.

SCATTOLIN, M. C. (2001). «Organización residencial y arquitectura en el Aconquija durante el I milenio A.D.». En *Actas del XIII Congreso Nacional de Arqueología Argentina*. Córdoba: Cabildo Histórico de la Ciudad de Córdoba. Pp. 439-449.

SLANIS, A. C. y GRAU, A. (2001). «El género *Hypseocharis* (Oxalidaceae) en la Argentina». *Darviniana,* 39, 3-4: 343-352.

STORNI, J. (1942). *Solución Precolombina del Problema Alimenticio. Bromatología indígena.* San Miguel de Tucumán: Publicación del autor.

TARRAGÓ, M. N. (1980). «El Proceso de Agriculturización en el Noroeste Argentino, Zona Valliserrana». En *Actas V Congreso Nacional de Arqueología Argentina*. Tomo I. San Juan: Facultad de Filosofía, Humanidades y Artes, Universidad Nacional de San Juan. Pp. 181-217.

UGENT, D., DILLEHAY, T. y RAMÍREZ, C. (1987). «Potato remains from a Late Pleistocene settlement in Southcentral Chile». *Economic Botany,* 41, 1: 17-27.

UGENT, D., POZOROSKI, S. y POZOROSKI, T. (1981). «Prehistoric remains of the sweet potato from the Casma Valley of Perú». *Phytologia,* 49, 5: 401-415.

— (1982). «Archaeological potato tuber remains from the Casma Valley of Perú». *Economic Botany,* 36, 2: 182-192.

— (1984). «New evidence for Ancient Cultivation of *Canna edulis* in Perú». *Economic Botany,* 38, 4: 417-432.

VILLAGRÁN, C., ROMO, M. y CASTRO, V. (2003). «Etnobotánica del sur de los andes de la Primera Región de Chile: un enlace entre las culturas altiplánicas y las de Quebradas Altas del Loa Superior». *Chúngara,* 35, 1: 73-124.

WHITEHEAD, W. T. (1999). «Paleoethnobotanical evidence». En C. Hastorf (ed.), *Early settlement at Chiripa, Bolivia. Research of the Taraco Archaeological Project.* Berkeley: Contributions of the University of California, Archaeological Research Facility, n.º 57. Pp. 95-103.

El recurso maíz en sitios arqueológicos del Noroeste argentino: el caso de la Quebrada de Los Corrales, El Infiernillo, Tucumán

NURIT OLISZEWSKI
Universidad Nacional de Tucumán

RESUMEN. El objetivo de este trabajo es plantear el estado de la cuestión en cuanto al recurso maíz en el área andina del Noroeste de Argentina desde los primeros registros y durante el llamado periodo Formativo (2000-1200 AP). Para ello se presenta un caso de estudio: el sitio Cueva de Los Corrales 1, y luego se comparan los resultados obtenidos con la información disponible para sitios contemporáneos y ubicados en diferentes unidades ambientales: puna, valles y quebradas y piedemonte. Las evidencias presentadas indican que el maíz habría sido uno de los principales cultivos alimenticios durante el periodo Formativo ya que se registra en diversos sitios en áreas de preparación, cocina y consumo. En cuanto a las variedades/razas de *Zea mayz* L. prehispánicas, la diversificación se habría producido durante este periodo intensificándose en periodos posteriores.

ABSTRACT. The aim of this paper is to delve into the role of corn as a resource in the Andean area of the Argentinean Northwest since its first records and during the Formative Period (2000-1200 AP). With this purpose, the study case Cueva de los Corrales 1 is presented. The results obtained are compared with available data for contemporary sites in different environmental units: puna, mountain valleys and piedmont. The evidences found show that corn would have been one of the main food crops during the Formative Period because it is recorded in preparation, cooking and eating areas. Prehispanic *Zea mayz* L. variety diversification would have taken place in this moment, becoming stronger in later periods.

Introducción

El registro de *Zea mayz* L. en diversos sitios arqueológicos del área andina del Noroeste argentino (NOA) durante el Holoceno Tardío es recurrente. Con base en esta recurrencia más la presencia de artefactos de molienda y estructuras agrícolas, históricamente numerosos investigadores señalaron esta planta como un recurso dietario principal. Pero, ¿son estas evidencias suficientes para sostener esta hipótesis?

El objetivo de este trabajo es plantear el estado de la cuestión en cuanto al recurso maíz en el área andina del Noroeste de Argentina (NOA) desde los primeros registros y durante el llamado periodo Formativo (2000-1200 AP). Para ello, se presenta un caso de estudio: el sitio Cueva de Los Corrales 1 y, luego, se comparan los resultados obtenidos con la información disponible de sitios contemporáneos y ubicados en diferentes unidades ambientales: puna, valles y quebradas y piedemonte.

La Puna comprende el extremo sur de la región altiplánica que se extiende desde el sur de Perú hasta el NOA. Es una planicie elevada atravesada por cordones montañosos donde la agricultura sólo puede practicarse en áreas concretas que cuenten con recursos hídricos mínimos, situación que puede extrapolarse 2.000 años atrás sin problemas a partir del marco paleoambiental (Olivera *et al.,* 2002). Los valles y quebradas (1.500-3.000 msnm) se ubican entre la Puna por el oeste y las selvas y el bosque chaqueño por el este. Constituyeron excelentes áreas agrícolas de regadío donde pueden haberse cultivado una gran variedad de vegetales. El sitio que se presenta como caso de estudio se ubica en esta unidad ambiental en un valle alto a 3.000 msnm. Las selvas se ubican sobre la vertiente oriental andina extendiéndose desde Colombia hasta el NOA. En estas áreas se desarrolló una agricultura itinerante de roza y quema cultivándose diversas especies, entre las cuales destaca el maíz.

Con base en los datos paleoambientales que existen a nivel regional para el área de valles y quebradas, el Formativo habría sido un periodo de humedad generalizado y moderadamente cálido que habría favorecido el desarrollo cultural de los grupos prehispánicos del NOA entre 2000 y 1200 AP (Sayago *et al.,* 1998).

La Quebrada de Los Corrales

La Quebrada de Los Corrales se ubica en El Infiernillo, en el sector norte de Tafí del Valle, provincia de Tucumán, sobre la margen oeste del río de Los Corrales a una altura aproximada de 3.000-3.100 msnm (figura 1). El área de estudio queda comprendida entre las siguientes coordenadas geográficas: 26º 43' 04,53'' S y 65º 48' 49,74'' W (punto noroeste), 26º 43' 14,04'' S y 65º 47' 24,43" W (punto noreste), 26º 44' 58,67" S y 65º 47' 46,46" W (punto sudeste) y 26º 44' 46,67" S y 65º 49' 14,70'' W (punto sudoeste). Fitogeográficamente el área se localiza en el borde de los valles y quebradas, en la Provincia de la Prepuna caracterizándose por presentar suelos pobres en vegetación donde alternan pastizales de altura y matorrales mesofíticos (Cabrera, 1976).

El análisis de la evidencia disponible indica que pueden diferenciarse tres espacios ocupacionales bien definidos (figura 1): 1) el sector septentrional, con la ocupación de una cueva (Cueva de Los Corrales 1), cuya función habría sido de tipo doméstica; 2) el sector medio dominado por un sistema agrícola-ganadero (andenes-canales-corrales) que constituye un sector espacial dedicado a la producción de alimentos; y 3) el sector meridional, donde se ubican los sitios habitacionales de los grupos prehispánicos (Caria *et al.,* 2006).

En cuanto a la cronología general de estos sitios, basándose en la presencia de estructuras circulares/subcirculares características del Formativo temprano-medio (*sensu* Berberián y Nielsen, 1988) y al muestreo superficial cerámico que presenta fragmentos asignables a los estilos Tafí y Ciénaga —también característicos del Formativo—, se los ubica entre *ca.* 2100 y 1200 AP. Para el caso particular de Cueva de Los Corrales 1 se realizó un fechado sobre poáceas que formaban parte de una camada de paja dispuesta en forma intencional y que constituye la ocupación más temprana de la misma (capa 2, 3.ª extracción). Dicho fechado arrojó el siguiente resultado: 2060 ± 200 (UGA - 01616), lo cual concuerda con las apreciaciones realizadas para la quebrada en general situando a las ocupaciones prehispánicas durante el periodo Formativo (2100-1200 AP).

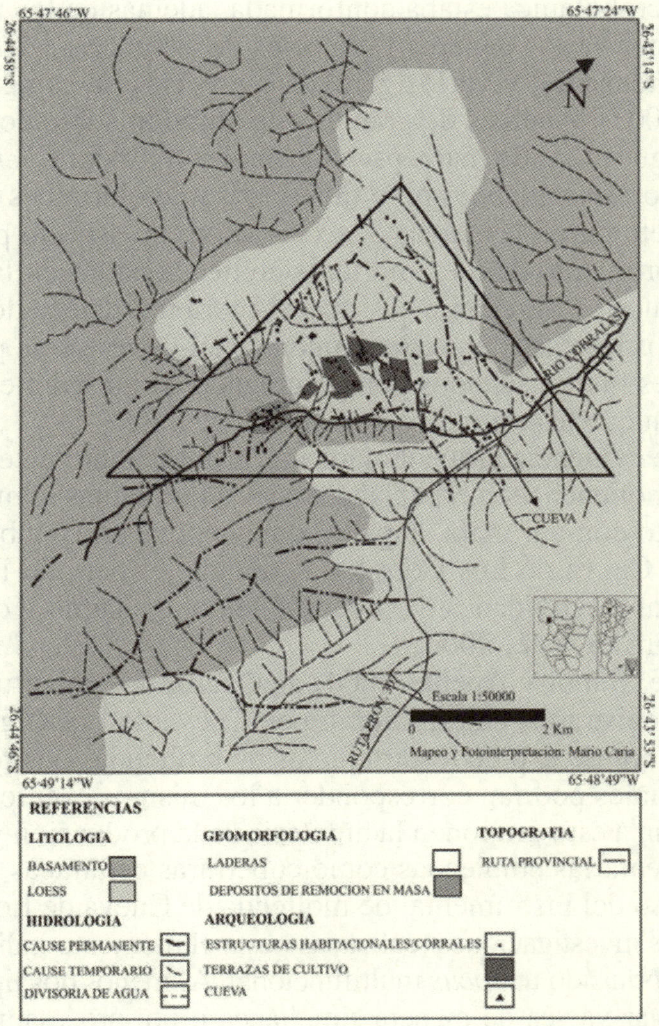

Figura 1. Mapa geomorfo-arqueológico de la quebrada del Río de los Corrales. Ubicación de CC1 (Caria *et al.*, 2006).

Cueva de Los Corrales 1

Cueva de Los Corrales 1 es una cueva de 4 por 7 metros ubicada sobre la margen oeste del talud del río de Los Corrales. Este sitio presentó evidencias arqueológicas en estratigrafía, entre las que se cuentan: material lítico (lascas y núcleos) en cuarzo, andesita, obsidiana y sílice; fragmentos cerámicos; restos faunísticos (230 fragmentos óseos, placas de dasipódido, guano, un cordel de dos hilos torsión «S», restos de vellones, cabeza, patas y alas de langosta, pinzas de crustáceo y fragmentos de cáscara de huevo); carbón y macrorrestos vegetales (Oliszewski *et al.,* 2005). Entre los macrorrestos vegetales se registró algarrobo (*Prosopis* sp.), chañar (*Geoffroea decorticans* [Gillies Hook y Arn.] Burkart), poroto común (*Phaseolus vulgaris* var. *vulgaris* L.), zapallo (*Cucurbita* sp.) y granos y marlos de maíz (*Zea mays* L.) (Carrizo *et al.,* 2003).

Un sondeo posterior posibilitó el hallazgo de cuatro morteros excavados en la roca que constituye el piso de la boca de la cueva y dos molinos. Los morteros presentaban un relleno constituido por un conjunto homogéneo de restos vegetales. La evidencia macrobotánica estaba conformada, además de los taxa identificados en estratigrafía, por varios géneros y especies de asteráceas, *Acacia aroma* Gill., *Junellia* sp. (verbenácea), y varios géneros y especies de espiguillas de poáceas (Carrizo *et al.,* 2003). Análisis de gránulos de almidón sobre dos molinos produjeron formas diagnósticas de maíz, pseudocereales (quinoa: *Chenopodium quinoa* Willd. o amaranto: *Amaranthus* sp.) y tubérculos microtérmicos (Babot, 2006).

En 2005 se retomaron las tareas de excavación; un aspecto particular a destacar fue el descubrimiento de diez morteros confeccionados en la roca de base de la cueva, los cuales se agregan a los cuatro morteros detectados anteriormente. Presentan en todos los casos un relleno intencional de restos de poáceas puestas a presión, los cuales fueron sellados por el agregado de un sedimento arcilloso preparado para tal fin que los mimetizó con la roca de base.

La abundante evidencia arqueobotánica registrada tanto en estratigrafía como en artefactos de molienda, con especial énfasis en las plantas alimenticias (algarrobo, chañar, poroto común, maíz, zapallo, quenopodiáceas y tubérculos), permite proponer que en Cueva de Los Corrales 1, durante el periodo Formativo, se habrían llevado a cabo actividades de procesamiento, consumo y descarte de recursos vegetales (Carrizo *et al.,* 2003).

Por otra parte, Babot y Apella (2004) analizaron las coberturas cerámicas de los fragmentos registrados en estratigrafía en Cueva de Los Corrales 1 y la composición de residuos de uso de los artefactos de molienda. Los resultados indican que ambos materiales podrían corresponder a los mismos eventos de manufactura de alfarería. Según a esto proponen la hipótesis de la producción y aplicación local de mezclas pigmentarias empleadas como coberturas cerámicas y atestiguadas en los residuos de uso del instrumental de molienda de Cueva de Los Corrales 1.

En síntesis, las investigaciones realizadas hasta el momento indican que Cueva de Los Corrales 1 habría sido un *locus* multifuncional. Al menos dos tipos de actividades habrían tenido lugar ya sea de manera simultánea o no: procesamiento, consumo y descarte de recursos vegetales, por una parte, y producción de alfarería, por otra.

El maíz de cueva de Los Corrales 1

Metodología

La muestra de maíz de Cueva de Los Corrales 1 está compuesta por 18 especímenes (11 marlos y 7 granos) que, según las investigaciones realizadas hasta el momento, habrían sido introducidos en la cueva por grupos prehispánicos con fines de procesamiento y consumo (Carrizo *et al.,* 2003).

Recuperación

Los ejemplares se presentan secos y en excelente estado de conservación. Las condiciones climáticas propias de la Prepuna (invierno marcadamente frío y seco, con precipitaciones anuales no mayores a los 400 mm, temperaturas anuales promedio de 14º a 18º C) donde se encuentra ubicada la cueva han permitido una excelente conservación de los materiales orgánicos recuperados. Para el caso particular de los especímenes de maíz esto se pone de manifiesto en la preservación de caracteres diagnósticos como dimensiones, forma y dureza (grano) y número de hileras de granos y número de cúpulas por hilera (marlo), que facilitaron la identificación a nivel infraespecífico.

La muestra analizada fue recuperada tanto en estratigrafía como a partir de morteros excavados en la roca de base. A continuación se explica la metodología de excavación para ambos casos.

Los trabajos de excavación, que abarcaron una superficie de 2,5 m^2, fueron desarrollados por *decapage* y dieron como resultado la detección de una secuencia estratigráfica compuesta por varias capas y extracciones (entre paréntesis): capas 0a y b; 1 (1º), (2º) y (3º) y 2 (1º), (2º) y (3º). Estas capas conforman un «paquete» estratigráfico de 30 cm de potencia, habiéndose llegado en la capa 2 (3º) a la roca de base. Cada capa fue excavada mediante el planteo de cuadrículas de 1 m x 1 m subdivididas en microsectores (B2D, B3C, C2B y C3A) de 0,50 m x 0,50 m que constituyen las unidades reales de excavación. Dentro de cada una de éstas se separó el material documentado en las plantas, y se embolsó todo el material recuperado de un proceso de tamizado con zaranda de malla fina (malla de 1 mm).

Los morteros, por su parte, están confeccionados en la roca de base de la cueva. Su formato es tronco-cónico de variables dimensiones, y presentan un relleno intencional de restos vegetales puestos a presión, los cuales fueron sellados por el agregado de un sedimento arcilloso preparado para tal fin. Este «sello» probablemente fue confeccionado mediante el uso de fuego directo, lo cual dejó a los morteros perfectamente ocultos y mimetizados con la roca de base. El «relleno» de cada uno de los morteros fue embolsado; luego fue tamizado en laboratorio con tamices de malla fina (0,5 y 1 mm) para proceder a la posterior selección de macrorrestos vegetales.

Todos los marlos y uno de los granos (ejemplar nº 12) proceden del relleno de los artefactos de molienda (tabla 1). El resto de los granos procede del registro estratigráfico, específicamente de las capas 1 (2º), 1 (3º) y 2 (1º) (tabla 2). Cabe aquí la aclaración acerca de que el fechado obtenido (2060 AP) corresponde a la primera ocupación, es decir, a la capa 2 (3º). Si bien los especímenes aquí presentados son posteriores a esta fecha, actualmente se hallan en proceso de análisis nuevas evidencias entre las que se encuentran granos de *Zea mays* procedentes de la capa 2 (3º).

Nº	**Procedencia**	**Longitud del raquis (mm)**	**Diámetro del raquis (mm)**	**Nº de hileras de granos**	**Nº de cúpulas por hilera**	**Espesor del grano[4]**	**Identificación[5]**
1	Mortero Nº 3	71,5	12,8	12?	20?[3]	3,5	Pisingallo *cfr.*[6]
2	Mortero Nº 3	100,4	14,9	-	-	-	Culli
3	Mortero Nº 3	52,6 frag[1]	11,8	12	-	-	No identificado
4	Mortero Nº 3	97,8	12,3	16	30	3,3	Pisingallo
5	Mortero Nº 3	77,4	21,0	-	-	-	No identificado
6	Mortero Nº 2	108,7	19,8	12	28	3,9	Morocho amarillo *cfr.*[6]
7	Mortero Nº 2	113,5	18,2/21,5[2]	20	30?[3]	3,8	Pisingallo
8	Mortero Nº 2	127,0	19,6/22,2[2]	20	36?[3]	3,6	Capia *cfr.*[6]
9	Mortero Nº 2	50,6	12,7	-	-	-	No identificado
10	Mortero Nº 2	35,9 frag[1]	11,9	18	-	-	No identificado
11	Mortero Nº 2	66,0	16,3	-	-	-	No identificado

Tabla 1. Especímenes de *Zea mays* L. de Cueva de Los Corrales 1: marlos. [1]raquis fragmentado; [2]diámetro máximo/diámetro mínimo; [3]no se puede establecer con precisión; [4]medida relativa que se obtiene de la división entre la longitud del raquis y el número de cúpulas por hilera; [5]la identificación se realizó basándose en la clasificación racial propuesta por J. Cámara Hernández, (Miante Alzogaray y Cámara Hernández 1996); [6]confrontar.

Nº	Procedencia	Dimensiones (mm)			Forma	Dureza (1-3)[2]	Identificación[3]
		longitud	latitud	grosor			
12	Mortero Nº 2	7	5	4	Acuminada	1	*Z. m.* var. *oryzaea*; Pisingallo
13	Capa 1 (2º ext[1]) B2D	11	6	-	Alargada	3	Maíz harinoso
14	Capa 1 (2º ext) B3C	6	6	-	-	3	Maíz harinoso
15	Capa 1 (3º ext) B3C	6,5	5	2	Acuminada	1	*Z. m.* var. *oryzaea*; Pisingallo
16	Capa 1 (3º ext) B3C	11	6	4	Acuminada / Alargada	2	*Z. m.* var. *indurata*. Morocho amarillo *cfr.*[4]
17	Capa 2 (1º ext) B2D	8	4	2	Alargada	1	*Z. m.* var. *oryzaea*; Pisingallo
18	Capa 2 (1º ext) B3C	11	6	4	Alargada	1	*Z. m.* var. *oryzaea*; Pisingallo *cfr.*[3]

Tabla 2. Especímenes de *Zea mays* L. de Cueva de Los Corrales 1: granos. [1]ext: extracción; [2]1: duro, 2: medio, 3: blando; [3]la identificación se realizó basándose en las clasificaciones propuestas por L. Parodi (1959) —anotada en primer término— y J.Cámara Hernández (Miante Alzogaray y Cámara Hernández 1996) —anotada en segundo término—; [4]confrontar.

Identificación

Para la identificación subespecífica de los ejemplares se utilizó como guía las clasificaciones realizadas por J. Cámara Hernández (Abiusso y Cámara Hernández, 1974) y L. Parodi (Parodi, 1959) en forma conjunta, con el objeto de precisar lo más posible la misma.

En el caso de los marlos se utilizó en forma exclusiva la clasificación de J. Cámara Hernández, quien establece distintas razas en función de variables cuali-cuantitativas de las mazorcas (Miante Alzogaray y Cámara Hernández, 1996). A continuación se reseñan las variables que fueron relevantes en este caso: longitud y diámetro del raquis, número de hileras de granos, número de cúpulas por hilera y espesor relativo del grano.

En el caso de los granos se utilizó tanto la clasificación de L. Parodi, quien determina diferentes variedades a partir de, fundamentalmente, variables cuali-cuantitativas del grano y no tanto de la mazorca completa (Parodi, 1959), como la clasificación de J. Cámara Hernández. Las variables relevantes en este caso fueron: dimensiones, forma y dureza. Las dos primeras *sensu* Parodi (1959), la última *sensu* J. Cámara Hernández (Miante Alzogaray y Cámara Hernández, 1996).

Resultados

- **Marlos** (tabla 1, figura 2). A partir de los marlos de maíz han sido identificadas dos razas con precisión: Pisingallo con base en dimensiones, nº de hileras de granos y espesor relativo del grano (especímenes nº 4 y 7) y Culli teniendo en cuenta sus dimensiones y el típico color violáceo (espécimen nº 2). Otros tres ejemplares fueron identificados con cierta reserva como Pisingallo (espécimen nº 1), Morocho amarillo (espécimen nº 6) y Capia (espécimen nº 8). Cinco ejemplares no pudieron ser identificados por carecer de caracteres diagnósticos (especímenes nº 3, 5, 9, 10 y 11).

- **Granos** (tabla 2, figura 3). Del conjunto de 7 granos se puede aseverar que los ejemplares nº 12, 15 y 17 son Pisingallo. Son granos muy duros, de textura vítrea, cuyas dimensiones varían entre 6,5-8 mm de longitud y 4-5 mm de latitud. Por otra parte, el ejemplar nº 18 ha sido sometido a calor y, por esta razón, sus dimensiones se encuentran alteradas; de todos modos se lo identificó como Pisingallo.

Los ejemplares nº 13 y 14 presentan un endosperma claramente harinoso y blando. Aun cuando no se puede llegar a establecer la raza, se agrupan dentro de los maíces harinosos.

El ejemplar nº 16, por sus caracteres: dureza media, grandes dimensiones y pequeña porción harinosa, podría corresponder a la raza Morocho amarillo.

Figura 2. Especímenes de *Zea mays* L. de CC1: marlos. De izquierda a derecha, ejemplares nº 5, 4, 1, 2, 3, 6, 7, 8, 9 y 11.

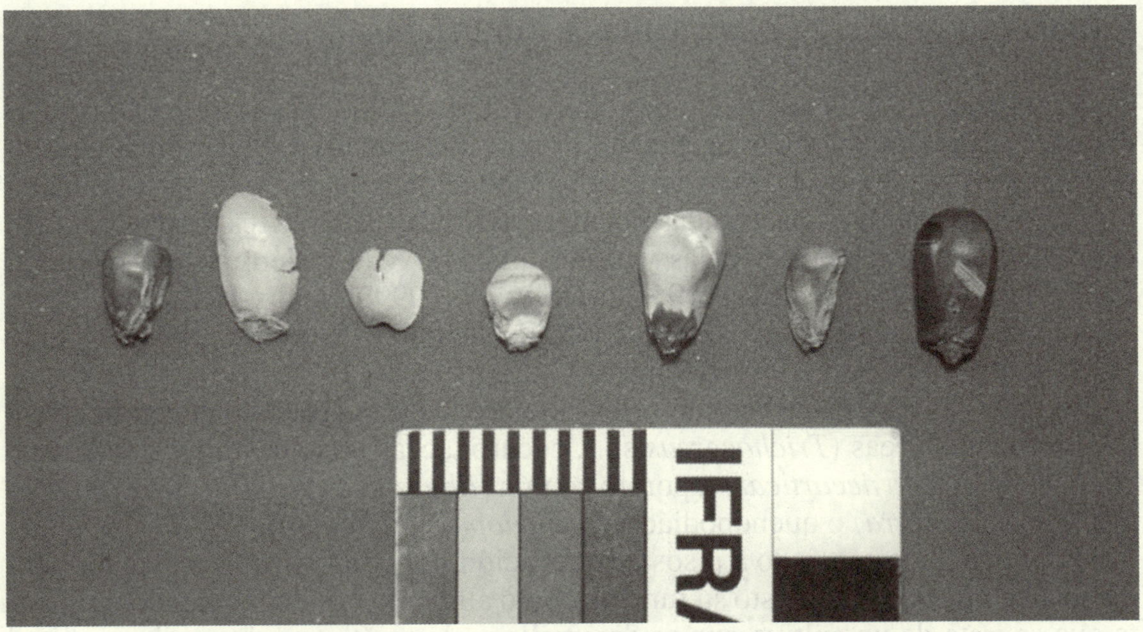

Figura 3. Especímenes de *Zea mays* L. de CC1: granos. De izquierda a derecha, ejemplares nº 12, 13, 14, 15, 16, 17 y 18.

Discusión

Han sido identificadas cuatro razas, Pisingallo, Culli, Capia y Morocho amarillo, todas de maduración relativamente temprana que en la actualidad se cultivan en valles Calchaquíes y se utilizan para preparar diversos platos. En el caso del Pisingallo se usa para freír debido a que es un maíz «duro» y «reventador». Del Culli, maíz harinoso, se obtiene harina para preparar distintos platos y una bebida fermentada, la chicha morada. Además de Culli y Capia se determinó la existencia en el registro de otros maíces de tipo harinoso.

Lo importante, más allá de establecer con exactitud la taxonomía, es que se puede decir que en el registro arqueobotánico de Cueva de Los Corrales 1 hay, por una parte, maíces duros (predominan con un 38,9%) y, por otra, maíces medianamente duros (11,1%) y maíces harinosos (22,2%) que implican actividades diferentes. Todas estas variedades pueden haberse cultivado a 3.100 msnm ya que son de maduración temprana en la zona de andenería registrada en las proximidades de la cueva. Además, el maíz se registra tanto en estratigrafía (áreas de procesamiento, consumo y descarte) como en artefactos de molienda (en este caso, en forma de macrorrestos y microrrestos, lo cual sustenta con fuerza la molienda). Es decir, que el maíz se estaba empleando en distintos tipos de actividades y a la vez se utilizaban variedades diversas para elaboración de diferentes tipos de comidas. En este sentido, cabe destacar que la hipótesis de Berberián y Giani (2001) acerca de lo inadecuado de esta área para actividades agrícolas debido al escaso desarrollo de los suelos y a la altitud pierde fuerza, sin dudas, ante la presencia de una zona de andenería tan importante como la registrada en el sector medio de la Quebrada de Los Corrales. De todos modos, resta verificar que en dichas estructuras agrícolas efectivamente se haya cultivado maíz, para lo cual es fundamental realizar análisis de microfósiles a partir de sedimentos de las estructuras agrícolas.

Panorama intrarregional: valles y quebradas

En la zona de valles y quebradas, entre 1.500 y 3.000 msnm, se localizan numerosos sitios arqueológicos asignables al periodo Formativo. El patrón de asentamiento suele ser de tipo aldeano agrupado: habitaciones circulares concentradas en torno a patios centrales y asociadas a campos agrícolas; además, es usual el registro de artefactos de molienda y palas y azadas líticas (Ávila y Herrero, 1991; Babot, 2003; Balesta y Zagorodny, 1999; Carrizo *et al.*, 1999; Giani y Berberián, 1999; Korstanje, 2005; Oliszewski, 2004, 2005; Pochettino y Scattolin, 1991; Raffino, 1977; Scattolin y Gero, 1999; Sempé de Gómez Llanes, 1977; Tarragó, 1996).

El maíz se registra casi en todos los sitios analizados asociado generalmente a taxa como cactáceas (*Trichocereus* sp.), cucurbitáceas (*Cucurbita* sp.), fabáceas: chañar (*Geoffroea decorticans*), poroto común (*Phaseolus vulgaris*), algarrobo negro (*Prosopis nigra*) o quenopodiáceas (*Chenopodium quinoa*).

Fue registrado asociado a pisos de ocupación, fogones y artefactos de molienda, lo cual pone de manifiesto su función como alimento básico. Teniendo en cuenta que se trata de un cultivo que se desarrolla mejor en tierras de mediana altitud pero, a pesar de esto, se registra en casi todos los sitios mencionados, inclusive a los 3.000 msnm, es evidente que el maíz fue uno de los recursos alimenticios principales para este periodo. El caso del sitio arqueológico Campo del Pucará, ubicado al sudoeste de la provincia de Catamarca, es interesante ya que además de haber sido utilizado como un recurso alimentario principal el maíz pudo haber cumplido una función ceremonial, ya sea en forma de ofrendas o como bebida embriagante. Por una parte, se encuentran fragmentos de marlos y cúpulas interpretados como desechos de consumo, lo cual apoya la función alimenticia; por otra parte, el registro de numerosos granos que constituyen la parte comestible de este cereal apoya una posible función ceremonial (Oliszewski, 2005).

Un punto clave es el de las identificaciones a nivel de razas o variedades. El estado deteriorado de los ejemplares, por lo general, sólo permite identificar especie. En muy pocos casos se determinó que se trataba de *Zea mays* var. *minima.* Además, no se han identificado otras razas/variedades; en este sentido, Cueva de Los Corrales 1 se vuelve un caso particular ya que se ha podido determinar la presencia de varias razas de maíz, lo cual implicaría diferentes estrategias en cuanto a siembra, cosecha, preparación y consumo.

Panorama interregional: puna y piedemonte

Una vez presentado el sitio caso de estudio y los sitios contemporáneos de valles y quebradas, surge el interrogante acerca de qué estaba ocurriendo en el mismo lapso temporal en la puna y en el piedemonte. El tránsito de personas, recursos naturales, objetos e ideas entre las distintas unidades ambientales fue una constante en tiempos prehispánicos. De ahí la importancia de conocer lo que acontecía en otros lugares.

La Puna

Las condiciones ambientales extremas que imperan en la puna, que determinan que éste sea un lugar poco favorable para el desarrollo de plantas como el maíz, se convierten, al mismo tiempo, en una ventaja ya que permiten una preservación excelente de materiales orgánicos prehispánicos. De este modo, los datos más antiguos para el cultivo de maíz no se han registrado ni en el área de valles y quebradas ni en el piedemonte, zonas mucho más aptas para su cultivo, sino en sitios arqueológicos puneños.

Antofagasta de la Sierra, al norte de la provincia de Catamarca, comprende varios abrigos rocosos situados por encima de los 3.500 msnm que presentan ocupaciones humanas desde el 10000 AP (Aschero, 2000). Desde momentos tempranos (4500-3500 AP) se registra la presencia de almidón de granos de maíz (Babot, 2006); un párvulo naturalmente momificado (3370 años AP), al cual se le practicó análisis isotópico de ^{13}C dio como resultado una dieta compuesta en un 74% por maíz (Aranibar *et al.,* 2001); en Cueva Cacao 1A (3000 AP), planteada como espacio ritual, se registraron numerosos macrorrestos vegetales entre los cuales destaca el maíz (Olivera *et al.,* 2001). Ya en momentos tardíos del Formativo (1300 AP) se registran macrorrestos de maíces harinosos asociados a quinoa *(Ch. quinoa)* y poroto común *(P. vulgaris)* (Rodríguez, 2003).

En la Puna de Jujuy se encuentran las cuevas de Huachichocana; en las cuevas III y V, con una cronología de 1560-1000 AP, se han registrado granos, mazorcas desgranadas, cañas y hojas de *Zea mays* L. asociado a otros cultivos como poroto común, papa oca y ají (Fernández Distel, 1999).

La Puna se presenta como una fuente inagotable de datos acerca de las prácticas agrícolas desde sus inicios hasta momentos tardíos. El registro de maíz desde 4500 AP en forma continua hasta momentos tardíos, a lo cual se suma una dieta maicera para 3600 AP, está poniendo de manifiesto la importancia de esta planta aun en una zona tradicionalmente considerada «marginal» como la Puna. Solamente se cuenta con datos a nivel infraespecífico para momentos más tardíos donde se registran maíces de tipo harinoso. Sería interesante saber qué variedades o razas se cultivaron en los momentos más tempranos. Lo más probable es suponer que se trataba de razas de maduración temprana como el Pisingallo.

El piedemonte

El piedemonte presenta una problemática especial debido a las condiciones ambientales imperantes. A la inversa de lo que ocurre en Puna, las altas temperaturas junto con una elevada humedad hacen de la zona supuestamente más apta para el cultivo de plantas como el maíz un área donde los restos orgánicos no se preservan. Son numerosos los sitios formativos existentes en el piedemonte pero, a excepción de un sitio, Rupachico, ubicado en la provincia de Tucumán (Heredia, 1975), donde se registraron granos de maíz carbonizados, en ninguno de ellos se ha registrado la presencia de macrorrestos vegetales. El patrón de asentamiento responde a estructuras circulares con cimientos de piedra y paredes probablemente de rama y paja que conformaban pequeñas aldeas, registrándose además basureros, artefactos de molienda y menhires de carácter ceremonial (Azcárate y Korstanje, 1995; Caria, 2005; Heredia, 1975; Tartusi y Núñez Regueiro, 2004). A pesar de ser numerosos los sitios arqueológicos pedemontanos, ninguno de ellos presenta evidencias arqueobotánicas.

Consideraciones finales

Todas las evidencias presentadas dan cuenta de que el maíz habría sido uno de los principales cultivos alimenticios para el periodo Formativo, ya que se registra en diversos sitios en áreas de preparación (molienda), cocina (fogones) y consumo (pisos de ocupación). Pero también podría haber funcionado como elemento central en actividades rituales, como se puede observar en el caso de Campo del Pucará en la zona de valles y quebradas y Cueva Cacao en la Puna.

Respecto a las variedades o razas existentes, la evidencia analizada indica que la diversificación varietal se habría producido durante el periodo Formativo intensificándose durante los períodos posteriores. Debido a las excelentes condiciones de preservación que permitieron la posibilidad de identificar distintas razas de maíz, Cueva de Los Corrales 1 se convierte en un referente en este sentido.

Respecto a las diferencias observadas según la unidad ambiental de procedencia del maíz, las mismas están muy relacionadas con la preservación diferencial que se da entre ellas. De este modo, las evidencias más completas se han registrado en sitios de Puna y cuevas ubicadas en valles altos del área de valles y quebradas. En cambio, la selva pedemontana por sus condiciones ambientales no permite una buena preservación de materiales orgánicos. Es decir, que éste pasa a ser en gran medida un problema de índole metodológica.

En este sentido, se vuelve fundamental la puesta en práctica en forma conjunta de diferentes líneas metodológicas:

- análisis de macrorrestos (identificación de variedades y/o razas, determinación de estados de procesamiento);
- análisis de microrrestos (identificación de sílicofitolitos y granos de almidón en artefactos y sedimentos procedentes de diferentes áreas de actividad);
- determinación simultánea de patrones dietarios con base en isótopos estables de ^{13}C y dataciones radiocarbónicas sobre material óseo;
- dataciones directas sobre maíz (AMS);
- contextualización de hallazgos arqueobotánicos (áreas de obtención, preparación, procesamiento, cocción, consumo, utilización y/o descarte).

Son muchos los trabajos realizados sobre maíz en forma concreta para determinados sitios arqueológicos, ya sea referidos a sus caracteres macro o microscópicos, a la diversidad varietal y/o racial, o a su rol en la subsistencia. Pero aún faltan investigaciones en las cuales se integren todos estos datos para lograr tener una visión a escala regional del recurso maíz en los Andes prehispánicos del noroeste de Argentina.

Bibliografía

ABIUSSO, N. y CÁMARA HERNÁNDEZ, J. (1974). «Los maíces autóctonos de la Quebrada de Humahuaca (Jujuy, Argentina), sus niveles nitrogenados y su composición en aminoácidos». *Revista de la Facultad de Agronomía*. La Plata. Tomo L (1-2): 1-25.

ARANIBAR, J. *et al.* (2001). «La dieta del bebe de la peña». *Libro de resúmenes del XIV Congreso Nacional de Arqueología Argentina*. Rosario: Universidad Nacional de Rosario. Pp. 146-147.

ASCHERO, C. (2000). «El Poblamiento del Territorio». En M. Tarragó (dir.), *Nueva Historia Argentina*. Tomo I. Buenos Aires: Sudamericana. Pp. 17-59.

ÁVILA, A. y HERRERO, R. (1991). «Secuencia estratigráfica 1 del sitio arqueológico Martínez 3, Dpto. Ambato, Catamarca». *Publicaciones Arqueología*. Córdoba. Volumen 46: 17-52.

AZCÁRATE, J. y KORSTANJE, M. (1995). «La ocupación prehispánica en las selvas de montaña tucumanas». En A. Brown y H. Grau (eds.), *Investigación, conservación y desarrollo en selvas subtropicales de montaña*. Tucumán: Laboratorio de Investigaciones Ecológicas de las Yungas. Pp. 175-182.

BABOT, M. (2003). «Starch grain damage as an indicator of food processing». En D. Hart y L. Wallis (eds.), *Phytolith and starch research in the Australian-Pacific-Asian regions: the state of the art*. Canberra: Pandamus Books. Pp. 69-81.

— (2006). «Granos de almidón en contextos arqueológicos: posibilidades y perspectivas a partir de casos del Noroeste argentino». En prensa en B. Marconetto, N. Oliszewski y M. P. Babot (eds.), *Investigaciones arqueobotánicas en Latinoamérica: estudios de casos y propuestas metodológicas*. Córdoba: Centro Editorial de la Facultad de Filosofía y Humanidades, Universidad Nacional de Córdoba.

BABOT, M. y APELLA, M. (2004). «Aproximación al proceso de producción de alfarería en el área valliserrana de Tucumán, Argentina: un análisis de mezclas pigmentarias y coberturas cerámicas». *Libro de resúmenes del XV Congreso Nacional de Arqueología Argentina*. Río Cuarto: Universidad Nacional de Río Cuarto. Pp. 139.

BALESTA, B. y ZAGORODNY, N. (1999). «La transición Ciénaga/Aguada en el valle de Hualfín». *Actas del XII Congreso Nacional de Arqueología Argentina*. Tomo III. La Plata. Pp. 271-276.

BERBERIÁN, E. y GIANI, L. (2001). «Organización intrasitio y macroespacial en el Formativo del valle de Tafí (Tucumán)». *Actas del XIII Congreso Nacional de Arqueología Argentina*. Tomo I. Córdoba. Pp. 409-415.

BERBERIÁN, E. y NIELSEN, A. E. (1988). «Sistemas de asentamiento prehispánicos en la etapa Formativa del Valle de Tafí (Pcia. de Tucumán - República Argentina)». En E. Berberian (ed.), *Sistemas de asentamiento prehispánicos en el Valle de Tafí*. Córdoba. Pp. 21-51.

CABRERA, A. (1976). «Regiones Fitogeográficas Argentinas». *Enciclopedia Argentina de Agricultura y Jardinería*. 2ª ed. Tomo II. Fascículo 1. Buenos Aires: ACME.

CARIA, M. (2005). *Arqueología del paisaje en la cuenca Tapia-Trancas y áreas vecinas (Tucumán-Argentina)*. Tesis doctoral. Facultad de Ciencias Naturales e Instituto Miguel Lillo. Universidad Nacional de Tucumán. Inédita.

CARIA, M.; MARTÍNEZ, J. y OLISZEWSKI, N. (2006). «Geomorfología y Arqueología de la Quebrada del Río de los Corrales (El Infiernillo-Tafí del Valle-Tucumán-Argentina)». *Actas de Trabajos del III Congreso Argentino de Cuaternario y Geomorfología*. Tomo I. Córdoba: Universidad Nacional de Córdoba. Pp. 145-154.

CARRIZO, J.; CANO, S. y SOLER NIXDORFF, M. (1999). «Recursos vegetales comestibles en el Valle de Taif durante el Período Formativo: análisis arqueobotánico del sitio Casas Viejas – El Mollar (STucTav2)». *Actas del XII Congreso Nacional de Arqueología Argentina*. Tomo I. La Plata. Pp. 65-73.

CARRIZO, J.; OLISZEWSKI, N. y MARTÍNEZ, J. (2003). «Macrorrestos vegetales del sitio arqueológico Cueva de los Corrales (El Infiernillo, Tafí del Valle, Tucumán)». *Revista del Museo Argentino de Ciencias Naturales*. Buenos Aires. *n.s.* 5(2): 253-260.

FERNÁNDEZ DISTEL, A. (1999). «El maíz, origen de su cultivo en Sudamérica». *Suplemento Antropológico. Revista del Centro de Estudios Antropológicos*. Universidad Católica. Asunción, Paraguay. Vol. XXXIV, n.º 1.

GIANI, L. y BERBERIÁN, E. (1999). «Consideraciones acerca de la variabilidad formal en el diseño de las plantas de arquitectura en el NOA durante las etapas Formativa y de Desarrollos Regionales». *Actas del XII Congreso Nacional de Arqueología Argentina*. Tomo I: La Plata. Pp. 83-88.

HEREDIA, O. (1975). «Investigaciones arqueológicas en el sector meridional de las Selvas Occidentales». *Revista del Instituto de Antropología*. Córdoba. Volumen 5: 73-132.

KORSTANJE, M. (2005). *La organización del trabajo en torno a la producción de alimentos en sociedades agropastoriles formativas (Provincia de Catamarca, República Argentina)*. Tesis doctoral. Facultad de Ciencias Naturales e Instituto Miguel Lillo. Universidad Nacional de Tucumán. Inédita.

MIANTE ALZOGARAY, A. y CÁMARA HERNÁNDEZ, J. (1996). «Restos arqueológicos de maíz (Zea mays ssp. mays) de Pampa Grande, Provincia de Salta, Argentina». *Relaciones de la Sociedad Argentina de Antropología*. Buenos Aires. Volumen XXI: 149-159.

OLISZEWSKI, N. (2004). «Estado actual de las investigaciones arqueobotánicas en sociedades agroalfareras del área valliserrana del NOA (0 - 600 D.C.)». *Relaciones de la Sociedad Argentina de Antropología*. Buenos Aires. Volumen XXIX: 211-227.

— (2005). «Archaeobotany of archaeological sites from Northwest Argentina (1750-1450 B.P.): ceremonial use or rubbish dumps?». *Vegetation History and Archaeobotany*. International Work Group for Palaeoethnobotany (IWGP). Springer, Berlin / Heidelberg. Volumen 14/4: 465-471.

OLISZEWSKI, N. *et al.* (2005). «Arqueología de la Quebrada del Río de los Corrales (El Infiernillo, Tucumán)». Resúmenes de las VII Jornadas de Comunicaciones de la Facultad de Ciencias Naturales e Instituto Miguel Lillo (UNT). *Serie Monográfica y Didáctica*. N.º 45: 27.

OLIVERA, D., TCHILINGUIRIÁN, P. y AGUIRRE, M. de (2002). «Cultural and environment evolution in the meridional sector of the Puna of Atacama during the Holocene». En prensa en *XIV Congreso de la Unión Internacional de Ciencias Prehistóricas*, Ledja, Bélgica. BAR London.

OLIVERA, D.; VIDAL, A. y GRANA, L. (2001). «Cueva Cacao 1A: espacio y ritual en la Puna meridional hacia los 3000 A.P.». *Resúmenes del XIV Congreso Nacional de Arqueología Argentina*: 166. Rosario, Santa Fe.

PARODI, L. (1959). *Enciclopedia Argentina de Agricultura y Jardinería* 1. Buenos Aires: ACME.

POCHETTINO, M. y SCATTOLIN, M. (1991). «Identificación y significado de frutos y semillas carbonizados de sitios arqueológicos de la ladera occidental del Aconquija, Prov. Catamarca, Rca. Argentina». *Revista del Museo de La Plata. (Nueva serie) Antropología,* 9 (71): 169-181.

RAFFINO, R. (1977). «Las aldeas del Formativo Inferior de la Quebrada del Toro (Salta, Argentina)». *Estudios Atacameños*. Universidad del Norte. San Pedro de Atacama. Chile. N.º 5: 64-100.

RODRÍGUEZ, M. (2003). «Cambios en el uso de los recursos vegetales durante el Holoceno en la Puna meridional argentina». *Actas del XV Congreso Nacional de Arqueología Chilena. Chúngara. Revista de Arqueología Chilena*. Volumen especial. Pp. 403-413.

SAYAGO, J.; COLLANTES, M. y TOLEDO, M. (1998). «Geomorfología». En M. Gianfrancisco *et al.* (eds.), *Geología de Tucumán*. Colegio de Graduados en Ciencias Geológicas de Tucumán. 2.ª ed. Pp. 241-258.

SCATTOLIN, M. y GERO, J. (1999) «Consideraciones sobre fechados radiocarbónicos de Yutopián, Catamarca, Argentina». *Actas del XII Congreso Nacional de Arqueología Argentina*. Tomo III. La Plata. Pp. 352-357.

SEMPÉ DE GÓMEZ LLANES, M. (1977). «Caracterización de la cultura Saujil». *Obra del Centenario del Museo de La Plata. Antropología*. La Plata. Tomo II. Pp. 211-235.

TARRAGÓ, M. (1996). «El Formativo en el noroeste argentino y el alto valle Calchaquí». Actas y Memorias del XI Congreso Nacional de Arqueología Argentina (11° parte). *Revista del Museo de Historia Natural de San Rafael*. Mendoza. Tomo XXIII (1/4): 103-119.

TARTUSI, M. y NÚÑEZ REGUEIRO, V. (2004). «Procesos de interacción entre poblaciones de los valles intermontanos del noroeste argentino y las del piedemonte». Local, Regional, Global. Prehistoria, Protohistoria e Historia de los Valles Calchaquíes. *Anales N. E.* Instituto Americano. Universidad de Gotemburgo. N.º 6.

Análisis de restos faunísticos en el sitio inkaico El Shincal (Catamarca, Argentina). Comparación con información arqueobotánica y análisis cerámico

VERÓNICA LEMA
Museo de Ciencia Naturales de La Plata, Universidad Nacional de la Plata (Argentina)
MARCO GIOVANNETTI
Museo de Ciencia Naturales de La Plata, Universidad Nacional de la Plata (Argentina)
CECILIA DESCHAMPS
Museo de Ciencia Naturales de La Plata, Universidad Nacional de la Plata (Argentina)
AYLEN CAPPARELLI
Museo de Ciencia Naturales de La Plata, Universidad Nacional de la Plata (Argentina)
RODOLFO RAFFINO
Museo de Ciencia Naturales de La Plata, Universidad Nacional de la Plata (Argentina)

RESUMEN. El objetivo de este trabajo es caracterizar las estrategias económicas presentes en el sitio arqueológico El Shincal (Noroeste argentino) durante la ocupación inkaica del mismo. Los datos arqueobotánicos y zooarqueológicos se contrastarán para dilucidar las estrategias de aprovisionamiento y empleo de diferentes recursos. Esta información se complementará con análisis tipológicos/funcionales de los restos cerámicos. Se considerará el registro procedente de dos de las estructuras principales del sitio: 5f y *Kallanka* 1, las cuales probablemente tuvieron diferente funcionalidad durante el momento inkaico. Se plantea la existencia de una estrategia que implicó un uso intensivo de los recursos naturales del Monte, algo llamativo para un sitio que fue propuesto como una *Wamani* o capital provincial del Estado Inka.

ABSTRACT. The aim of this paper is to characterize the economic strategies present at El Shinkal archaeological site (Argentinean Northwest) during its Inka occupation. Archaeobotanical and zooarchaeological data will be contrasted in order to understand the strategies of procurement and employment of different resources. This information will also be complemented by morphological/typological ceramic analysis. We will take into account two of the main site architectural structures: 5f and *Kallanka* 1 which had different functions during Inka times. The analysis suggests an economic strategy which made an intensive use of Monte natural resources. This is atypical for an Inka site proposed as a *Wamani* or Provincial capital of the Inka state system.

Introducción

El Shincal de Quimivil es un sitio arqueológico ubicado en el actual departamento de Belén, provincia de Catamarca, Argentina. El mismo se encuentra emplazado sobre un pequeño valle intermontano conformado por los ríos Quimivil y Hondo en el área biogeográfica denominada «Monte». Este sitio se ha caracterizado como una importante capital provincial inkaica con funciones posiblemente vinculadas al control político y administración de bienes y recursos del Estado (Raffino, 2004).

Han sido detectadas además importantes ocupaciones del periodo hispano indígena vinculadas a reocupaciones de etnias locales a lo largo del siglo XVII.

El sitio presenta una serie de estructuras arquitectónicas de importancia destacable entre las que sobresalen la plaza central o *aukaipata*, varias *kallancas* o edificios administrativos, un *ushnu* (plataforma ceremonial) en el centro de la plaza, dos cerros ubicados en dirección este-oeste que fueron artificialmente aterrazados y acondicionados con escaleras de acceso hacia la cima y numerosos RPC (Recintos Perimetrales Compuestos) de conformación inkaica. En sí mismo el sitio es arquitectónicamente de características inkaicas netas desconociéndose por el momento estructuras correspondientes a sociedades locales previas, lo que concuerda con la propuesta que establece que los sitios inkaicos de importancia eran emplazados en sectores no ocupados previamente (Acuto, 1999). Una estructura de particular interés en este trabajo es la identificada como 5f (denominada *sinchiwasi* en algunos trabajos, Raffino *et al.*, 2002), ubicada al sur de la *aukaipata*. Se compone de 12 recintos rectangulares (R) dispuestos en dos líneas paralelas separadas por un patio central, estando todo el conjunto delimitado por paredes de piedra. A esta unidad se adosa otro conjunto de recintos denominados S (véase figura 1 en Capparelli en este mismo tomo). Los materiales recuperados en excavaciones arqueológicas tanto de esta estructura como de la *Kallanka* 1 (K1) serán examinados a lo largo de este trabajo.

El objetivo de esta publicación es analizar el espectro de recursos empleados en El Shincal durante la ocupación inkaica del sitio. El estudio se focalizará particularmente sobre los restos óseos faunísticos, comparándose los resultados obtenidos con los datos arqueobotánicos de este sitio a fin de contar con una perspectiva amplia de los recursos aprovechados. En vistas de entender el contexto en el cual se emplearon y poder indagar el uso dado a los mismos, se complementará este estudio con el análisis tipológico y funcional de los restos cerámicos recuperados en asociación contextual en la estructura 5f. La misma se seleccionó ya que por sus características arquitectónicas parece haber cumplido un rol vinculado a las actividades domésticas en El Shincal, analizándose de este modo un contexto vinculado a la vida cotidiana en el sitio.

Metodología

En el año 1999 se realizaron las excavaciones en los recintos R1, R2, R5 y R10 de la estructura 5f. Además se excavó el patio central en diferentes sectores. La recuperación de los restos se realizó principalmente en forma manual, aunque se utilizaron zarandas con una malla de 0,50 cm de lado. Asimismo, se consideraron en este análisis aquellos restos recuperados a través de la técnica de flotación. Un total de 861 litros de sedimento fueron procesados a partir de muestras tomadas en una columna de 20 x 20 cm de lado cuya profundidad varió entre 40 y 90 cm (para más detalle véase Capparelli, en este mismo tomo). La metodología de excavación fue estructurada a partir de niveles artificiales de 5 y 10 cm de profundidad. En este trabajo sólo consideraremos para los análisis arqueobotánicos y zooarqueológicos los niveles correspondientes a la unidad estratigráfica 4 (40 cm de profundidad) en adelante. Estos niveles se seleccionaron a fin de asegurar que los restos analizados correspondan al momento de ocupación inkaica de la estructura. De esta manera se buscó también minimizar la presencia de restos que pudieran haber ingresado al registro por motivos tafonómicos.

En el caso del análisis zooarqueológico, dado que no se efectuaron estudios de marca de corte, se emplearon diversos criterios a fin de identificar los restos que podrían haber sido empleados como recursos. Se eliminaron aquellos roedores usualmente identificados como agentes de perturbación del registro como *Ctenomys* sp. (Olivera, 1992; Williams, 1995; Salemme y Beron, 2003) y los pertenecientes a la familia Cricetidae. En este ultimo caso se ha observado que las cuevas de *Ctenomys* sp. son reutilizadas por cricetidos y otros roedores y animales pequeños para nidificar. Por lo tanto, se piensa que su incorporación al registro arqueológico se debe a cuestiones tafonómicas postdeposicionales (Díaz y Barquez, 2002). Se efectuó remontaje de fragmentos óseos y análisis contextual para distinguir los restos que pudieron haber ingresado al registro luego de la ocupación inkaica. La carbonización de los restos no fue considerada como evidencia de consumo primario ya que este rasgo indica generalmente comportamientos vinculados al manejo de los residuos óseos más que a la preparación de alimentos (Williams, 1995). También se consideró si las unidades anatómicas de los diversos taxa podían estar representando consumo primario o secundario para elaborar artefactos. Se empleó además información etnográfica y/o histórica local para evaluar posibles recursos en el área.

En cuanto a la cerámica sólo se realizó un análisis focalizado en aspectos tipológicos (asignación cronológica y cultural) y funcional evaluando evidencias directas de exposición al fuego post cocción de la pieza cerámica (presencia de hollín y quemado de las paredes). Este material se analizó desde los primeros niveles, ya que la evaluación de las cantidades relativas de tiestos de distinta tipología permite ubicar con un poco más de precisión los posibles niveles de ocupación. De todas maneras, los resultados cuantitativos se considerarán sólo como tendencias estadísticas, ya que ha resultado muy difícil evaluar los factores de perturbación del sitio antes y después de su abandono.

Análisis zooarqueológico

Luego de aplicar los criterios metodológicos antes expuestos se obtuvo un total de 77 huesos para K1 y 101 para 5f, de los cuales 51 y 94, respectivamente, se adscriben a diferentes taxa (tabla 1). Dada esta escasa cantidad de huesos los resultados del NMI (unidad de conteo que indica el número mínimo de individuos por taxón) fueron muy bajos. En K1 no se pudo reconocer más que un individuo por taxón. En 5f se identificaron tres especímenes de *Lama* sp., uno de ellos juvenil y dos especímenes de *Microcavia australis* en el patio. Dado que el NMI no pudo ser empleado como indicador de abundancia relativa y puesto que el mismo se encuentra afectado por la fragmentación de la muestra o por la entrada de animales ya trozados al registro (Mengoni, 1999) se optó por emplear el NISP (unidad de conteo que indica el número mínimo de unidades anatómicas por taxón).

En la tabla 2 puede verse que los restos de *Lama* sp. son siempre los más abundantes; sólo en el patio de 5f los roedores poseen igual porcentaje de NISP. Salvo en R1 y R2 este grupo siempre es el segundo más abundante, y sólo en 5f (particularmente en R10) son igualados por las aves.

A fin de evaluar la importancia relativa de estos resultados, los mismos serán comparados con los de otros sitios inkaicos del noroeste argentino de igual envergadura. La comparación se realizó con tres sitios ubicados en diferentes áreas biogeográficas cuya estrategia de ocupación inkaica también difiere. El sitio «La Huerta» se ubica en la Quebrada de Humahuaca, una de las principales quebradas de la región, que conecta la Puna con las tierras bajas orientales a través de quebradas laterales menores (Raffino, 1993). El sitio «Papachacra» se encuentra situado en el pedemonte andino cercano a los terrenos bajos y cálidos del este (Madero, 1993). «Potrero Chaquiago» se ubica próximo a El Shincal en el valle de Hualfin y en la misma área biogeográfica (Williams, 1995). A los fines comparativos tomaremos en consideración especialmente este último sitio debido a estos rasgos en común con El Shincal y puesto que también fue interpretado como un centro administrativo de importancia, habiendo estado ambos sitios vinculados durante el periodo inkaico. La Huerta y Papachada, a pesar de ser también sitios de importancia, se sitúan en áreas naturales diferentes con desarrollos culturales previos también distintos entre sí y con respecto a los sitios de Hualfin.

GRUPO	**FAMILIA**	**GÉNERO/ESPECIE**	**ESTRUCTURA**					
			K1	**5f**				
				R10	**R5**	**R1**	**R2**	**P**
Camelidos	Camelidae	*Lama* sp.	x	x	x	x	x	x
Xenarthra	Dasypodidae		x					
		Chaetofractus vellerosus	x (g)	x	x			x
		Zaedyus sp.	x					
Roedores	Octodontidae	*Ctenomys* sp.	x	x		x		x
	Caviidae		x		x			
		Dolichotis patagonum	x	x(g)				
		Galea musteloides	x					
		Cavia aperea			x			
		Microcavia australis						x
	Cricetidae		x					
		Graomys sp.	x					x
		Phillotys sp.	x					
		Andalgalomys olrogi	x					
Aves	Rheidae					x		
	Columbidae	*Columbina picui*	x					
	Tinamidae			x				
		Cyanoliseus patagonus	x					
	Indeterminado		x	x	x	x	x	x
Cánidos	Canidae	*Pseudalopex gymnocercus*						x
Reptiles	Indeterminado		x					
Anfibios	Bufonidae		x (?)					

Tabla 1. Taxa identificados. (g) identificado solamente a nivel de género. El gris indica taxa o grupo no considerado como recurso.

Los valores de NISP para los camélidos son de 94,65% para La Huerta y 39,17% para Papachacra, los cérvidos poseen un 0,74% y 27,72%, respectivamente, y los artiodáctilos en general un 28,67% en Papachacra. Los mamíferos de menor porte, en cambio, no superan nunca un NISP mayor a 3%: Canidae posee un 4,1% en La Huerta y un 0,07% en Papachacra, Chinchillidae un 0,49% y 1,34%

Estructura	*Lama* sp.	Roedores	Edentados	Cánidos	Aves	Rheidae	M.g.	M.m.	M.p.	Otros
K1	37%	29%	2%	0	4%	0	16%	8%	2%	2%
5F	57%	14%	2%	6%	15%	4%	0%	2%	0%	0%
R10	65%	15%	5%	0%	15%	0%	0%	0%	0%	0%
R5	71%	23%	0%	0%	6%	0%	0%	0%	0%	0%
R1	46%	0%	0%	0%	9%	36%	0%	9%	0%	0%
R2	61%	0%	0%	0%	31%	0%	0%	8%	0%	0%
Patio	23%	23%	0%	46%	8%	0%	0%	0%	0%	0%
Total	51.77%	19.85%	2.12%	4.25%	10.63%	2.83%	5.67%	4.25%	0.7%	0.7%
La Huerta	95.39%*	0.49%		4.10%						
Papachacra	95.56%*	4.34%		0.07%						

Tabla 2. Valores porcentuales de NISP. M.g.: mamífero grande; M.m.: mamífero mediano; M.p.: mamífero pequeño. *: Artiodáctilos en general.

respectivamente y los pequeños roedores en general un 3% en Papachacra. Estos valores contrastan notablemente con los obtenidos para El Shincal, especialmente en la representación de camélidos y roedores. Debemos considerar de todas maneras que —a pesar de estar trabajando con porcentajes— la muestra de ambos sitios es mucho mayor (NISP: 2021 para La Huerta y 1266 para Papachacra) ya que proceden de pozos de descarte. En el caso de La Huerta los restos proceden de un gran pozo que probablemente representa los desechos de casi todos los habitantes del sitio (Raffino, 1993). Muy diferente es estudiar restos faunísticos recuperados en estructuras, ya que la presencia de ciertos taxa, partes anatómicas o fragmentos se ve afectada por una gama mayor y diversa de comportamientos. En este sentido Williams (1995) manifiesta la idea de que muchos de los restos faunísticos que se hallan en una estructura pueden ser el resultado de una utilización secundaria de los huesos luego del consumo primario del animal en la misma u otra estructura. Éste es otro aspecto más que permite comparar el registro de El Shincal con el de Potrero Chaquiago, ya que en este último también se analizaron restos óseos procedentes de unidades arquitectónicas y no de pozos de descarte. En dicho sitio los artiodáctilos son los más abundantes, siendo la familia Camelidae la más representada. Al igual que en La Huerta y Papachacra existe una diferencia notable entre los porcentajes de NISP obtenidos para estos mamíferos y los obtenidos para roedores. Los roedores identificados en las estructuras de Potrero Chaquiago (NISP superior a 4.500; Williams 1995) fueron: Cricetidae, *Cavia porcellus*, *Galea* sp., *Microcavia* sp., *Dolichotis* sp., *Laguidium* sp. y *Ctenomys* sp. En todos los casos los valores de NISP o N de cada uno nunca superan el 4%, excepto en una estructura donde el conjunto de los roedores asciende al 13%. Nótese que en este porcentaje se incluyen roedores que nosotros descartamos como posibles recursos. En el caso de los dasipódidos, sólo se informa del hallazgo de una mandíbula y unas pocas placas de *Chaetophractus* sp. (Williams, 1995). De manera similar a lo registrado en El Shincal, las aves son abundantes (N=13%), diferenciándose de La Huerta y Papachacra, donde no se reporta su presencia. Los taxa identificados fueron: *Geranoetus* sp., *Buteo* sp., *Accipitridae*, *Cairina moschata* y *Tinamidae*.

Diferentes taxa presentes en El Shincal

A) *Lama* sp.

La tabla 3 indica claramente que en ambas estructuras las unidades anatómicas de bajo retorno fueron predominantes. Entre los pastores andinos las huellas de troceado en los sectores proximales de metapodios, tibias distales, calcáneos, astrágalos y algunos carpianos y tarsianos se relacionan con la separación del extremo de la pata como un corte de carne independiente; luego los metapodios pueden ser directamente descartados o consumidos aparte de hervidos (Olivera, 1992). Sin embargo, fuera de lo que es consumo primario, los metapodios fueron comúnmente usados para hacer artefactos —particularmente retocadores— entre los cazadores recolectores de la región pampeana (Mazzanti y Valverde, 2001; Salemme y Berón, 2003). Dicho uso puede deberse a que este es un hueso particularmente apto debido a su dureza y porque al ser fracturado generalmente conserva la epífisis, permitiendo una buena sujeción de la pieza (Mazzanti y Valverde, 2001). Esta última característica permite a su vez la identificación del hueso, aumentando por ende su representatividad en la muestra. Asimismo, los huesos largos además de estar asociados a unidades anatómicas de alto retorno son usualmente empleados en la confección de artefactos por su morfología y resistencia.

Las falanges suelen ser elementos de descarte, aunque entre los grupos cazadores de la zona pampeana su presencia se ha asociado con su transporte incidental junto a las pieles de los animales tras ser destazados, ingresando de esta manera al registro. Las vértebras, costillas y mandíbulas se consideran unidades anatómicas de retorno bajo o medio por su bajo contenido en carne; sin embargo, su presencia puede indicar igualmente consumo primario siguiendo ciertas preferencias culturales. En general no se reporta el uso de estos huesos para la confección de artefactos.

Retorno	Unidad anatómica	K1	5f	R10	R5	R1	R2	P
Alto	Fémur	1	4	3	1			
	Humero		1				1	
Medio	Tibia		2	1		1		
	Radio		2	1			1	
	Pelvis		1		1			
Medio-bajo	Vértebra	2	4	3	1			
	Costilla	1	1	1				
Bajo	Metapodio	3	4	3			1	
	Metacarpo		5	4	1			
	Metatarso		2	1		1		
	Autopodio	2	15	2	6	2	2	3
	Falange	4	4	1	1		2	
	Maxilar, mandíbula, dientes	5	3	2		1		
	Rótula	1						
N		19	48	22	11	5	7	3

Tabla 3. Distribución (cantidad absoluta) de las distintas unidades anatómicas de *Lama* sp. clasificadas según retorno calórico en las estructuras analizadas en este trabajo.

En R10 hay una mayor representación de todas las partes anatómicas siendo aquellas de retorno alto, medio y medio/bajo más abundantes que en los otros recintos. Este registro puede ser comparado con el de R1 —ya que también fue excavado en su totalidad—, donde estas partes anatómicas son muy escasas. Tanto en R1, R2 y R5 más de la mitad de los restos son de bajo retorno siendo principalmente autopodios e indicando posiblemente consumo primario o procesamiento para la obtención de tendones, ya que estos huesos no suelen emplearse en la confección de artefactos por su tamaño y morfología. Las falanges podrían haber ingresado al registro junto a los autopodios. La mayoría de los metapodios fueron recuperados de R10, pero como ya mencionamos esta unidad anatómica puede reflejar consumo primario o ser materia prima para la confección de artefactos, al igual que otros huesos largos. Por lo tanto, el registro faunístico de los recintos por sí solo no da cuenta de si se estaba procesando a estos animales para su consumo primario, para la obtención de tendones o si se estaban trabajando los huesos para la confección de artefactos. Creemos que la contrastación con otros elementos del registro será clave para entender las actividades desarrolladas en cada recinto.

B) Roedores

Todos los roedores considerados como recursos corresponden a la familia *Caviidae*, roedores que habitan en cuevas y son propios de la zona donde se emplaza el sitio, salvo *Cavia aperea*. Esta especie, *Galea musteloides* y *Microcavia australis* poseen una longitud total de entre 250 y 170 mm (Díaz y Barquez, 2002). El análisis de restos de *Galea* sp. y *Cavia* sp. en sitios de grupos cazadores recolectores de la Pampa argentina revelaron el consumo primario de estos animales y la posible extracción de su piel (Fernández, 1988-1990; Mazzanti y Quintana, 2001; Quintana, 2005). *Dolichotis patagonum* es el mayor de los roedores identificados, con una longitud total de 450-550 mm (cola: 25-28 mm). Este animal diurno es también muy apreciado por su carne y piel (Díaz y Barquez, 2002).

C) Aves

Las aves voladoras tienen la misma abundancia relativa que los roedores en 5f y ocupan el tercer lugar en K1. En Potrero Chaquiago las partes anatómicas identificadas fueron principalmente huesos del ala, lo cual para Williams (1995) sería evidencia del aprovechamiento de las plumas, considerando que estas unidades anatómicas son escasas en carne y poseen generalmente las plumas más largas y vistosas. Sabemos que los inkas hicieron uso extensivo de las plumas en sus trajes y adornos, fundamentalmente aquellos empleados por la nobleza. Los huesos también pudieron usarse para la confección de artefactos. Williams (1995) señala que unidades anatómicas correspondientes a los miembros inferiores podrían en cambio indicar consumo primario de estos animales, sobre todo en el caso de *Tinamidae*. En 5f se recuperó gran cantidad de tibiotarsos, la mayoría en R10 (casi el 50% de los restos de aves fueron hallados en R10) correspondiendo un tibiotarso y un tarsometatarso a la familia *Tinamidae*, probablemente alguna clase de perdiz. Esto podría estar indicando consumo primario y la alta frecuencia de porciones distales podría indicar un corte específico. Sin embargo, la alta fragmentación de los huesos dificultó su identificación, arrojando la misma cantidad de huesos no identificados que identificados. En K1 se recuperó un húmero izquierdo de *Columbina picui*, una paloma local muy pequeña (largo del cuerpo: 150 a 180 mm). Esto torna dudosa su utilidad para consumo primario o para hacer artefactos con sus huesos; sin embargo, sus plumas pudieron haber sido aprovechadas. También se halló un húmero izquierdo de un pequeño loro, *Cyanoliseus patagonus*, que habita el centro y noroeste de Argentina (Olrog, 1963). Por ultimo, se recuperó un hueso largo de ave no identificado taxonómicamente. Los dos húmeros izquierdos se hallaron en el mismo sector y unidad contextual y podrían indicar el empleo de las plumas de estas aves. En este sentido es interesante señalar que las plumas de loro son usualmente empleadas por los grupos aborígenes de las tierras bajas al este de los Andes en la confección de distintos atuendos o adornos.

Los restos identificados a nivel de familia como *Rheidae* posiblemente correspondan a restos de «ñandú», una gran ave corredora cuya carne, cuero, plumas y huevos han sido tradicionalmente aprovechados. Sólo se identificaron falanges, las cuales fueron halladas únicamente en R1. Nuevamente es en los sitios de cazadores-recolectores pampeanos y patagónicos donde se ha encontrado este mismo tipo de registro. Marcas de corte sobre este hueso y sobre tarso-metatarsos recuperados en estos sitios se han interpretado como indicadores de extracción de tendones y ligamentos de las patas del animal (Valverde, 2001), por lo cual las falanges de R1 podrían estar indicando esta clase de actividad. Sin embargo, con la evidencia disponible hasta el momento no es posible afirmar ni negar el consumo de la carne de este taxa. El consumo primario de huevos de estas aves era muy común entre los antiguos pobladores de la región, indicando una actividad de primavera/verano (Quintana y Mazzanti, 2001). Registros etnográficos e históricos indican que los mismos eran por lo general cocinados al rescoldo del fogón. Varios fragmentos de huevo carbonizados de este tipo de ave fueron recuperados en K1 y 5f.

D) Dasipódidos

Se identificaron dos dasipódidos: *Zaedyus* sp. y *Chaetophractus vellerosus*. Del primero se hallaron solamente dos placas dérmicas en K1. Los restos probablemente correspondan a *Zaedyus pichiy* («pichi»), una especie no local, propia de las tierras bajas húmedas. *Chaetophractus vellerosus* («quirquincho») sí es una especie local, aunque de distribución muy amplia (Díaz y Barquez, 2002). Las placas de dasipódidos son muy comunes en los sitios arqueológicos, siendo en cambio el hallazgo de sus huesos mucho menos frecuente (Salemme y Berón, 2003). Una forma usual de cocinar este tipo de animales registrada etnográficamente, y que aún perdura entre las poblaciones campesinas de la zona, es colocar al animal eviscerado con la caparazón sobre carbones encendidos durante varias horas. Por lo tanto, en este caso el hallazgo de placas dérmicas termoalteradas en ambas estructuras podría indicar el consumo primario de estos animales como alimento. A nivel etnográfico o arqueológico no se ha registrado otro uso dado a estos animales.

E) Cánidos

Distintos restos de *Pseudalopex gymnocercus* (mandíbula, maxilar, cúbito y radio) fueron hallados exclusivamente en el patio de 5f y probablemente correspondan a un solo individuo. Este zorro, cuya longitud total varía entre 800 y 1.000 mm (cola: 250-400 mm), suele ser apreciado por su piel (Díaz y Barquez, 2002). No hemos hallado referencias que indiquen hallazgo de esta especie en otros sitios inkaicos.

Si bien no contamos con evidencias de manipulación de animales domésticos en El Shincal, es muy probable que la misma haya estado presente en el sitio. Hasta el momento no existen estructuras identificadas como corrales, situación que también ocurre en Potrero Chaquiago y que es explicada por Williams (1995) como resultado del alto impacto que las instalaciones agrícolas modernas han tenido en los sectores aledaños al mismo, destruyendo posiblemente gran parte de la evidencia. Lo que el análisis zooarqueológico ha permitido ver es el aprovechamiento de una amplia diversidad de animales locales, lo cual hace que El Shincal se diferencie de otros sitios inkaicos tanto por la presencia de ciertos taxa *(Rheidae*, *Pseudalopex gymnocercus)* como por la abundancia relativa de otros (aves voladoras, roedores y dasipódidos). De todas maneras, el genero *Lama* es siempre el mas abundante, al igual que en la mayoría de los sitios de este periodo. Esto también lleva a considerar la importancia que la caza pudo tener durante la ocupación inkaica, si bien en este caso es de mamíferos pequeños y aves y no de artiodáctilos no domesticados como en Papachacra (Madero, 1993).

Se han recuperado artefactos de hueso tanto en K1 como en 5f, los cuales fueron confeccionados a partir de huesos largos de un mamífero grande, probablemente *Lama* sp. Como ya mencionamos, los metapodios de estos animales son apropiados para este fin. Restos de estos huesos fueron muy abundantes en 5f y presentaban un patrón de fractura peculiar que podría indicar la confección de artefactos a partir de los mismos. Las falanges de *Rheidae* y de *Lama* sp. indican usos distintos al consumo primario. Los restos de aves voladoras en K1 podrían ser indicios del aprovechamiento de plumas. De acuerdo con Raffino *et al.* (en prensa) el registro de esta estructura indicaría la realización de múltiples actividades en su interior tales como hilado, talla de artefactos en piedra, molienda y confección de piezas cerámicas. Por lo tanto, los restos óseos hallados en esta estructura podrían estar reflejando actividades artesanales de diversa índole como el procesamiento de cueros de roedores o bien trabajos con plumas. Asimismo, la presencia de unidades anatómicas de bajo retorno podría indicar otras actividades además del consumo primario de *Lama* sp.

La estructura 5f resulta interesante ya que, siendo muy homogénea en el diseño de sus recintos interiores, el registro arqueofaunístico hallado en las mismas es bastante disímil. R1 y R2 difieren de R5 y R10 en la casi ausencia de pequeños mamíferos. En R2 se hallaron varios huesos de aves, pero los mismos podrían corresponder a un único individuo; lamentablemente el estado fragmentario de los mismos no permite avanzar a este respecto. En R1 la presencia de falanges de *Rheidae* junto a autopodios y un metatarso de *Lama* sp. podrían indicar alguna actividad relacionada al trabajo con tendones, sin que esto descarte la posibilidad de consumo primario. R5 posee los valores de NISP más bajos para las aves y los más altos para roedores y para *Lama* sp. El registro de R10 es el más abundante y diverso, excepto *Rheidae* y *Canidae*; todos los demás taxa están presentes. Ésta es la única estructura donde se puede pensar en consumo primario de fauna a partir del registro de miembros posteriores de *Tinamidae*, de unidades anatómicas de rendimiento alto, medio y medio/bajo de *Lama* sp. y de un resto de mandíbula de *Chaetophractus vellerosus* que probablemente indique también esta clase de consumo. El patio se destaca por la presencia de dos especies no identificadas en otras áreas: *Microcavia australis* y *Pseudalopex gymnocercus*, las cuales pudieron haber sido capturadas para aprovechar su carne, su piel o ambas.

Análisis tipológico funcional de la cerámica obtenida en las excavaciones de 5f

De la totalidad de restos arqueológicos hallados en las excavaciones de la estructura 5f se seleccionaron cuatro muestras de tiestos cerámicos de diferentes sectores y recintos excavados. Fue analizada la totalidad de los tiestos hallados en los recintos 5 y 10 y los obtenidos en dos trincheras realizadas en los patios 1 y 2. Los datos cuantitativos totales se observan en la tabla 4.

Recinto	UC-UE	Tempranos	Belén	Inka Provincial	Tosco utilitario Con hollín	Tosco utilitario Sin hollín	Famabalasto	Santamariano	Tardíos	Indet	Total
Patio 1 trinchera 4	UC2 UE6	26	0	2	49	35	0	1	0	0	113
Patio 1 trinchera 4	UC2 UE7	19	3	2	44	54	0	0	7	4	133
Patio 1 trinchera 4	UC2 UE8	6	0	1	0	0	0	0	0	0	7
Patio 1 trinchera 4	UC2 UE9	5	0	1	5	0	0	0	0	0	11
Patio 2 trinchera 5	UC1 UE2	1	1	7	0	0	0	0	0	1	10
Patio 2 trinchera 5	UC1 UE3	4	0	1	16	14	0	0	0	0	35
Patio 2 trinchera 5	UC1 UE4	5	1	5	7	4	0	0	0	1	23
Patio 2 trinchera 5	UC1 UE5	14	1	5	29	25	2	0	2	5	83
Patio 2 trinchera 5	UC1 UE6	10	0	3	43	42	0	1	4	5	108
Patio 2 trinchera 5	UC1 UE7	30	0	3	91	42	0	0	13	3	182
Patio 2 trinchera 5	UC1 UE8	49	2	4	109	37	2	0	3	2	208
Patio 2 trinchera 5	UC2 UE9	17	0	1	37	37	0	0	2	3	97
R5	UC1 UE1	3	0	0	7	10	0	0	0	0	20
R5	UC1 UE2	12	1	7	34	40	0	0	0	8	102
R5	UC1 UE3	6	1	12	14	18	0	0	2	0	53
R5	UC1 UE4	3	0	6	13	22	0	0	3	8	55
R5	UC1 UE5	13	4	9	20	18	0	0	0	0	64
R5	UC1 UE6	19	0	4	28	24	0	0	0	2	77
R5	UC1 UE7	47	1	7	57	54	0	1	0	0	167
R5	UC2 UE8	29	0	1	73	74	0	0	0	1	178
R5	UC2 UE9	41	6	1	92	66	0	1	0	3	210
R5	UC2 UE10	16	0	0	27	16	0	0	0	0	59
R5	UC2 UE11	14	0	4	25	15	0	1	0	2	61
R5	UC2 UE12	24	0	1	35	28	0	2	2	4	96
R10	UC1 UE1	13	4	16	7	32	0	0	9	14	95
R10	UC1 UE2	26	4	11	23	22	0	0	7	7	100
R10	UC1 UE3	41	6	39	52	35	0	0	15	9	197
R10	UC1 UE4	20	5	12	13	33	1	0	5	1	90
R10	UC2 UE5	33	10	36	53	36	1	1	6	11	187
R10	UC2 UE6	32	3	28	27	28	1	0	1	9	129
R10	UC2 UE7	16	2	20	17	14	1	0	0	2	72
R10	UC2 UE8	62	6	26	83	76	0	1	6	21	281
R10	UC3 UE9	20	5	5	21	46	0	0	6	7	110
R10	UC3 UE10	39	1	21	57	63	0	0	0	0	181
R10	UC3 UE11	39	3	11	55	55	0	2	0	13	178
		754	70	312	1263	1115	8	11	93	146	3772
Porcentaje		19,99	1,86	8,27	33,48	29,56	0,21	0,29	2,47	3,87	

Tabla 4. Datos cuantitativos análisis restos cerámicos.

En primer lugar destacaremos algunas tendencias generales observadas tras el análisis del conjunto total. Los fragmentos tosco utilitarios, con altos porcentajes de antiplástico y ningún tipo de decoración en sus superficies, resultaron ser el 63,06% de la muestra total. Se considera que este tipo de piezas son las más adecuadas para la cocción de alimentos y bebidas debido a los grosores superiores de sus paredes y a la alta proporción de antiplástico como elemento consolidante para soportar las elevadas temperaturas en la exposición recurrente al fuego (D'Altroy *et al.*, 1998). Para contrastar de manera fehaciente esto último se decidió discriminar y contabilizar los tiestos que presentaban claras evidencias de exposición al fuego como restos de hollín y quemado intenso de las superficies. De esto resultó que el 33,39% de la muestra total resultaron ser fragmentos tosco utilitarios con evidencias de exposición reiterada al fuego, mientras que el 29,67% resultó tener las mismas características tipológicas, pero sin evidencias de exposición al fuego. Sin embargo, no podemos asegurar que la totalidad de estos fragmentos pertenezcan a piezas que no hayan sido usadas en la cocción de alimentos, ya que no todas las partes de una vasija son afectadas por igual cuando se las expone al calor de un fogón. Considerando que el 53,11% de los 2.378 fragmentos tosco utilitarios presentaba claras marcas de hollín y quemado, es altamente probable que la preparación de alimentos y bebidas haya sido importante en 5f. Por otra parte, un total de 58 fragmentos de calidad superior, muchos de ellos de tipo Belén e Inka provincial, también presentaban marcas de hollín. Aunque escasos en comparación con la totalidad de fragmentos analizados (1,54% de la muestra total), si se suman a los fragmentos tosco utilitarios con las mismas evidencias llegan casi al 35% de la muestra total.

Es interesante informar de que la distribución de los tipos cerámicos en general siguió un patrón bastante homogéneo en relación con los niveles artificiales de profundidad. No se registraron acumulaciones distintivas en ningún nivel en ninguno de los recintos ni tampoco en las trincheras de los patios, exceptuando los niveles estratigráficos 7 y 8 de la trinchera 5 del patio 2, donde la cerámica de tipo tosco utilitaria con marcas de hollín y quemado tiene una representación casi del doble de tiestos comparándolo con las proporciones de los otros niveles y recintos. También cabe destacar que la mayoría de los fragmentos, más allá de la enorme variabilidad de tamaños, casi no mostraron evidencias de redondeado de los bordes producto de la erosión causada por el rodamiento y el movimiento de arrastre. Este fenómeno en general se asocia a movimiento del agua, ya sea sobre lechos de ríos y arroyos o por los desplazamientos superficiales luego de las lluvias torrenciales comunes en estas regiones en los meses estivales. También se ha podido realizar el remontaje de algunos fragmentos obteniéndose por ejemplo dos tipos «pie de compotera» (muy comunes en el período inkaico) de posible factura local, muy quemados en su superficie externa.

Recinto 5

La cerámica fue analizada en su totalidad y la mayoría de los valores porcentuales de los distintos tipos varían muy poco en relación con los valores generales del total de los fragmentos. Los tipos tempranos (periodo Formativo, cerámica asignada a los tipos Ciénaga y/o Aguada) mantienen siempre un valor cercano al 20% y los tipos más tardíos como Santamariano, Belén o Famabalasto mantienen valores bajos de representatividad. Sin embargo, en este recinto en particular los valores relativos de los fragmentos tosco utilitarios están unos puntos por encima de los valores generales, mientras que los fragmentos de tipo «Inka provincial», definido como objetos de estilo y diseños inkaicos fabricados localmente (Calderari y Williams, 1991), fueron más escasos que en otros sectores. Es muy importante destacar que los fragmentos de tipo no tosco utilitario (Belén e Inka provincial principalmente) que presentaban hollín o quemado fueron muy escasos (apenas siete fragmentos).

Es muy difícil discriminar superficies claras de ocupación dado que la distribución de cerámica no presenta hiatos importantes como señaláramos previamente. Por otro lado, es interesante destacar la alta proporción de fragmentos tosco utilitarios y la baja taza de fragmentos de tipo inka provincial, relación que se invertirá en el otro recinto excavado.

Recinto 10

Aquí vemos que los fragmentos tosco utilitarios bajan en sus proporciones relativas a la vez que se da un importante aumento de los tipos «inka provincial». Resulta notable que al poner los datos en valores absolutos aumenta la importancia de esta ocurrencia, ya que la cantidad de fragmentos inkaicos hallados fue de 225 contra 52 hallados en el R5. No debemos olvidar, sin embargo, que R10 es el recinto que proporcionó mayor cantidad de tiestos. Los fragmentos tempranos se mantienen constantes rondando un 20%. Se destaca por otro lado un leve aumento de fragmentos tipo «Belén», manteniéndose en valores bajos los tipos Santamariano y Famabalasto. Encontramos aquí la más alta proporción de cerámica con evidencia de exposición al fuego (2,59% de la muestra de R10) correspondiendo todos los fragmentos a tipos tardíos e inka provincial.

Patio 1, trinchera 4

En este caso la aparición de material se registró a partir de la unidad estratigráfica 6. Es bastante menor la presencia de tiestos cerámicos en comparación con los otros sectores excavados. Nuevamente la presencia de material temprano, representado generalmente en los tipos Ciénaga y Condorhuasi fase Río Diablo, se concentra alrededor del 20%. Al igual que en R5 vuelve a subir la proporción de fragmentos tosco utilitarios y los que presentan evidencia de quemado ascienden a más del 37%. Sumados los tipos tosco utilitarios nos arrojan un resultado que casi llega al 71% de la muestra de este sector. Contrariamente, los fragmentos tipo inka provincial vuelven a registrar una caída sin llegar al 3%. Sólo un fragmento no tosco utilitario presentaba evidencia de quemado, la proporción más baja de todo el conjunto, a pesar de la alta incidencia de toscos utilitarios quemados y con hollín. Las unidades 8 y 9 presentaban muy poco material en comparación con las dos superiores.

Patio 2, trinchera 5

La cantidad de fragmentos cerámicos fue importante y la información más destacada que produjo su análisis fue la más alta proporción de tiestos tosco utilitarios con evidencia de quemado del conjunto total de la muestra de 5f. Además, la sumatoria de todos los fragmentos tosco utilitarios da un resultado porcentual de 71,5% llamativamente similar a la trinchera 4 del patio 1. La proporción de fragmentos de tipo inka provincial fue baja nuevamente si lo comparamos con el R10. La proporción de fragmentos no toscos con evidencia de quemado fue de 1,21%.

Características comparativas entre recintos y patios

Una de las características más importantes para resaltar al momento de realizar un análisis comparativo entre los recintos 5 y 10 y las trincheras efectuadas en cada patio interno es la alta proporción de material cerámico del tipo tosco utilitario. Es claro que, en esta estructura, las actividades de preparación y cocción de alimentos fueron muy importantes, hecho que se constata no sólo con la alta incidencia de tiestos con evidencia de hollín y quemado, sino también a través de los datos que provee el análisis de los restos botánicos y faunísticos.

Por otro lado, si discriminamos la información por cada sector excavado, vemos que algunas tendencias se mantienen uniformes a lo largo de cada uno de estos sectores. Es el caso de los fragmentos identificados como tempranos, en su mayoría del tipo Ciénaga y Condorhuasi fase Río Diablo registrándose escasísimos fragmentos de tipo Aguada. El problema de su aparición dentro de un recinto arquitectónicamente inkaico remite a problemas de relleno artificial del mismo (Raffino *et al.,* 2002). Otras proporciones que se mantienen relativamente constantes son las de algunos tipos tardíos como Santamariano y Famabalasto. Vale la pena aclarar que este tipo de entidades no son consideradas como necesariamente previas a la llegada inkaica, sino que existe un momento muy claro de coexistencia. Otro tanto ocurre con la entidad Belén —la cual se correspondería con poblaciones locales previas que también coexistieron con el inkario—, cuya incidencia relativa también es baja, aunque siempre por encima de las anteriormente citadas y con pequeñas variantes de acuerdo con el sector excavado. No supera el 1,14% en el R5 ni en las trincheras de los patios, pero salta a un 3% en R10, donde se registra además una mayor incidencia de fragmentos de este tipo quemados y con hollín que en los otros sectores excavados. Esta ocurrencia es pertinente analizarla conjuntamente con los comportamientos observados para los fragmentos de tipo «inka provincial». Como vemos en la tabla 4, es relativamente alta la frecuencia de este tipo de tiestos en comparación con los tipos tardíos, llegando al 8,26% del conteo total de la muestra. Sin embargo, no es homogénea la distribución a lo largo de todos los sectores excavados. El R5 nos presenta un 4,55% de ocurrencia, mientras que en las trincheras de los patios no llega aún al 4%. Pero en R10 se obtuvo un 13,9%. Es muy interesante por otro lado poner en consideración esta ocurrencia con lo que está sucediendo simultáneamente con los fragmentos de tipo tosco utilitario. Podemos ver que llamativamente en R5 y en las trincheras de los patios la suma de las dos subclasificaciones que efectuáramos de este tipo en particular, es decir con y sin evidencia de exposición al fuego, siempre están muy cercanas al 71% de las muestras relativas de cada sector. En cambio en R10 sólo alcanza el 52%. Además en este mismo recinto, como lo habíamos notado previamente, sube la incidencia de fragmentos quemados y con hollín no tosco utilitarios en su mayoría de tipo Belén e Inka provincial. Parecería darse un caso de correlación inversa donde al subir la incidencia de fragmentos tosco utilitarios baja la proporción de fragmentos inka provincial, dándose a su vez la relación inversa en R10.

Conclusiones

A partir del análisis de los restos zooarqueológicos y arquebotánicos podemos deducir que los recursos silvestres propios del Monte que rodea a El Shincal fueron utilizados en gran medida por los habitantes del sitio durante el momento inkaico. Estos resultados concuerdan con las propuestas más actuales (Williams, 2002-2005; Rostorowski, 1999) que establecen que la vida cotidiana en las provincias inkaicas no fue modificada significativamente, conservándose muchas de las prácticas locales.

La estructura 5f presenta características arquitectónicas que podrían indicar que la misma tuvo fundamentalmente una función ligada a actividades domésticas y de habitación, las cuales se vincularían con un marcado aprovechamiento de recursos vegetales silvestres y de mamíferos de pequeño porte y aves. Diferente parece ser el carácter de los edificios como las *kallankas* o el *ushnu,* que se vincularían a actividades de carácter público, administrativo y ritual. La evidencia arquitectónica parece coincidir plenamente con la aportada por los materiales obtenidos en las excavaciones de 5f, los cuales indican que las actividades domésticas se desarrollaron tanto en los recintos como en los patios. Pero a pesar de su homogeneidad arquitectónica, los recintos presentan ciertas características particulares que indicarían tendencias disímiles entre los mismos. La más importante es la que vemos en R10 a partir de la confluencia de una serie de patrones. Tanto los restos óseos, cerámicos y vegetales fueron cuantitativamente los más importantes de todos los recintos. A su vez el registro faunístico es el más diverso, tanto desde lo taxonómico como desde las partes anatómicas representadas. La evidencia arqueobotánica mostró la más alta densidad y diversidad en restos de especies silvestres así como también porciones anatómicas no halladas en los otros recintos (v. g. mesocarpo de *Prosopis* sp.). Desde el registro cerámico se observa que, aunque sigue siendo alta la proporción de cerámica tosco utilitaria, la cerámica de mejor calidad de tipo inkaica se presenta en una proporción significativamente mayor que en R5 y los patios. Tanto el registro óseo como el botánico parecen sugerir el procesamiento de recursos para su consumo como alimento en R10, lo cual se vería reforzado por su asociación con una elevada proporción de cerámica con restos de hollín. Esto se torna más interesante aún si consideramos que entre la misma se encuentra cerámica inka provincial.

El aprovechamiento de recursos locales silvestres no sólo fue importante en períodos previos al inkaico sino que continuó siéndolo tras la conquista española del área (Capparelli *et al.,* 2004). A partir del análisis específico de 5f podemos proponer que el contexto en el cual se emplearon estos recursos fue de carácter doméstico, pero no disociado del contexto inkaico general del sitio. Esto nos conduce a pensar en un panorama local de continuidad más que de ruptura, al menos desde ciertos aspectos de la vida cotidiana.

Bibliografía

Acuto, F. (1999). «Paisaje y dominación: la constitución del espacio social en el imperio inka». En G. Zaranquin y F. Acuto (eds.), *Sed Non Saciata. Teoría social en la arqueología latinoamericana contemporánea*. Buenos Aires: Ediciones del Tridente. Pp. 33-75.

Calderari, M. y Williams, V. (1991). «Re-evaluación de los estilos cerámicos incaicos en el noroeste Argentino». *Comechingonia* 9 Nro esp. *Imperio Inka: Actualización y perspectivas por registros arqueológicos y etnohistóricos:* 75-95.

CAPPARELLI, A. «Intra-site comparison of the archaeoethnobotanical evidence of El Shincal: implicances to the Inka economy» [en este mismo volumen].

CAPPARELLI, A.; LEMA V. y GIOVANNETTI M. (2004). «El poder de las plantas». En R. Raffino (ed.), *El Shincal de Quimivil*. Catamarca: Sarquís. Pp. 140-163.

D'ALTROY, T.; LORANDI, M. y WILLIAMS, V. (1998). «Ceramic produccion and use in the Inka political economy». *MASCA Research papes in science and archaeology*. Suplement to volume 15. Shimada ed. Pp. 283-312.

DÍAZ, M. y BARQUEZ, R. (2002). *Los mamíferos de Jujuy. Argentina*. Buenos Aires: LOLA.

FERNÁNDEZ, J. (1988-1990). «Cueva de Haichol». *Anales de arqueología y etnología,* Vol. II: 43/45.

MADERO, C. (1993). «Explotación faunistica, tafonomía y economía en Humahuaca antes y después de los Yupanqui». En R. Raffino (ed.), *Inka, arqueología, historia y urbanismo del altiplano andino*. Buenos Aires: Corregidor. Pp. 145-168.

MAZZANTI, D. y QUINTANA, C. (eds.) (2001). *Cueva Tixi: cazadores y recolectores de las sierras de Tandilia oriental. T. 1: geología, paleontología y zooarqueología*. Mar del Plata: UNMP. Publicación especial 1.

MAZZANTI, D. y VALVERDE, F. (2001). «Artefactos sobre hueso, asta y valva.». En D. Mazzanti y C. Quintana (eds.), *Cueva Tixi: cazadores y recolectores de las sierras de Tandilia oriental. T. 1: geología, paleontología y zooarqueología*. Mar del Plata: UNMP. Publicación especial 1. Pp. 157-180.

MENGONI GOÑALONS, L. (1999). *Cazadores de guanacos de la estepa patagónica*. Buenos Aires: Sociedad Argentina de Antropología.

OLIVERA, D. (1992). *Tecnología y estrategias de adaptación en el Formativo (Agro-alfarero temprano) de la puna meridional argentina. Un caso de estudio: Antofagasta de la Sierra (Catamarca, R.A.)*. Tesis para optar al grado de doctor en Ciencias Naturales. Universidad Nacional de La Plata, Argentina.

OLROG, C. (1963). *Lista y distribución de las aves argentinas*. San Miguel del Tucumán: UNT Instituto Miguel Lillo.

QUINTANA, C. y MAZZANTI, D. (2001). «Selección y aprovechamiento de recursos faunísticos». En D. Mazzanti y C. Quintana (eds.), *Cueva Tixi: cazadores y recolectores de las sierras de Tandilia oriental. T. 1: geología, paleontología y zooarqueología*. Mar del Plata: UNMP. Publicación especial 1. Pp. 181-209.

QUINTANA, C. (2005). «Despiece de microroedores en el Holoceno Tardio de las Sierras de Tandilia (Argentina)». *Archaeofauna,* 217: 227-241.

RAFFINO, R. (2004). «El Shincal de Quimivil» En R. Raffino (ed.), *El Shincal de Quimivil* Catamarca: Sarquís. Pp. 22-44.

— (ed.) (1993). *Inka, arqueología, historia y urbanismo del altiplano andino*. Buenos Aires: Corregidor.

RAFFINO, R. *et al.* (2002). «El Sinchiwasi de El Shincal de Quimivil». *Investigaciones y Ensayos,* 52: 39-70.

RAFFINO, R. *et al.* (en prensa). «La Kallanka 1 de El Shincal de Quimivil». *Actas XIII Congreso Nacional Arqueología Argentina.*

ROSTWOROWSKI, M. (1999). *Historia del Tawantinsuyu*. Lima: IEP.

SALEMME, M. y BERÓN, M. (2003). «Análisis intrasitio del componente faunístico del sitio 1 de la localidad Tapera Moreira. Diferencias y tendencias». *Actas XIII Congreso Nacional de Arqueología Argentina*. Tomo III. Pp. 325-345.

VALVERDE, F. (2001). «Huellas y marcas sobre huesos». En D. Mazzanti y C. Quintana (eds.), *Cueva Tixi: cazadores y recolectores de las sierras de Tandilia oriental. T. 1: geología, paleontología y zooarqueología*. Mar del Plata: UNMP. Publicación especial 1. Pp. 137-156.

Williams, V. (1995). *Arqueología incaica en la región centro-oeste de Catamarca (Rep. Argentina).* Tesis para optar por el grado de doctor en Ciencias Naturales. FCN y Museo-UNLP.

— (2002-2005). «Provincias y capitales. Una visita a Tolombon, Salta, Argentina». *Xama,* 15-18: 177-198.

Intra-site comparison of the archaeobotanical evidence of El Shincal: implications about the inka economy

AYLEN CAPPARELLI
Museo de Ciencias Naturales de La Plata

RESUMEN. El objetivo de este trabajo fue comparar el patrón de uso de plantas alimenticias entre 11 estructuras diferentes del Centro Administrativo Inka El Shincal (ESH). ESH está situado a 6 km de la villa moderna de Londres de Quimivil, provincia de Catamarca, Argentina (27° 41' 14" S y 67° 10' 31" W). El énfasis de la investigación estuvo puesto en distinguir diferencias entre la representación de distintos órganos del mismo taxon, como granos y marlos de maíz, o semillas y mesocarpo de *Prosopis* como indicadores de procesamiento. Maíz y *Prosopis* fueron considerados como los taxa alimenticios más importantes ya que presentaron los valores de ubicuidad más altos y las mayores densidades entre los 24 taxa representados en ESH. El registro paleoetnobotánico permitió discernir funciones específicas para las estructuras consideradas. 5cIII ha tenido relación con el procesamiento, distribución y posiblemente consumo de recursos principalmente cultivados. Las Kallankas estuvieron relacionadas con múltiples actividades incluyendo aparentemente el desgranado del maíz. Sinchiwasi presentó patrones diferentes de uso de plantas. El más conspicuo fue aquel de R10, donde se llevó a cabo el procesamiento de *Prosopis*. El *Ushno* estuvo representado por un sofisticado contexto ritual. Las *Qollqas* carecieron de evidencia botánica que pueda ser relacionada con su almacenaje. Finalmente, se concluye que en ESH como un todo no sólo las plantas alimenticias cultivadas *(Zea mays, Phaseolus, Cucurbita maxima)*, sino las silvestres *(Prosopis, Geoffroea, Zizyphus mistol, Rhamnaceae/Capparidaceae)* jugaron un importante papel dentro de la economía doméstica inka.

ABSTRACT. This study analyses the patterning in food plants recovered from 11 individual structures at El Shincal (ESH), a former Inka Administrative Centre near the village of Londres de Quimivil, Catamarca Province, Argentina. The 11 structures represent a variety of ancient activity spaces, including ritual, administrative and domestic contexts. The aims of the archaeobotanical study were to identify food processing activity areas and to better understand the role of plants in the domestic economy of the site. To achieve these goals, we employed a comprehensive sampling and flotation program in which sediment was collected and processed from the main architectural structures of the site. All classes of charred plant remains were subsequently examined in the laboratory including seeds, wood charcoal and non-wood charred tissue. Specific food processing and consumption activities were inferred from the types of food plants and plant parts that were recovered from each structure, as well as associations between specific types of plants and plant parts, and any associated features and artifacts. Particular attention was given to variations in the densities of different organs of the same taxon, such as maize cobs and kernels and *Prosopis* seeds and mesocarps. The results of this study suggest that *Prosopis* and maize were the most important plant food taxa at ESH because, among the 24 plants recovered from the site, they had the highest densties and the highest ubiquity values. Overall, El Shincal shows unique patterns of plant uses that are distinct from those of other Inka sites. Wild plants appear to have been as important in the economy as domesticated species: cultivated foods resources *(Zea mays, Phaseolus, Cucurbita)* represent the 22.4% of the total plant remains recovered, while wild resources *(Prosopis, Geoffroea, Zizyphus mistol, Rhamnaceae/Capparidaceae)* represent 34.8%.

Introduction

El Shincal (ESH) is an Inka Administrative Centre (Raffino, 2004) located 6 km from the modern village of Londres de Quimivil, Catamarca Province, Argentina (27° 41' 14'' S and 67° 10' 31'' W). It is situated in the northwestern extreme of the Pipanaco basin at an elevation of 1300 meters above the sea level (masl). The pre-Andean Belen Mountains bordered El Shincal on the North. The Pipanaco Basin is at the bottom of the Hualfin valley (fig. 1). The region has a subtropical climate with an estimated mean annual precipitation of 150-400 mm (600 mm at ESH specifically), distributed throughout the summer. The mean annual temperature is 18°C. Phytogeographically the area belongs to the Monte Province of the Neotropical Region, which is characterized there by steppes lands where *Larrea* sp. is abundant. However, in the moister regions open forests of *Prosopis* sp. and closed forests along river valleys are common, both being characteristic of the Chaco Province.

In Inka times El Shincal played an important role in the exchange of goods between settlements in the region (Raffino, 2004; Williams and D'Altroy, 1998). Archaeological evidence recovered from both domestic (building K1) and ceremonial (*ushno*) structures, including the remains Old World cattle, plants, and other archaeological findings (see below) suggest that ES continued in this role during the subsequent Hispanic-Indigenous period Raffino *et al.*, 2004a, b; Capparelli *et al.,* 2007a, b).

Based on the types of the Inka features present, ES was regarded as a «New Cusco» by Farrington (1999). The site is made up of numerous types of structures including *kallankas* —large structures that were used for a number of different purposes—, *sinchiwasi* —a large structure with several rooms that may have served as lodgings for labourers—, and *a walled household compound (RPC)* —rectangular domestic units with patios and roofed areas— (see below). The *ushno* is in the middle of a central square (*aukaipata*). Food processing areas, mainly spaces containing grinding tools (mortars), are distributed around the central square. A large storage area, comprised of *qollqas* structures is located on top of, as well as behind, a hill found in the northeastern sector of the site (Snead, 1992; Raffino *et al.*, 2004) (figure 1).

Bearing in mind the evident importance of ESH during Inka times, questions arose about the types of economic activities that formerly supported this community. Therefore, the goal of this archaeobotanical analysis is to identify and explain the types of food plant-use activities that were carried out within individual structures at ESH.

Archaeobotanical evidence

Plant remains are direct evidence of economic activities. Wild and cultivated plants support many of the essential needs of humans, e.g. food, fuel and technology (Hastorf, 1988: 119). Therefore, we looked to the archaeobotanical record (i.e. patterning in the plant remains) at ESH for information about plant-related aspects of the economics organization of the larger Inka state.

Comparisons were made between plant assemblages recovered from 11 architecturally and functionally different structures at ESH: kallanka (K) 1, patio K1, kallanka 3, patio K3, qollqas, S20E3, Sinchiwasi R, Sinchiwasi S, Sinchiwasi

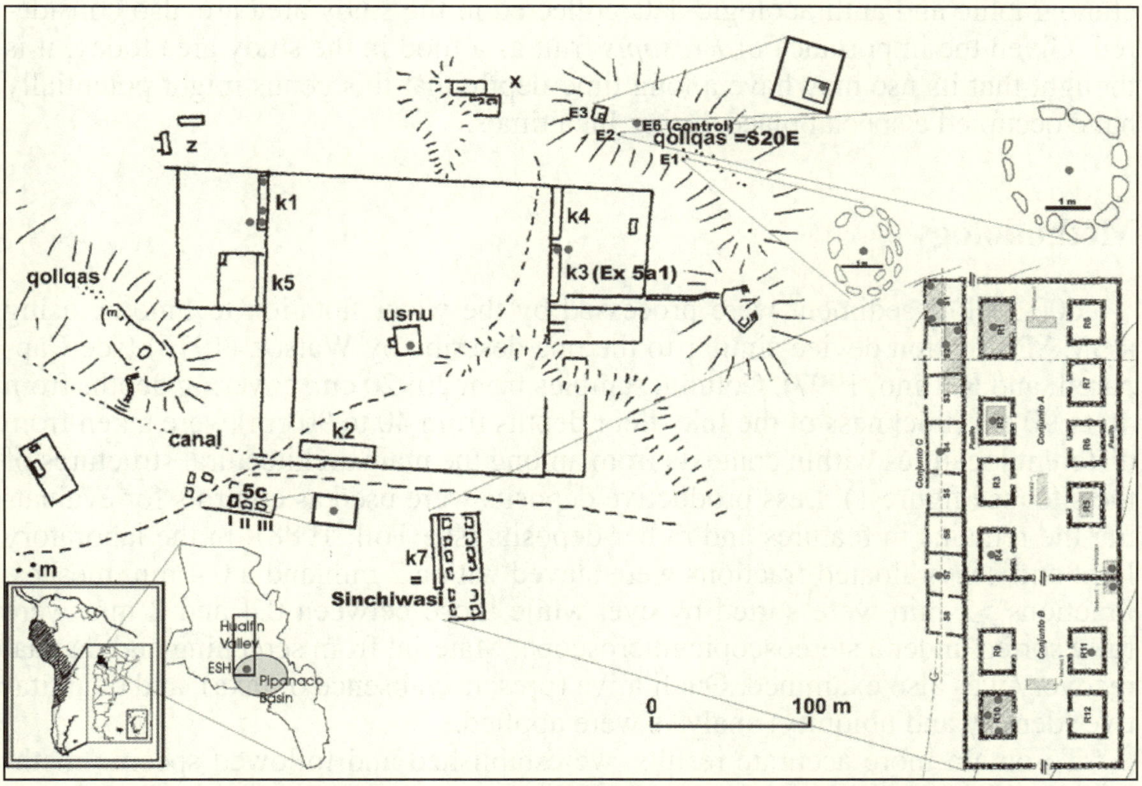

Figure 1. Map of the Inka site of El Shincal with the location of the different structures analysed and the specific locus from where palaeoethnobotanical samples were taken (grey circles).

patio, 5cIII, *ushno*. This project differs from previous archaeobotanical analysis of ESH (Capparelli and Raffino, 1997; Capparelli *et al.,* 2004), in that the focus of the research was on investigating post-harvest activities. Post-harvest activities include all processes and treatment of plants subsequent to their being harvested, including transporting them to the settlement or another processing place, preparation for consumption or other uses, as well as cooking, conservation and storage (see Wills *et al.,* 1998; Wollstonecroft, 2004). The term post-harvest is more suitable for present purposes than the term processing because other, non-food uses of plants are also considered here, including as shelter, containers, tools, clothing, and so forth. Altogether these activities resulted in the deposition of edible, as well as inedible plant parts.

Following post-harvest processes are those involving consumption and deposition of edible, as well as inedible plant parts. Food consumption can be defined as the dietary intake of plant and animal products by the community (Hastorf, 1988). Food preparation methods can provide evidence of consumption habits, for example cooking (preparation by heat) is typically inferred when plant and animal remains are found within hearths and/or as residue on cooking vessels. The types of cooking heating techniques that have been used are typically inferred from charred residue found on cooking vessels, ovens or in roasting pits. Further evidence of consumption habits is provided by scatterings of plant and animal remains around hearths where food was prepared and in middens where leftovers were disposed (Hastorf, 1988: 134-135).

The present paper investigates consumption habits by comparing the densities of distinct organs of the same taxon, such as maize cobs and kernels and *Prosopis* seeds and mesocarps (where present). To assist in the interpretation of the data, ethnographic and anthracologic data collected in the study area are also considered. Given the importance of *Prosopis* fruit as a food in the study area today, it is thought that its use may have a long time-depth, that this genus might potentially have occupied a special place during Inka times.

Methodology

600.35 l of sediment were processed by the water flotation technique, using a SMAP flotation device similar to the one describe by Watson (1976) (see Capparelli and Raffino, 1997). Column samples from 20×20 cm, covering depths from 40 to 90 cm (thickness of the Inka floor depths from 40 to 90 cm) were taken from different localities within contexts from among the main architectural structures of the site (see figure 1). Less productive deposits were used as controls for evaluating the remains in features and richer deposits (see Toll, 1988). In the laboratory light and heavy floated fractions were sieved with a 2 mm and a 0.4 mm meshes. Fractions >2 mm were sorted by eye, while those between 0.4 and 2 mm were fully sorted under a stereoscopic microscope. Material from screening and manual recovery was also examined. Qualitative (presence/absence of taxa), and quantitative (density and ubiquity) analysis were applied.

To obtain more accurate results, we established and followed specific methodological procedures:

a) ESH is an open-air site with relatively high precipitations values. Therefore, to avoid contamination from later periods, only carbonized and roasted remains were examined, with two exceptions: the mineralized rhizomes of *Prosopanche* sp., and the endocarps of *Prunus* sp., which were in a complete range of carbonization, including desiccated, roasted, and partially and completely carbonized. Other desiccated specimens were disregarded as modern.

b) Plant remains from Hispanic-Indigenous contexts —such as that of K1 (see Raffino, 2004b)— were not included in the study. The *ushno* was an exception because it was impossible to confidently discriminate between Hispanic-Indigenous and Inka contexts (see Raffino, 2004a).

c) To account for differences in sample sizes, the data were standardized: densities were calculated from the number of charred fragments (fr) per 10 litres of sediment, and expressed as % (as proposed by Miller, 1988: 72). Density values (%) from each structure represented here are an average of the values of each taxon from Ue 4 onwards.

According to Miller (1988: 83) the density of botanical material provides one of the most important and basic measures for interpreting depositional and preservational variability. However, when comparing variability in plant assemblages from among different structures, Miller (1988: 83) suggests that others quantitative measurements such as proportions and comparisons are possibly better methods. In the present case it was difficult to establish previous conversion factors for all the variables considered due to the paucity of previous experimental archaeobotanical work for the study area. Therefore, density measurement was selected as the main statistical tool, but contextual factors that are unique to the ESH site were also considered.

d) Number of taxa present was a measure of simply the number of taxa present in each structure (taken from Toll, 1988: 43).

Structure	Context	Liters depthsfrom 40 to 90 cm	Absolute numbers of non-wood remains	Density of non-wood remains (fr/10l)	%	Absolute numbers of wood remains	Density of wood remains (fr/10l)	%	Total density (fr/10l)
S20E1	floor	17	46	27.1	100	0	0	0	27.1
S20E2	floor	58	166	28.7	36.4	295	50.8	63.6	78.9
S20E6	control	43.5	86	19.8	57	66	15	43	34.8
S20E3	Domestic hearth	70.5	9	1.4	4	197	28	96	29.4
Sinchiwasi R1	Domestic hearth	18.3	6	3	1.4	374	204.5	98.6	207.5
Sinchiwasi R2	Domestic hearth	42.3	4	0.9	21	18	4.3	79	5.2
Sinchiwasi R4	Domestic hearth	20	39	19.4	21	140	70	79	89.4
Sinchiwasi R5	Domestic hearth	3	0	0	0	6	20	100	20
Sinchiwasi R10	Domestic hearth	36.5	426	116.7	30	965	264.4	70	381.1
Sinchiwasi R11	Domestic hearth	5	0	0	0	11	21.7	100	21.7
Sinchiwasi S1	floor	48	15	3	3.7	380	79.2	96.3	82.2
Sinchiwasi S2	floor	33	4	1.2	24	125	3.8	76	5
Sinchiwasi S4	floor	6.5	3	5	17	16	24.6	83	29.6
Sinchiwasi S7	floor	9	6	7	17	31	34.4	83	41.4
Sinchiwasi Patio	discard?	20	10	5	1	765	382.5	99	387.5
5cIII	Domestic hearth	42.5	149	35.9	17	758	178.3	83	214.2
K1	Floor & lens of charred remains	45	123	27.3	10.5	1049	233.1	89.5	260.4
K1 Patio	floor	42.5	26	6.1	28.6	65	15.2	71.4	21.3
K3	Domestic hearth	21.75	23	10.7	3	648	298	97	308.7
K3 Patio	floor	6	1	1.7	12	7	11.7	88	13.4
Ushno	Ritual hearth	32	1346	420	16	7200	2250	84	2670

Table 1. Absolute numbers, densities (number of fragments/10l of sediment) and densities % of wood and non-wood remains from each structure sampled at ESH.

e) Pie graphs are used rather than bar graphs because low-density plants are more visible in pie graphs.

f) Wood charcoal was excluded from the pie graphs in order to focus on the proportions (%) of non-wood remains. Wood charcoal densities (%) from each structure ranged between 70-100% of the total archaeobotanical assemblage, except in the *qollqas* area where densities reached 0-4% (table 1). The quantification and analysis of the wood charcoal is a substantial subject in itself and will therefore be discussed in a future paper.

Results and discussion

Global taxa densities and preservation

Including the wood charcoal, the absolute fragment count of archaeobotanical remains was n = 13116. Excluding the wood charcoal, the absolute fragment count was n= 2482. The number of identified taxa was 24 (including seeds, fruit, parenchyma tissue, rhizomes, stems, taproots, but not wood charcoal). Total densities per structure (including wood charcoal) ranged between 0 - 387 fragments per 10 liters of sediment, except in the *ushno* where it reached 2670 fr/10 l (table 1). Total densities per structure (excepting wood charcoal) ranged between 0-116.7 fragments per 10 liters of sediment, again except in the *ushno* where it reached 420 fr/10 l (table 1). The total average density of ESH including the wood charcoal was 211.4 fr/10l. Excluding the wood charcoal the total average density was 40 fr/10l.

In terms of ubiquity (% of samples in which each taxon was present,) maize and *Prosopis* had the highest values (nearly 50%) among the contexts of ESH studied, followed by chañar, *Solanum* 1 and common bean (20-30%). All other taxa had ubiquity values of <20% (figure 2A).

In terms of the density values of individual taxa, the highest values among all contexts of ESH sampled were **el árbol** *(Prosopis)* seed and mesocarp (14,2 and 0.5 fr/10l respectively), followed by **maíz/**maize *(Zea mays)* kernels and cobs (3.5 and 4 fr/10l respectively). In an intermediate range were *Prosopanche* sp. rhizomes (3.6 fr/10l), **poroto común/**beans *(Phaseolus vulgaris)* cotyledons (2.8 fr/10l), and **chañar** *(Geoffroea decorticans)* endocarps (1.8 fr/10l). The remaining taxa had comparatively low values including: *Monocotiledonae* stem, **durazno/**peach *(Prunus persica)* endocarps, **trigo/**wheat (*Triticum* sp.) grains and possible meal which reached 1 fr/10l; **pocoto** (*Solanum* 1 cf. *S. elaegnifolium*) seeds and **poroto pallar/**beans (*Phaseolus lunatus)* cotyledons which reached 0.3 fr/10l; *Solanaceae* seeds which reached 0.2 fr/10l, **zapallo/**squash (*Cucurbita* sp. and *Cucurbita maxima*) seeds and peduncles (for this taxon in particular see Lema *et al.,* 2008), *Cyperaceae* seeds, cf. *Chenopodium* seeds, **algodón/**cotton (*Gossypium* sp.) seeds, cebada/barley (*Hordeum* sp.) grains and *Mono/Dicotiledonae* stem which reached 0.1 fr/10l; **mistol** *(Zizyphus mistol)* endocarps which reached 0.05 fr/10l, **vinagrillo** (*Oxalis* sp.) taproot which reached 0.04 fr/10l; **tunita** (*Opuntia* sp.) seeds and **trébol** *(Trifolium)* seeds which reached 0.03 fr/10l; *Scirpus* sp. taproot and *Rhamnaceae/Capparidaceae* endocarps which reached 0.02 fr/10l; *Gramineae* seeds which reached 0.01 fr/10l; indeterminate class which reached 1.8 fr/10l; and wood charcoal which reached 195.8 fr/10l (figure 2B).

Wild food plants included **el árbol**, **chañar**, **mistol**, **tunita**, *Rhamnaceae/ Capparidaceae*; cultivated species included maize, beans, and squash. Non-food species included *Mono* and *Dicotiledonae* stems, which probably represent roofs contexts, and **pocoto** which could have been used as soap because of its saponins. However, it might also indicate intensive agriculture (Capparelli, 1997; Capparelli *et al.*, 2004). *Scirpus*, **trébol**, *Cyperaceae*, and cf. *Chenopodium* have yet uncertain use. These species may represent food that was regularly dropped on the dirty floor to feed the guinea pigs, cuyes (*Cavia* sp.) and later swept into the fire during routine cleaning of the house. This occurs today in the Peruvian Upper Mantaro Valley (see for example Hastorf, 1988: 128). However, this practice was not observed ethnographically among modern populations within the study area.

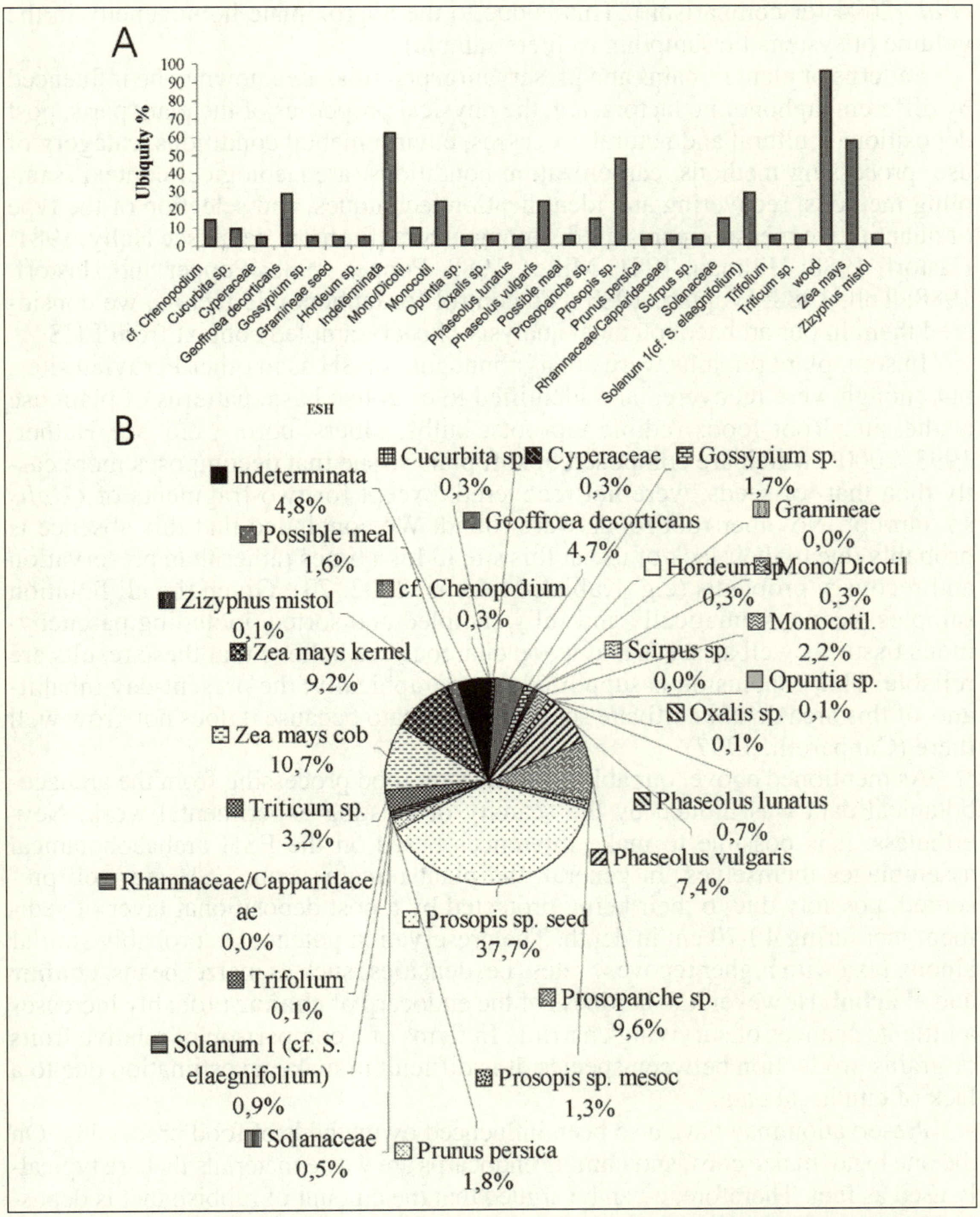

Figure 2. A. Ubiquity % (number of samples in which each taxon was present) of plant taxa at El Shincal. B. Density % (number of charred fragments per 10l of sediment) of plant taxa at El Shincal.

Old World plants and cotton are considered to have been introduced during the Hispanic-Indigenous period (for more detail see Capparelli *et al.*, 2005; Lema and Capparelli, 2007; Capparelli *et al.*, 2007a, b).

On the other case, *Prosopanche*, has been interpreted as an intrusive material more than an archaeological remain (see Capparelli *et al.*, MS).

Interestingly, throughout ESH the patterns in the relative densities of plant remains are similar to the patterns in the relative absolute counts (see Capparelli *et al.,* 2004 for comparison). This is due to the approximate homogeneity in the volume of systematic sampling (6 liters/sample).

Patterns of plant remains and preservation potential are known to be influenced by different taphonomic factors, *e.g.* the physical properties of the plant parts, post depositional cultural and natural processes, environmental conditions, category of use, processing methods, carbonization conditions, archaeological context, sampling methods, recovering and identification techniques, and selection of the type of quantitative measurements used, among others (for more detail see Hally, 1981; Hastorf, 1988; Hillman, 1981; Miller, 1988; Popper, 1988; Popper and Hastorf, 1988; Toll, 1988; Wagner, 1988). To control for taphonomic factors, we considered them in our archaeobotanical analysis of each sampled context from EHS.

In sum, plant remains were not as abundant at ESH as in other Peruvian sites, but enough were recovered and identified to establish basic patterns of plant use at the site. Root foods (edible taproots, bulbs, tubers, corms, etc. see Hather, 1993, 2000), which are composed of soft plant tissue that decomposes more easily than that of seeds, were not recovered, except for two fragments of *Oxalis* sp. taproot. No other root foods were found. We concluded that this absence is probably due to their lack of use at this site in Inka times rather than preservation and recovery problems (e.g. Kubiak-Martens, 2002: 23). Given the all flotation samples were systematically and fully sampled and sorted, including parenchymous tissue as well as seeds and wood charcoal, we believe that these results are reliable. This conclusion is supported ethnographically: the present-day inhabitants of this area do not cultivate so much the potato because it does not grow well there (Capparelli, 1997).

As mentioned above, our ability to interpret food processing from the archaeobotanical data was limited by the scarcity of existing experimental work. Nevertheless, it is possible to make inferences based on the ESH archaeobotanical assemblages themselves. In general, the plant remains from ESH are well preserved, possibly due to their being protected by a post depositional layer of sediment measuring 40-70 cm in depth. The preservation potential is probably similar among taxa with higher recovery rates (i.e. densities) such as maize, beans, **chañar** and **el árbol**. However, the hardness of the endocarp of **chañar** probably increases a little its chances of surviving charring. In terms of a comparison of relative fruits or grains production between species, it is difficult to make an estimation due to a lack of empirical data.

Preservation may have also been influenced by methods of food processing. On the one hand, maize cobs, and **chañar** endocarps are waste materials that are typically used as fuel. Therefore, it can be argued that the amount of rubbish that is deposited and has accumulated from these taxa is proportional to the amount processed. On the other hand, carbonized edible parts, such as maize kernels, **el árbol** seeds, endocarps, meso and epicarps, and beans cotyledons, could have become carbonized unintentionally due to two reasons: 1- accidentally during activities like parching, winnowing, sorting, storing, grinding; 2-fortuitously as accidents during spills from cooking (sensu Crawford, 1983 in Hastorf, 1988: 120). It would be expected that plants that result from spills during cooking, would be underrepresented among the charred remains compared with plants used purposefully for fuel. Likewise, carbonized inedible plant parts that are not used as fuel, such as *Cucurbita* peduncles, would probably be underrepresented in the archaeobotanical assemblage.

Another factor influencing the patterning in the plant remains is the archaeological context. In the present study, the sampled contexts include floors, pits and hearths. As Hastorf (1988: 128) states «... Floors contexts [...] should reflect a wider range of activities than hearth contexts...». A floor is defined as the hard-packet surface within a walled household compound. A hearth is a well-defined burned zone within a structure. These two areas represent two separate stages in the processing sequence. The hearth should produce evidence of mistakes and spills from the final preparation and cooking stages of some of the crops. Floors should produce evidence of a combination of winnowing, sorting, storing, and spills from hearths. The floor is less precisely correlated with specific processing activities than the hearth. In fact, Hastorf (1988: 129) says that «... the plant remains from the structures might be the best samples with which to study consumption...». On the other hand, Toll (1988: 41) states that «... Floors are known to be less productive cultural proveniences...».

Differences between activities that took place indoors and those that took place outdoors may also be a factor affecting the patterning, e.g. activities confined within the walled household compound may differ from those confined to the patio. Hastorf's (1988: 128) ethnographic observation along the Upper Mantaro Valley of the Peruvian Andes allowed her to describe in detail the activities carried out in the patio: «... The patio is used mainly for processing activities, grinding maize, final cleaning of beans, quinoa and other foods, and the construction or mending of household items. This area is swept occasionally, and the remains are moved to the sides of the patio. Many plants are stored against the wall in the patio as well. Because burning activities are not occur regularly in patios today, nor were distinct in situ burned areas uncovered in this patio during excavation, we would expect to find less-dense charred matter in the patio samples, and that is what we see...».

To interpret the plant assemblages of ESH, we considered the variables that may have influenced the deposition of plant remains during food processing activities. The patterning in the plant remains of each structure is examined and discussed below.

Densities by structures

Qollqas. *Qollqas* are storage structures. At the time of excavation the architectural features of qollca 1 and 2 consisted of one or at least 2 circles of superficial stones (figure 1). During their period of use they were probably similar to storage features observed in this region by Sánchez Oviedo (1936) at the beginning of the century. He described *qollqas* that were made of a stone basement with an aerial woody structure. At ESH *Prosopanche* was the most dominant plant recovered from the *qollqas* area (77-99%), either occurring inside *qollqas* (E1 and E2) and outside the stone basement (E6) (figure 3). No wood was recovered from E1, while low quantities were recovered from E2 (3%) and E6 (43%) (table 1). Low densities of charred seeds were found in E2, including 1% and 13% of *Prosopis* mesocarp and seeds respectively, and 1% of **chañar**, *Solanum* 1 and *Solanaceae* 2, all together. Fragments of undecorated (known as «Ordinary» style in Argentinean Archaeology) ceramics were recovered outside structures, particularly E6, where they were found in greater numbers. *Prosopanche* remains recovered from the *qollqas* could be either archaeological (the species is still used in other regions as medicinal and food resources) or intrusive (it parasites *Prosopis* roots) as *Prosopis* grows on the site today (Capparelli *et al.,* MS). At ESH it is more likely that *Prosopanche* is from intrusive *Prosopis* roots a record of its use in the past, because it was also found in control samples outside the *qollqa* structures (E6). On the other hand, the differences between structure E1 (with non-charred remains) and E2 (with low % of charred seeds and wood) may be due to the movement of sediment by «huaqueo» in E2. «Huaqueo» is a common practice of some modern humans who dig the soil looking for valuable archaeological objects. *Qollqas* area presented evidences of «Huaqueo». This is may be due because *qollqas* features are similar to that of burials. Burials are mostly associated with offers, which in several cases are constituted by valuable objects. Therefore, if *Prosopanche* is considered intrusive, and remains from E2 incorporated by «huaqueo», then it is possible to affirm that ESH *qollqas* were lacking of both archaeobotanical and ceramic remains.

In E3, located at the northwestern end of the *qollqas* hill, there is a rectangular structure (figure 1). Archaeological remains were recovered from a hearth within this structure, which suggests that it might represent a domestic area. Ordinary and Inka potteries were recovered from this feature together with charred animal bones. The density of botanical remains was low and fragmentation values were high. Wood charcoal dominated the plant assemblage (96%). The few non-wood remains were identified as 24% of maize cobs and 24% of kernels (figure 3).

5cIII. The context known as 5cIII is a domestic hearth. The densities of botanical materials and number of identified species (=7) were found to be high. High frequencies of Ordinary and Inka Provincial ceramic styles, including an ornitomorph plate were also recovered, suggesting that both processing and consumption took place here, or else meal distribution. Cultivated food plants were dominant (50%) including maize, squash, and beans, while wild edible plants, including **el árbol** and **chañar**, comprised 19,6% (figure 3). *Prosopis* mesocarp was not present here, but the seeds were recovered, having a density value of 15,8%.

Significantly, of the 50% cultivated plants found here, 64.6% were maize, and almost all the maize is represented by kernels (95%), with just 5% represented by cobs. The kernels were mostly carbonized (77,8%) but some were roasted (22,2%). (Specimens were recognized as carbonized that were wholly charred; specimens were recognized as roasted that were highly desiccated, with a brownish color and patches of charring in the surface.) Different maize varieties were also recognized including **pispo** —very small ear with grains from 3 to 4,5 mm of length after carbonization and with a drop of water inside, special for making popcorn— (16,7%) and other type of maize, named here as maize 2, larger in size (from 6 to 9mm of length after carbonization) (83%).

Some inferences can be made about the types of foods that were being produced here. **Pispo** may have been used to make popcorn. The larger grains lacked of evidence of fermentation or pericarp extraction, processes used to make *chicha* (an alcoholic drink) or *mote* (a food like porridge or hominy). (See Johanessen *et al.* [1990] for experimental features of maize processing.) However, only a few of them entire grains were recovered; fragmented grains were more common. At this point in the study, it is difficult to know if the fragmentation pattern is the result of precooking treatments, e.g. mortar grinding, used in the preparing maize for locro

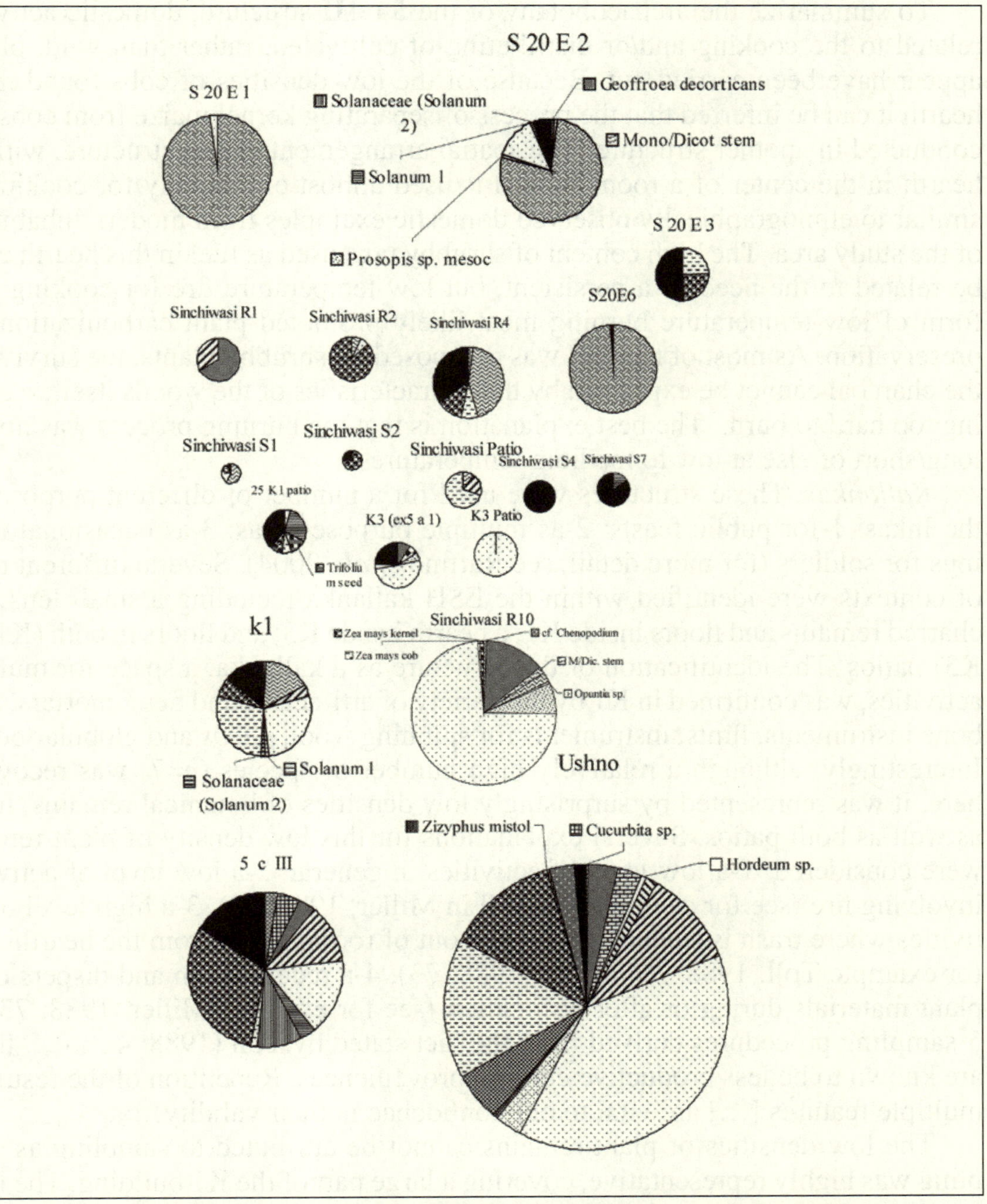

Figure 3. Density % of plant taxa recovered from each structure sampled at El Shincal. For references see Figure 2B (only thinnest sectors were referenced). Pie graphs size roughly indicates the total density values from each structure (for exact values see table 1).

(another kind of porridge) or else of charring conditions and/or post depositional processes (see Capparelli, 2007a).

Bean cotyledon width and lengths measured approximately 3,5 x 5,8 mm respectively.

Solanum may have been used as a soap for washing dishes or clothes due to its saponins contents (Coluccio, 1964), but its presence most probably indicates intensive agriculture. Today it is a frequent weed in the cultivated fields. The archaeobotanical sample from 5cIII contained the 83% of wood charcoal (table 1), mostly from shrubs —mainly *Caesalpinia gilliesii* and *Mimosa farinosa*— (see Capparelli, 2004).

To summarize the archaeobotany of the **5 c III** structure, domestic activities related to the cooking and/or distributing of cultivated, rather than wild, plants, appear have been carried out. Because of the low densities of cobs found in the hearth it can be inferred that the process of separating kernel maize from cobs was conducted in another structure. The spatial arrangement of this structure, with the hearth in the center of a room (which is used almost exclusively for cooking) is similar to ethnographically observed domestic examples from modern inhabitants of the study area. The high content of shrubby taxa used as fuel in this hearth could be related to the need of a persistent, but low-temperature fire for cooking. The form of low-temperature burning most likely promoted plant carbonization and preservation. As most of the fuel was composed by shrubby plants, the survival of the charcoal cannot be explained by the characteristics of the woods itself, e.g. being too hard to burn. The best explanation is that the burning process was not too long/short or else at low to medium temperatures.

Kallankas. These structures were used for a number of different purposes by the Inkas: 1-for public feasts; 2-as multiple purpose areas; 3-as occasional lodgings for soldiers (for more detail, see Raffino *et al*., 2004). Several different types of contexts were identified within the ESH kallanka including a small lens with charred remains and floors inside K1; a hearth inside K3; and floors in both (K1 and K3) patios. The identification of this structure as a kallanka, a space for multiple activities, was confirmed in K1 by the variety of artifacts found here: mortars, clay, bone instruments, flints, instruments for spinning wool, *pucos* and globular bowls. Interestingly, although a relatively high number of species (n=7) was recovered here, it was represented by surprisingly low densities of botanical remains, in K1 as well as both patios. Several explanations for this low density of plant remains were considered: 1-a low level of activities in general, 2-a low level of activities involving fire (see for example Pearsall in Miller, 1988: 73), 3-a high level of activities where trash is frequently cleaned out of rooms, even from the hearths (see for example Toll, 1988: 39; Miller, 1988: 73), 4-a redeposition and dispersion of plant materials during or after occupation (see for example Miller, 1988: 73), or 5-sampling procedures derived from the fact stated by Toll (1988: 41): «... floors are known to be less productive cultural proveniences. Repetition of the results in multiple features [...] are vital to our confidence in their validity...».

The low densities of plant remains cannot be attributed to sampling as sampling was highly representative, covering a large part of the K1 building. The large quantity and variety of other (non-plant) archaeological remains indicate that the level of activities here was not low. Another explanation is that the lens of charred remains may have resulted from low levels of activities involving fire in this area. But the most likely explanation of the low densities of charred plant remains in K1 is that the floors of the rooms were frequently swept out.

Comparisons between the archaeobotanical assemblage of K1 and those of K3 showed significant differences. Samples from the K1 floor and lens contexts were composed of 38,4% of cultivated species (7,2% and 28,3% of maize kernels and cobs respectively, and 3,9% of beans) and 27,5% of wild food remains all *Prosopis* seeds. Samples from the K3 hearth context were composed of only 3,1% of cultivated plants (all maize cobs) and 72,1% of wild food plants (50,1% and 6,2% of *Prosopis* seeds and mesocarp respectively, 9,6% of **chañar** and 6,2% of *Oxalis*). One could think that those differences are related to the fact that samples from K1 represented floor and lens contexts, and samples from K3 represented a well-defined hearth and floor contexts (inside and outside the building respectively). But, again as it was observed by Hastorf (1988: 130-132) floors and hearths represent different stages in the processing sequence. Because hearths are located on the floor, with material possibly shifting between the two contexts, we might expect these two contexts to be similar. Therefore, it is more likely that the botanical differences between K1 and K3 indicate that different sets of activities were carried out in each of the kallankas. In K1 there is greater evidence for the processing of more cultivated than wild resources, including maize kernel separation from the cobs. This is supported by the high relative % of cobs. On the other hand, in K3 there is evidence of processing of a less diverse (number of species present=4) set of wild resources. The large quantity of charcoal recovered from K3, suggests that the hearth was not cleaned after its final use. This hearth contained high temperature woods, mainly *Bulnesia* sp., *Lithaea ternifolia*, and *Lippia* sp. (see Capparelli, 2004). This pattern is markedly different to that see in the 5cIII hearth, where low burning woods appear to have been burned.

Archaeobotanical densities were notably lower in samples from the patios of both-K1 and K3- than in samples from the inside buildings (table 1). In all sampled contexts, the patterning in the number of taxa was similar to that of the density (K1=7, K1 Patio=4, K3=4, K3 patio=1).

Similarities were apparent in the range of plants recovered from the K1 patio and the K1 interior and between the K3 patio and the K3 interior. The samples from both patios were collected near one of the Kallanka's doors, so it is likely that they represent rubbish swept from the K1 and K3 buildings. Hastorf (1988: 133) made a similar observation about Wanka II period Tunamarca (a Sausa site in the Upper Mantaro Valley, Peru): that low densities of plant remains in samples from patios were due to occasional sweeping of the structure, and that the sweeping accumulate near the walls and doors. The proportion of wood was also lower in samples from the patios than in the interior of the buildings (table 1), but further analysis is necessary to explain this pattern.

Sinchiwasi R rooms. These areas include two terraces («beds») on opposite sides that are each separated from a central hearth area by a partition wall. They may have served as lodgings for labourers (Raffino, 2004c). Six central domestic hearths from R1, R2, R4, R5, R10, R11 respectively were examined here. Macroremains recoveed at R10 included also a little evidence from floor contexts. R1 produced very low densities of non-wood remains and high densities of wood charcoal (table 1). The non-wood food remains were composed of 33,3% of beans and 66,7% of chañar (see figure 3). R2 produced low densities of non-wood plants and wood charcoal (table 1). The non-wood food remains were composed of 86% of maize kernel and 7% of *Prosopis* seeds (see figure 3). R4 contained high densities of non-wood and wood charcoal (table 1). The non-wood food remains, which were highly fragmented, included exclusively cultivated maize —12% of maize kernel and 8% of maize cob— (figure 3). R5 and R11 produced only wood charcoal. R10 contained the highest densities of non-wood and wood charcoal (table 1), as well as relatively high numbers of species (=7). The main food resources represented here were wild species, including *Prosopis* seeds and mesocarp 74% and 7% respectively, and chañar 13%—. Cultivated species occurred in much lower densities, such as maize kernels and cobs —1% both— (figure 3). The morphological characteristics of the maize corresponded to the **pispo** kind. Most of the *Prosopis* mesocarp was recovered from R10.

The recovery of the mesocarp has possible implications about ancient processing and consumption because it is the part of the legume that is used to make patay, añapa, aloja, ulpo, and arrope. All these food products are produced in the study area today. The preparation and consumption of the first four of these products are recorded in colonial documents and ethnographically (for more detailed in the modern use of *Prosopis* see Capparelli, 2007b). The Sinchiwasi patio produced low densities of non-wood remains and high densities of wood charcoal (table 1). Edible plants from this patio were principally cultivated species, 70% maize cobs and 20% beans. The maize was recognized as the **pispo** kind, like that found in R10.

In sum, R1, R2, R4 and Sinchiwasi patio were found to contain lower densities and numbers of species than that of R10. Despite the high numbers of taxa recovered from R10, the botanical assemblage is primarily composed of *Prosopis/Geoffroea.*

Sinchiwasi S rooms. Sinchiwasi S rooms lack «beds» and central hearths (Raffino, 2004c). The plant remains, which were found to be very poorly represented, including wood charcoal (table 1), were recovered from the floors only. The number of taxa recovered was also low (from 2 to 4). Food plants were represented by cobs and kernels of maize 2, for example, 21% and 14% in S1 respectively and 75% of maize kernels in S2. It is important to bear in mind that these percentages represent a significantly low quantity of material. No evidence of *Prosopis* was found.

No lenses of charred remains were observed, and plants appeared to be poorly represented in the floor material, despite the fact that a large portion of the surface was excavated, and a high number of flotation samples were collected and analysed. The samples had been collected in two different ways: in the first instance they were taken from three locations inside S1 and S2 rooms —from two corners and from the center of each one—. Further, samples were collected from many S rooms —S1, S2, S4 and S7—. All the samples gave similar results. In the case of Sinchiwasi S rooms low densities of plant remains were recovered even from samples collected beside the room walls— locations where it should have trapped material deposited during sweeping. Other non-plant archaeological evidence included low numbers of ceramic sherds (Ordinary, Inka Provincial, and Belén styles) (for more details see Lema *et al.* in the present volume). Unlike the Kallankas, where gaps in the archaeobotanical data are filled by other types of archaeological evidence, the Sinchiwasi S rooms contained few archaeological material, e.g. very little stone, bone or clay objects. Together, the patterns in the archaeobotany and in the material remains suggest that these rooms were used for short occupations or low levels of activities in general.

To sum up the archaeobotany of the Sinchiwasi, two distinct archaeobotanical patterns were recognized. The S structures in which domestic activities were represented produced maize and *Solanum;* in general the low densities of plant remains and no hearths were found in the floors. In contrast, the R structures, which are domestic locii comprised of a central hearth ringed by stones, appeared to have had high activity levels. Significantly, each of the rooms produced a unique plant assemblage, composed of different combinations of species and different relative densities. R10, in particular, had high densities of *Prosopis* seeds and mesocarps, and *Geoffroea* endocarps, which may be from the processing of these wild species for food or drinks. These patterns suggest that each of the S rooms served a different function. *Ushno*. The *ushno* of El Shincal is a magnificent platform constructed of roughly shaped stones in a mud mortar. A wide stairway allows access to this platform, which has a stone bench *(tiana)* at the top. For Inka people the *ushno* was associated with the gnomon, which is typically a shaped rock that acted as an *axis mundi:* linking earthly ancestors and *huaca*s (sacred things such as places, objects or persons) with the deities of the cosmos (Zuidema, in Meddens, 1997). After analyzing several documental records, Meddens (1997) concluded that for the Inka the *ushno* symbolised the importance of the ruler's control over water, particularly for agricultural uses. The *ushno* at ESH contained the highest densities of both non-wood plants and wood charcoal (table 1). The number of species recovered was relatively high (=14), and included wild and cultivated plants, both native and exotic (figure 3). All the plant remains were carbonized except *Prunus persica, which* were carbonized, roasted or dried. This may be due to *Prunus persica* fruit-stones having been thrown into the hearth at different times during the ceremony, some arriving in the hearth as the fire was dying. In the latter case the contact with fire would have been too brief, and at too low temperatures, to carbonize the hard fruit stone.

The charred plant assemblages found on the *ushno* were all associated with several hearths that have been identified as ritual contexts from the Hispanic-Indigenous period (for more detail see Capparelli *et al.*, 2005, 2007a, b). The *ushno* was the only structure within the site where Old World species occurred (*Triticum* sp., *Hordeum* sp. and *Prunus persica*). The recovery of these plants in this ritual context provides us with new insights into the continuing role of plants in the native cosmogony up to, and during, the early contact period, which otherwise introduced profound cultural change. In particular, the archaeobotanical data suggest that plants were probably used in rituals performed as part of the post-contact rejection of the new conquerors (e.g. the rebellions of the Diaguita). Interestingly, it shows that indigenous people incorporated Old World crops into their rituals.

The high absolute counts and high densities of archaeobotanical remains that were recovered from the *Ushno* may be the result of a persistent use of this ceremonial place during the Hispanic-Indigenous period (Capparelli *et al.*, 2005). The richness of the archaeobotanical assemblage may also be partly due to the fact that ritual contexts have greater preservation potential than domestic contexts for several reasons, including: a diversity of burning activities, the selection of plant organs with unique characteristics, the high frequencies of plants deposited in the features as a result of repeated use and/or a deposition of high quantities of material during each activity. Another factor that may have promoted preservation is that the may be the types of fires used in the rituals may have been more suitable for the charring and preservation of plant remains than other activities carried out at the site.

Conclusions

El Shincal shows unique patterns of plant uses that are distinct from those of other Inka sites, notwithstanding the fact that we have yet to determine if maize production increased at ESH following the Inka conquest (as proposed for Peru by Hastorf, 1990; and Johanessen and Hastorf, 1990). The patterns of plant uses at ESH contrast with those of other Inka sites because at ESH wild plants were found to be as important in the domestic economy as cultivated species. Cultivated food plants (*Zea mays*, *Phaseolus*, *Cucurbita)* were found to represent 22,4% of the total plant remains recovered, while wild edible plants *(Prosopis*, *Geoffroea*, *Zizyphus mistol*, *Rhamnaceae/Capparidaceae)* were found to represent 34,8%. These patterns contrast with those of other Argentinean Inka sites, such as the nearest one, Potrero-Chaquiago (Pipanaco Basin), where maize appears to be the base of the subsistence and *Prosopis* evidence is scarce (Williams, 1996), and the Potrero de Payogasta and Valdés (Calchaqui Valley) sites, where maize and quinoa *(Chenopodium quinoa)* were the main crops for subsistence, while tubers and beans were poorly represented (Lennstrom, 1990). Maize at ESH may be underrepresented which may be due to precooking treatments such as mortar grinding. Grinding produces high amounts of fragmentation and fragments are less likely to survive contact with the fire than whole seeds, for example. Although this may be the reason for the low densities of maize recovered at ESH, it suggests that *Prosopis* may have constituted the main food resource.

Earls (1976) proposed the first control level of the Inka state in the Central Andes was based on the maize (the crop of the state) cultivation; the second control level was based on local resources which were managed at the local level by indigenous groups (e.g. tubers in the Central Andes); and the third control level was Camellidae breeding, used mainly for distributing surpluses from one community to another. Therefore, I propose that at ESH *Prosopis* played an essential role in the domestic economy, and therefore an important constituent in the second control level of the Inka State.

Overall, the Inka floor of El Shincal produced comparatively low absolute values and LOW densities of archaeobotanical remains. However, by examining the spatial relationships among and between the plant remains, as well as between the plant remains and their contexts of origins, we were able to recognize specific plant–related activities within and around the different structures of the site. The spatial analysis was possible due to our having implemented a comprehensive and systematic sampling program, which was designed to control for many of the variables that affect archaeoethnobotanical data.

We concluded that the archaeobotanical assemblages recovered from each structure of the site are linked with specific functions and activities associated with the structure itself. For example the *ushno* was recognized to be a highly sophisticated ritual context and all plant taxa recovered from the others structures of the site are represented here. Curiously, the qollqas (storage features) lacked of any evidence of stored plant food. Other areas (e.g. 5cIII) appear to have been used exclusively for cooking and possibly the distribution and consumption of meals prepared from primarily cultivated resources. Maize was found in 5cIII in form of kernel, but cobs were scarce. A completely different pattern was seen in the Kallankas feature where well-defined hearths were scarce and the separation of kernels from cobs appears to have been one among a number of activities conducted in that space. The Sinchiwasi rooms presented again another pattern. On the one hand, the R rooms had high densities of plant remains in the hearths, *e.g.* R10 appeared to be used for exclusively *Prosopis* processing due to the high relative percentages of this legume mesocarp. On the other hand, the scarcity of archaeological remains recovered from the S rooms, in conjunction with the scarcity of archaeobotanical remains, showed that these rooms had notably low activity levels or else short occupations.

The archaeobotany of ESH revealed that each individual structure of the site served a distinct and specific function, even structures that appear architecturally similar. For example, large differences in the plant assemblages were observed among the otherwise architecturally similar Sinchiwasi rooms. The archaeobotany further revealed and highlighted the highlighted the need for caution when summarizing the domestic economies of Inka sites.

Acknowledgements

The author wish to give special thanks to the people of El Shincal and Londres de Quimivil for their help during the fieldworks. To the CONICET, Fundación Antorchas and International Foundation for Science for successive financial supports to the author. To Veronica Lema, Marco Giovannetti and Rodolfo Raffino for their critical discussion of the first versions of this manuscript. To Veronica Williams, Alexandre Chevalier and Michèle Wollstonecroft for their valuable comments to the final versions of the MS. To Michèle again who kindly checked the English version of this work. To the technical assistants Lic. Diego Gobbo and Lic. Cristina Diez Marin.

Bibliography

CAPPARELLI, A. (1997). *Reconstrucción ambiental de la instalación arqueológica Inka El Shincal*. PhD Thesis. Facultad de Ciencias Naturales y Museo, Universidad Nacional de La Plata, La Plata.

— (2004). *History of plant-people relationship and deforestation at the Hualfin Valley (Argentina), since Inca occupation (1471 AD) to the present day*. Final Report to the International Foundation for Science, grant number D-3118-1, Stockholm.

— (2007a). «Wild and domesticated plants in Andean Argentina food economics: ethnobotanical evidence for archaeobotanical contrastation». Program and abstracts of the 14th Symposium of the International Work Group for Palaeoethnobotany, Edited by W. Slafer Institute of Botany, Polish Academy of Sciences, pp. 106, Kraków.

— (2007b). «El algarrobo blanco y negro —*Prosopis chilensis* (Mol.) Stuntz y *P. flexuosa* DS, Fabaceae— en la vida cotidiana de los habitantes del NOA: subproductos alimenticios». *Kurtziana,* 33: 103-119.

CAPPARELLI, A., RAFFINO, R. A. (1997). «Arqueoetnobotánica de El Shincal I: tallos finos, frutos y semillas». *Tawantinsuyu,* 3: 40-57.

CAPPARELLI, A., LEMA, V., GIOVANNETTI, M. (2004). «El poder de las plantas». In R. A. Raffino (ed.), *El Shincal de Quimivil.* Catamarca: Sarquís. Pp. 141-164.

CAPPARELLI, A. *et al.* (2005). «The introduction of Old World crops (wheat, barley and peach) in Andean Argentina during the 16th century A.D.: archaeobotanical and ethnohistorical evidence». *Vegetation History and Archaeobotany,* 14: 472-484.

CAPPARELLI, A., GIOVANNETTI, M., LEMA, V. (2007a). «Primera evidencia arqueológica de cultivos europeos (trigo, cebada y durazno) y de semillas de algodón en el NOA: su significación a través del registro de El Shincal de Quimivil». In B. Marconetto, N. Oliszewsky and P. Babot (comps.), *Paleoetnobotànica del Cono Sur: estudios de casos y propuestas metodológicas.* Museo de Antropología-Facultad de Filosofía y Humanidades, Universidad Nacional de Córdoba, Córdoba: Ferreyra. Pp. 25-48.

CAPPARELLI A. *et al.* (2007b). «Introducción y dispersión de bienes del Viejo mundo: posibles rutas de ingreso a la provincia de Catamarca». In *Memoria del III Congreso de Historia de Catamarca*, Tomo I. Catamarca: Junta de estudios históricos de Catamarca, Universidad Nacional de Catamarca, Científica-Universitaria Editorial. Pp. 85-105.

CAPPARELLI, A., CORTELLA, A. and POCHETTINO, M. L. *Site formation processes and archaeobotany in the South American Highlands: the case of Prosopanche americana.* MS.

COLUCCIO, F. (1964). *Diccionario folklórico argentino*. Buenos Aires: Luis Laserre y Cía. 2 vols.

EARLS, J. (1976). «Evolución de la Administración Ecológica Inca». *Revista del Museo Nacional,* T. 42. Pp. 208-245.

FARRINGTON, I. (1999). «El Shincal: un Cusco del Kollasuyu». In C. Díez Marín (ed.), *Proceedings of the 12th National Congress of Argentinean Archaeology, La Plata, 1997*, vol 1. La Plata: National University of La Plata Editorial. Pp. 53-62.

HASTORF, C. A. (1990). «The effect of the Inka state on Sausa agricultural production and crop consumption». *American Antiquity,* 55: 262-290.

HASTORF, C. (1988). «The use of palaeoethnobotanical data in prehistoric studies of crop production, processing and consumption». In C. A. Hastorf and V. Popper (eds.), *Current Palaeoethnobotany: analytical methods and cultural interpretations of archaeological plant remains*. Chicago: The University of Chicago Press. Pp. 119-144.

HALLY, D. (1981). «Plant preservation and the content of paleobotanical samples: a case study». *American Antiquity,* 46(4): 732-742.

HATHER, J. G. (2000). *Archaeological Parenchyma*. London: Archetype Publications.

HILLMAN, G. (1981). «Reconstructing crop husbandry practices from charred remains of crops». In Mercer (ed.), *Farming practice in British prehistory*. Edinburgh: Edinburgh University Press. Pp. 123-162.

JOHANNESSEN, S. and HASTORF C. (1990). «A history of fuel management in the Mantaro Valley Perú». *Journal of Ethnobiology,* 10: 61-90.

JOHANESSEN, S., GOETTE, S., HASTORF, C. (1990). «Modern and ancient maize fragments: an experiment in variability». *Journal of Quantitative Anthropology,* 2: 179-200.

KUBIAK-MARTENS, L. (2002). «New evidence for the use of root foods in pre-agrarian subsistence recovered from the late Mesolithic site of Halsskov, Denmark». *Vegetation History and Archaeobotany,* 11: 23-32.

LEMA, V. and CAPPARELLI, A. (2007). «El algodón (*Gossypium* sp. L.) en el registro arqueológico del noroeste argentino: su presencia pre y post hispánica». In B. Marconetto; N. Oliszewsky and P. Babot (comps.), *Paleoetnobotánica del Cono Sur: estudios de casos y propuestas metodológicas*. Museo de Antropología-Facultad de Filosofía y Humanidades, Universidad Nacional de Córdoba. Córdoba: Ferreyra. Pp. 49-78.

LEMA, V. *et al.* «Análisis de restos faunísticos en el sitio inkaico El Shincal (Catamarca, Argentina). Comparación con información arqueobotánica y análisis cerámico» [in the present volume].

LENNSTROM, H. (1990). *Botanical remains from the Calchaquí Archaeological Project 1990*. Archaeobotany Laboratory Report 29. Missouri University (MS).

MEDDENS, F. M. (1997). «Function and meaning of the Usnu in Late Horizon Perú». *Tawantinsuyu,* 3: 5-14.

MILLER, N. (1988). «Ratios in palaeoethnobotanical analysis». In C. A. Hastorf and V. Popper (eds.), *Current Palaeoethnobotany: analytical methods and cultural interpretations of archaeological plant remains*. Chicago: The University of Chicago Press. Pp. 72-85.

PEARSALL, D. (1988). «Interpreting the meaning of macroremain abundance: the impact of source and context». In C. A. Hastorf and V. Popper (eds.), *Current Palaeoethnobotany: analytical methods and cultural interpretations of archaeological plant remains*. Chicago: The University of Chicago Press. Pp. 97-118.

POPPER, V. (1988). «Selecting quantitative measurements in palaeoethnobotany». In C. A. Hastorf and V. Popper (eds.), *Current Palaeoethnobotany: analytical methods and cultural interpretations of archaeological plant remains*. Chicago: The University of Chicago Press. Pp. 53-71.

POPPER, V. and HASTORF, C. A. (1988). «Introduction». In Hastorf and Popper (eds.), *Current Palaeoethnobotany: analytical methods and cultural interpretations of archaeological plant remains. Op. cit.*, pp. 1-16.

RAFFINO, R. A. (2004). «El Shincal de Quimivil». In R. A. Raffino (ed.), *El Shincal de Quimivil*. Catamarca: Sarquís. Pp. 22-44.

RAFFINO, R. *et al.* (2004a). «Ushno». In R. A. Raffino (ed.), *El Shincal de Quimivil*, Catamarca: Sarquís. Pp. 69-89.

— (2004b). «Kallanka». In R. A. Raffino (ed.), *El Shincal de Quimivil*, Catamarca: Sarquís. Pp. 91-105.

— (2004c). «Sinchiwasi». In R. A. Raffino (ed.), *El Shincal de Quimivil*, Catamarca: Sarquís. Pp. 107-119.

SÁNCHEZ OVIEDO, C. (1936). «La vieja terapéutica vegetal en el noroeste argentino». In *Almanaque del Ministerio de Agricultura de la Nación*. Año XI, pp. 289-297.

SNEAD, J. (1992). «Imperial infrastructure and the Inka state storage system». In T. Y. Levine (ed.), *Inka Storage Systems*. University of Oklahoma, Norman. Pp. 62-106.

TOLL, M. (1988). «Flotation sampling: problems and some solutions, with examples from the American Southwest». In C. A. Hastorf and V. Popper (eds.), *Current Palaeoethnobotany: analytical methods and cultural interpretations of archaeological plant remains*. Chicago: The University of Chicago Press. Pp. 36-52.

WAGNER, G. (1988). «Comparatibility among recovery techniques». In Hastorf and Popper (eds.), *Current Palaeoethnobotany: analytical methods and cultural interpretations of archaeological plant remains*. Chicago: The University of Chicago Press. Pp. 17-35.

WATSON, P. (1976). «In pursuit of prehistoric subsistence: a comparative account of some contemporary flotation techniques». *Midcontinental Journal of Archaeology*, 1: 77-100.

WILLIAMS, V. *Arqueología incaica en la región centro-oeste de Catamarca (Rep. Argentina)*. PhD Thesis. Facultad de Ciencias Naturales y Museo. Universidad Nacional de La Plata. Thesis Nro 661.

WILLIAMS and D'ALTROY T. N. (1998). «El sur del Tawantinsuyu: un dominio selectivamente intensivo». *Tawantinsuyu*, 5: 170-178.

WILLS, R. *et al.* (1998). *Post-harvest: An Introduction to the Physiology and Handling of Fruit, Vegetables and Ornamentals*. Sydney: University of New South Wales Press.

WOLLSTONECROFT, M. (2004). «Post-harvest intensification among Late Pleistocene hunter-gatherers of Southwest Asia: plant-food-processing as a critical variable in the economic and social shifts that took place during the Epipalaeolithic (20,000-10,250 BP uncal)». Paper presented 13th *International Work Group for Palaeoethnobotany Symposium*, May 2004, Girona, Spain.

La producción de chicha en los imperios inca y chimú*

SEBASTIEN PETRIE

RESUMEN. A la llegada de los conquistadores españoles a suelo americano existía una extensa producción de bebida fermentada que variaba en cada región. En la región andina encontramos la chicha, bebida fermentada a base de maíz, que aunque asociada frecuentemente con el imperio inca, está presente en todo el mundo andino. En el presente trabajo estamos interesados en comprender las diferencias regionales asociadas a la chicha. Tomaremos como punto de partida el modelo de producción de chicha durante el imperio inca, para luego comparar el imperio chimú con el fin de registrar diferencias y similitudes entre ambos. De esta manera intentaremos entender mejor la variabilidad que existía en el mundo andino.

ABSTRACT. At the arrival of the Spanish conquerors existed in America a great diversity of fermented drinks that varied from region to region. In the Andean region we found the chicha, a fermented drink made of corn and greatly associated with the Inca empire, however, it was present in all the Andean world. We are interested to understand the regional differences that are related to the production of chicha. We take as a point of departure, the production of chicha in the Inca empire, and compare it afterwards with the production of the Chimu empire. This analysis will enable us to observe the differences and similarities between the inca and the chimu productions. This comparison of the model of production that existed in these two contemporaneous empires will help us to a better understanding on the variety that existed in the Andean world.

A su llegada a suelo americano, los españoles pudieron constatar la importancia que tenían las bebidas fermentadas para las diversas culturas presentes. A pesar de la presencia de bebidas fermentadas en todo el territorio latinoamericano, no podemos afirmar que la estructura social de uso y de producción fueran idénticas. Existían en todo el territorio una gran variedad de culturas, al igual que de bebidas fermentadas. Sería imposible intentar buscar una sola estructura social de uso y de producción para todo este territorio.

A partir de los escritos de los cronistas españoles que estuvieron de pasada en Perú (Arriaga, 1999; Calancha, 1976; Cobo, 1956; Zárate, 1995), podemos constatar la importancia que tenía la chicha. Esta bebida fermentada, se produjo en todo el territorio andino, fue utilizada como un alimento diario y en todas las ceremonias religiosas. A pesar de que muchos cronistas hicieron mención de esta bebida, no conocemos la envergadura real que tuviera en la época. Además, existen pocos trabajos arqueológicos y etnohistóricos que traten sobre este tema y que nos ayuden a comprender mejor el lugar que ocupó esta bebida (Moore, 1989; Morris, 1978; Rostworowski, 1989). Para reconstruir la estructura social de uso y producción debemos basarnos sobre todo en el último componente mencionado, aspecto que nos ayudará a comprender mejor toda la estructura.

---

* Texto traducido por Rosa Cortez.

Cuando examinamos con atención la literatura, percibimos que existió una diferencia entre la producción de la sierra, característica del imperio inca, y la producción de la costa, característica del imperio chimú. La evaluación de la producción de chicha de estos dos imperios contemporáneos se tratará en este artículo. En primera instancia se abordarán los diversos contextos de producción inca: *mamaconas* y *casas familiares*. En segunda instancia nuestra atención se posará sobre la producción chimú: *chicheros*. La comparación entre los diversos contextos de producción nos servirá para comprender mejor la variabilidad existente en la época prehispánica.

Las mamaconas

Las mamaconas poseían verdadera importancia en el universo inca. Dentro del contexto religioso, este grupo de mujeres era altamente jerarquizado. En la cima de la jerarquía, encontramos las *Yurac Aclla,* quienes eran de sangre inca; eran vírgenes, se encontraban encerradas y eran las esposas del Sol. Después venían las *Huayrur Aclla*, generalmente las jóvenes más bellas. El Inca escogía sus esposas secundarias dentro de este grupo. También encontramos a las *Paco Aclla*, quienes eran dadas en matrimonio en forma de agradecimiento por el Inca a los altos dignatarios o jefes. En la parte inferior de la jerarquía tenemos las *Yanac Aclla*, quienes eran esencialmente sirvientas. Existe una última categoría de mujeres llamadas las *Taqui Aclla,* quienes dedicaban su tiempo a la música, al canto, y que cantaban en la corte (Rostworowski, 1986: 11). Todas estas mujeres no eran únicamente importantes en el ámbito de la religion, sino también del político: «In royal ritual in the city of Cuzco, the acllas represented both the empire and the deity; outside of the city, the Inca erected acllawasis, magnificent house inhabited by the chosen, as symbols of the state» (Weismantel, 1991: 874). Estas mujeres eran importantes para el imperio inca porque representaban la religión y el Estado. Sin embargo, no hay que olvidar que poseían también otro tipo de importancia que no era la representación, sino que estaba relacionada con la producción.

La idea que tenemos de las mamaconas (*mamakunas* o *acllas*) generalmente es la de un monasterio lleno de vírgenes, que son frecuentemente comparadas con las religiosas. A la luz de algunas investigaciones, observamos que esta idea es un poco errónea. En efecto, las mamaconas poseían una gran importancia como productoras de bienes de lujo: «Su verdadero fin en realidad era el de servir de obreras dedicadas a producir textiles para el Estado» (Rostworowski, 1986: 11). Además de textiles debían producir la chicha. «Hacían cantidad de chichas regaladas para ofrecer a los dioses y para que bebiesen sus sacerdotes» (Cobo, 1956: 232). Tenían la tarea de producir la chicha para el Inca y los sacerdotes, la producían únicamente con fines sagrados y rituales. Eran las especialistas de la producción de los bienes que eran utilizados en dichos rituales, siendo proveedoras de las dos principales mercaderías del imperio inca, la chicha y los vestidos, convirtiéndose así las mamaconas en unas de las más importantes unidades económicas del imperio (Morris, 1979).

La chicha que estas mujeres producían servía a un grupo muy limitado: el Inca y los sacerdotes del Estado, y no al conjunto de la sociedad incaica. El Inca bebía únicamente la chicha producida por las mamaconas, pero ellas, como dice Cobo, debían producir también la chicha para los sacerdotes y las ceremonias: «Los sacerdotes *tarpuntaes* ayunaban no comiendo más que maíz cocido y yerba sin sal, y no bebían sino *chicha* turbia, que llaman *concho*» (Cobo, 1956: 217). La chicha podía así servir para fines religiosos, como acabamos de citar, inscritos generalmente dentro de un calendario ritual preciso. Ésta también podía servir al propio Inca dentro de las ceremonias de ayuno intensivo para purificar el cuerpo seguido de la ingestión de chicha en forma masiva (Saignés, 1993). Asimismo, la chicha podía ser utilizada en los banquetes que ofrecía el Inca para consolidar y crear nuevas alianzas (Olivas Weston, 2001). Es imposible discutir todos los posibles usos de la chicha producida por las mamaconas, pero podemos afirmar que la chicha de maíz era un elemento importante dentro del imperio inca.

La casa familiar *(household)*

El modelo de casa como productora de chicha nos viene descrita esencialmente por las crónicas de Cobo. Según la descripción de una casa inca: «La mayor parte de su menaje y alhajas son tinajas y cántaros de barro; no guardan en casa otro licor, ni aun agua, más que su vino o chicha, y ésa no les dura mucho tiempo, y así la hacen a menudo en cantidad de cuatro a seis arrobas cada vez; y según lo mucho que beben, no tiene un hombre con eso más que para una semana, poco más o menos. Para hacer este brebaje, guardarle y beberle, tienen más instrumentos y vasos que para sus comidas» (Cobo, 1956: 242).

Este modelo se circunscribe esencialmente dentro de un contexto inca (sierra); pero es verdad que, aunque existe otro modelo costeño, podríamos aplicarlo también a la costa. Por el momento nos centraremos únicamente en el contexto incaico. Ahora examinemos este tipo de producción. La producción de la chicha para los incas parece haber sido una actividad femenina (Rostoroworski, 1989). Las niñas de cinco años ayudaban en la producción de la chicha (Llosa, 1992). La producción se hacía en función del consumo familiar y se ubicaba en el centro de un grupo residencial que albergaba a hombres y mujeres, jóvenes y viejos. Este grupo residencial tenía una economía diversa, que incluía actividades como la agricultura, el hilado, etc. La casa familiar no era un centro de producción especializado en chicha, como es el caso de las mamaconas. Parece, por el momento, que la producción de la chicha no estuvo sujeta al control del Estado. Podemos calificar a los productores de independientes. En el caso de que existiera un control de Estado, el mismo no se situaba a nivel de la producción sino a nivel del consumo, ya que, al parecer, fuera de los rituales y las fiestas, la ebriedad estaba severamente castigada, frecuentemente con la muerte (Salazar-Soler, 1993).

Si consideramos que la producción de la chicha dentro de la casa familiar tenía principalmente un objetivo cotidiano y secular, deberíamos revisar su posición. Siendo la chicha un objeto ritual por excelencia dentro del universo inca, debemos tomar en consideración que ella era generalmente un objeto de culto. Encontramos muchas ceremonias religiosas que son de índole familiar; por ejemplo, el culto a los ancestros. Existe toda una jerarquía de ancestros que debieron ser festejados así, desde ancestros comunes a toda una comunidad hasta ancestros que sólo eran comunes dentro de un mismo grupo familiar. Una de las tareas que se debía realizar para los ancestros era ofrecer comida y bebida. Los rituales relacionados con estos cultos necesitaban de la chicha producida por los miembros de la casa familiar. Encontramos varias costumbres interesantes cuando leemos las crónicas sobre la utilización ritual de la chicha por la gente común y no por la élite inca, como relata Arriaga: «Rocían con chicha los cimientos como ofreciéndola, y sacrificándola para que no se caigan las paredes, y después de hecha la casa también la asperjan con la misma chicha» (1999: 70). Además, encontramos, entre otras, la costumbre de lavar a los enfermos con chicha (Ibíd.: 90).

Pensamos que es importante discutir los dos tipos de consumo ritualizado que describe Cobo y que están relacionados con el modelo de casa familiar. El primero es el rito de iniciación de los adolescentes incas, que se realiza cada año durante el festival de Capac Raymi: «Luego todos estos mancebos juntos mascaban el maíz con que se había de hacer chicha para la fiesta que prevenían, y sus padres y tías iban por agua hacella a Calispúquin. [...] y los deudos de los dichos mozos traían los cántaros y leña para hacerla» (Cobo, 1956: 220). Este caso citado por Cobo demuestra que era posible que los hombres participaran en la producción de la chicha. Es probable que esta producción de chicha dentro de un contexto de iniciación refleje una inversión de roles, pero percibimos que existe una participación de los hombres en la elaboración del brebaje, lo que demuestra que la producción de chicha al estilo casa familiar estaba sujeta a normas estrictas en cuanto a los roles desempeñados durante la fabricación. Los adolescentes eran responsables de la masticación del maíz, los padres y las tías se encargaban del agua, los parientes aportaban los recipientes y la leña para el fuego. Además, observamos que existía realmente una producción ritual de grupo fuera de las mamaconas, ya que los hombres jóvenes se reunían para masticar el maíz.

El segundo caso que vamos a discutir es el de las faenas agrarias. Con la ayuda de la chicha, es posible atraer a los individuos para trabajar en el campo: «Casi se convidan y convocan los amigos y parcialidades y pueblos enteros a arar sus chácaras, y los convidados acuden con tanta voluntad y gusto como si los convidaran a bodas, sin llevar otra paga ni interés más que comer y beber a costa del dueño de la heredad; el cual, para estas juntas previene de cantidad de chicha, que es el cebo que los lleva tan de grado, y continúan la labor todo el tiempo que dura con el mismo placer y alegría que la comenzaron, regocijándose con cantares a su usanza. Finalmente, la labor de las chácaras era una de las mayores recreaciones y fiestas que ellos tenían» (Cobo, 1956: 251).

Percibimos que la producción de chicha era un medio utilizado para obtener mano de obra, a nivel individual o de casa familiar; esto debería implicar la producción de un excedente de chicha para la ocasión. Para que un grupo pueda conseguir la mano de obra que necesitaría, éste debía redistribuir cierto exceso de chicha. Esta redistribución podría ser realizada por la casa familiar. Por ejemplo, una familia invitaba a otra para poder realizar trabajos a gran escala. Este grupo que deseaba la mano de obra de otro debía ser capaz de proveerle un excedente de chicha.

Sin embargo, se debe relativizar la producción tipo casa familiar e introducir otro tipo, poco mencionado en la literatura: la estatal. El tipo de producción estatal no difiere mucho del de la casa familiar; sólo varía únicamente en el tamaño. Digamos que la producción familiar se ubica en el extremo inicial de un *continuum*, y que la producción estatal se ubica en el extremo final. Entre los dos extremos existen varios intermedios como el *ayllu*, la comunidad, entre otras que pueden producir un excedente con el objetivo de conseguir mano de obra. El imperio inca se aseguraba mano de obra para los diversos trabajos y las campañas militares produciendo chicha en grandes cantidades. Morris (1979) identifica un complejo de este tipo en Pampa de Huanuco, donde parece haber habido una intensa producción de chicha, tanta que habría servido para asegurar la presencia de tropas militares. Es importante precisar que este complejo es diferente al de las mamaconas, porque aquí no se encontró ningún artefacto relacionado con la industria textil ni el hilado. Remarcamos, otra vez, la importancia de la chicha tanto a nivel político como económico y ritual, por lo que deberíamos ser cuidadosos cuando hablamos solamente de dos tipos de producción de chicha para los incas.

Los chicheros

Este modelo fue creado por Rostoroworski (1989), después de haber desempolvado un gran número de archivos y crónicas del siglo XVI. El modelo de producción de los chicheros es en esencia muy diferente de los tres modelos precedentes y tiene su base en la organización social de la costa norte peruana. Ésta, durante la conquista, era muy diferente a la conocida, para la misma época, dentro de la sierra. Esencialmente los documentos etnohistóricos indican que la organización social estuvo dividida en sectores de producción. Existían territorios de pescadores, de agricultores, de artesanos, de productores de chicha, etc. Cada grupo de especialistas se organizaba dentro de un barrio bajo la tutela de un señor. Este señor era o bien el señor agricultor de una comunidad, o bien el señor de los alfareros, entre otros tantos oficios. Estos señores se encontraban bajo el control de otro señor, quien tenía bajo su poder diferentes señores productores.

Dentro de los documentos de archivos que Rostoroworski enumera, constatamos la importancia de la especialización, que constituye la base fundamental del modelo chichero. Examinemos lo que un alfarero de la costa norte dice a un administrador español: «Toy natural de Collique, dijo que soy ollero y no tengo otro oficio ni granjería y somos seis deste oficio» (Rostoroworski, 1989: 274). Entonces, este individuo ejercía el oficio de ceramista, y no tenía otra actividad que ésta, ni tenía ningún acceso a las tierras agrícolas. Esta especialización, seguramente, permitió el desarrollo de expertos dentro de varios dominios y promovió la apropiación, por parte de los incas, de varios artesanos de la costa norte peruana, cuyo talento era reconocido, para ser llevados a los grandes centros incaicos (Rostoroworski, 1989). Los incas sobre todo se interesaron por los artesanos ceramistas y joyeros, a quienes ellos mismos se encargaron de ubicar en ciertos puntos estratégicos de la sierra. La estructura social de la costa norte, según Rostoroworski, se basaba en una producción especializada de diversos sectores económicos, relacionados con el trueque y el poder político entre diferentes señores.

¿Cómo se ubica la producción de la chicha en el interior de esta estructura social? El modelo chichero no se diferencia de los otros modelos de producción, en el sentido de que los productores eran también especialistas imbricados dentro del juego de intercambio económico y político. La primera diferencia entre los tres modelos precedentes y este último es que la producción es una actividad masculina: «En los llanos son hombres y en la sierra son mujeres las que fabrican la chicha» (Arriaga, citado por Rostoroworski, 1989: 279). Además, al contrario de las mamaconas, los chicheros no parecen haber estado dirigidos por las autoridades estatales. A continuación se presenta un testimonio de un chichero hablando de su especialidad: «Don Pedro Payampoyfel, principal y mandón de los indios *chicheros* de este repartimiento, dezimos que nosotros no tenemos otro oficio sino hazer la chicha que menester para la comida [...] ny tenemos tierra, ny tenemos chacaras donde sembrar sino nos substentamos con hacer la dicha chicha y vendella y trocalla en el tianguis, a trueque de maíz y lana y chaquira e otras cosas, y los indios labradores no la pueden hazer e no tiene aparejo para ello» (Rostoroworski, 1989: 278). Este testimonio nos demuestra varias cosas. Por un lado, que los chicheros dependían económicamente de otros especialistas. Por otro, que no tendrían ningún acceso a las tierras de cultivo. Y por último, que serían dependientes de su producción de chicha para vivir. Por otra parte, los agricultores dependerían de los chicheros para la obtención de chicha, ya que ellos no tendrían las herramientas necesarias para su fabricación.

Este modelo elaborado por Rostoroworski fue motivo de una gran polémica a raíz de los análisis arqueológicos de Moore (1989), quien excavó el sitio de Machan, perteneciente a la cultura chimú, en el valle de Santa. Moore observa en sus datos arqueológicos una producción de tipo casa familiar, como la que hemos descrito para la sociedad inca. Podemos plantear una hipótesis en la que los dos autores (Rostoroworski y Moore) interpretan mal los datos que poseen. Una vez más debemos dirigir nuestra mirada hacia la noción de la especialización y sus implicaciones. Para Rostoroworski (1981, 1989), no existe ninguna duda sobre esta especialización; un agricultor no puede ejercer las actividades de pescador y viceversa. El análisis de Ramírez (1995) sobre la relación de los pescadores y los agricultores en el valle Chicama demuestra que la hermeticidad de las profesiones puede no ser verdadera: «Don Alonso Eten, principal del repartimiento de Collique describe que los indios de su parcialidad tenían pocas tierras para sembrar y sustentarse. Es por ello por lo que su "trato" era pescar y "vender" el pescado en los pueblos comarcanos» (Ramírez, 1995: 259). Es verdad que cierto grupo de pescadores no tendría ningún acceso a las tierras de cultivo; sin embargo, existían también pescadores que podrían vivir de unas pocas labores agrícolas. Además, Rostoroworski cita un documento antiguo que trata de las tabernas donde la gente de la costa peruana iba a beber: «Tener asientos y tauernas donde publicamente dan de beuer chicha a todos los que allí se allegan, y es causa de las borracheras de los indios y en ello ocupan muchos yndios e yndias en hazer la chicha» (Rostoroworski, 1989: 278). Se dice claramente en esta cita que tanto hombres como mujeres se ocupaban de la producción de chicha, por lo que se puede concluir que ésta era una actividad mixta. De acuerdo con esta conclusión nos permitimos reevaluar o pensar sobre el modelo chichero, ya que podría ser, entonces, que la especialización no fuera tan clara; y que, además, esta tarea implicara tanto a los hombres como a las mujeres. Por tales motivos, este tipo de producción se asimilaría al modelo de casa familiar.

Creemos que Moore encuentra dentro de sus excavaciones arqueológicas un tipo de producción cercano al de casa familiar, pero sus conclusiones son un poco contradictorias. Los datos arqueológicos demuestran una gran concentración de producción de chicha dentro de un complejo bien definido (213L), datos que podrían servir de base para hablar de un modelo especializado. No obstante, al mismo tiempo el autor refuta la existencia de especialistas de chicha y opta por llamar, a la producción, de tipo casa familiar. Encuentra dentro del mismo complejo herramientas tanto de pesca como para trabajar la madera y confeccionar textiles y utensilios de cocina. En definitiva, creemos que ambos autores, Moore y Rostoroworski, comprendieron mal el concepto de especialización utilizado por los españoles. En otras palabras, pensamos que ni cronistas ni autóctonos querían decir que ellos únicamente eran productores de chicha, ni que todos los otros bienes que ellos necesitaban para la vida cotidiana eran producidos por otro grupo de especialistas. La visión de Moore y Rostoroworski se parece más a una especialización de mercado tal como se conoce hoy en día y no como fuera concebido en época de la conquista. Podríamos tomar como elemento de comparación y contraste el relato de un posadero de España durante el periodo de la conquista; este especialista estaba rodeado de una unidad familiar a la cual él debía ayudar: «Il y a toujours eu des établissements qui remplissaient une de ces trois fonctions: pour la nourriture, l'auberge puis le restaurant ; pour la boisson, l'estaminet et la taverne, puis le bistrot. À l'origine, aucun ne se distingue d'une maison privée. En fait, ce sont des maisons qui contre argent comptant mettent simplement une partie de leurs chambres, de leur nourriture ou de leur boisson à la disposition des étrangers. [...] La salle du bistrot à l'origine se confond avec la cuisine de la maison. La cuisine n'est pas seulement l'endroit où l'on prépare les mets, mais aussi celui où, autour de la cheminée, jusqu'au XVIIIe siècle, se regroupe la vie sociale du foyer» (Schivelbusch, 1991: 90-91).

Cuando los españoles mencionan que había tabernas en la costa norte, debemos comprenderlo dentro de su óptica y no de la nuestra. La unidad familiar del tabernero español, considerado como especialista, debería poseer las mismas herramientas que Moore encontró en el complejo 213L del sitio de Machan. La producción de vestidos y de algunas herramientas en madera se llevaba a cabo en la misma casa. Debemos comprender la especialización como la actividad que permite a los individuos participar en el sistema de intercambio de los diversos grupos de productores.

Además, Moore no tiene en cuenta el propio contexto de la fabricación de la chicha. Por más que cita ciertas fuentes etnológicas concernientes a la elaboración de la misma, pareciera que nunca observó directamente su producción. A lo largo de mi investigación acerca de la producción de chicha en la Campiña de Moche, pude observar que durante el tiempo que lleva la preparación es factible dedicarse a otras ocupaciones (Petrie, s. f.). Se pueden establecer tres grandes etapas en la elaboración de la chicha: la germinación del maíz (Moore identifica únicamente el uso de maíz ya germinado para la producción de la chicha en Manchan), la cocción y la fermentación. Durante estas tres etapas, es posible para el productor cumplir con otras tareas. La germinación del maíz dura aproximadamente una semana; aquí el rol del productor es observar el maíz de tiempo en tiempo, dedicándose a otras actividades. Moore cita varias fuentes sobre la cocción del maíz donde el tiempo varía de 12 a 48 horas. Una vez que el líquido rompe hervor, se le mira de vez en cuando; mientras tanto se pueden realizar otras actividades. Cuando el tiempo de cocción dura 48 horas se deben realizar turnos de más de un individuo para vigilar el líquido y alimentar el fuego, y a su vez comer y dormir. La fermentación es una etapa que requiere menos vigilancia y deja al productor más tiempo libre para trabajar en otras tareas.

Una pregunta importante que aún no nos hemos hecho dentro de esta organización temporal de producción de chicha es: ¿cuál es la frecuencia de producción? Esta pregunta es primordial si queremos tener una imagen global de la repartición del tiempo durante la producción de la chicha. Es poco probable que hubiera una cocción de maíz germinado por día. Seguramente, tal como dice Cobo sobre los productores incas, la chicha se haría casi todas las semanas. Si imaginamos el peor de los escenarios, la cocción de la chicha tendría una duración de 48 horas, por lo que quedarían cinco días de la semana para verificar la germinación del maíz y la fermentación de la chicha. De aquí sobraría tiempo para realizar, mientras tanto, diversas actividades, las cuales se ven reflejadas en las variadas herramientas que Moore encontró en Machan. Creemos entonces que hubo una especialización en la producción de chicha en la costa norte, durante el periodo chimú y la conquista española. Los datos arqueológicos que presenta Moore, como la concentración de la producción al interior del complejo arquitectónico, tienden a demostrar lo que los documentos históricos de la época de la conquista nos revelan. Por tal motivo, se debería relativizar el modelo de los chicheros y reemplazarlo por el de una producción de tipo casa familiar especializada. Se debería también concebir la idea de que no sólo la casa familiar especializada produciría chicha, sino que algunos pescadores o agricultores, entre otros, pudieron haberla producido a menor escala o para ocasiones especiales.

Si buscamos mejor precisión para los modelos de la costa norte, debemos admitir que existían hombres especialistas a cargo de la producción de chicha, pero éstos no corresponden al modelo de especialistas propuesto por Rostoroworski. Dos mitos fundadores, Naimlap y la dinastía de los Lambayeque, y Taycanamo y la dinastía de los chimú, soportan esta idea: «Dicen los naturales de Lambayeque (y con ellos conforman los demas pueblos a este valle comarcano) que en tiempos muy antiguos que no saben numerarlos vino de la parte suprema de este Piru con gran flota de Balsas un padre de Compañas, hombre de mucho valor y calidad llamado Naimlap y consigo traia muchas concubinas, mas la muger principal dicese auerse llamado Ceterni trujo en su compañia muchas gentes que ansi como a capitan y caudillo lovenian siguiendo, mas lo que entre ellos tenia mas valor eran sus oficiales que fueron quarenta, ansi como Pita Zofi que era su trompetero o tenedor de unos grandes caracoles que entre los Yndios estiman en mucho, otro Ñinacola que era el que tenia cuidado de sus andas y Silla, y otro Ñinagintue a cuio cargo estaua la vevida de aquel Señor a menera de Botiller, otro llamado Fonga sigde que tenia cargo de derramar polvo de conchas marinas en la tirra que su Señorauia de Pisar, otro Occhocalo era su Cocinero, otro tenia cuidado las unciones y color con que el Señor adornava su rostro, a este llamauan Xan muchec tenia cargo de bañar al Señor Ollopcopoc» (Cabello Valboa, 1951: 327).

El mito de Taycanamo es similar al mito de Naimlap y sigue las mismas grandes líneas narrativas, pero es menos detallado. Es interesante ver que en el mito de Naimlap el señor llega de otro lado acompañado de su corte y servidores, donde Ñinagintue era la persona que se encargaba de producir las bebidas para su señor. Este especialista de bebida no se debe confundir con el cocinero, que era otro de los especialistas, llamado Occhocalo. Los documentos etnohistóricos citados por Rostoroworski tienden a afirmar, indirectamente, que había especialistas quienes producían la chicha para el señor. Fueron promulgadas ciertas leyes por los españoles para prohibir a los amerindios producir la chicha dentro de sus casas, inclusive aquella destinada a los señores. Esto avala el hecho de que la chicha para los señores podía, antes de estas leyes, ser producida en las residencias señoriales. Quizás el mito de Naimlap refleja una idealización de la sociedad que simboliza la división del trabajo que prevalecía en esa época. Con la información que poseemos, creemos que existieron tres tipos de producción de la chicha en la costa norte peruana: la llamada casa familiar especializada, la de los servidores especialistas del señor y la producción ocasional familiar.

El consumo de la chicha en la costa posee algunos puntos en común con el de los incas. Por ejemplo, la importancia de ofrendar la chicha a ciertas divinidades: «Sacrificaran a la Luna niños de cinco años, encima de algodones de colores acompañados de chicha i fruta» (Calancha, 1976: 1.240). Conocemos muy poco sobre el consumo de la chicha con un fin ritual, pero podemos ver de manera indirecta su utilización: «Adoran al idolo Huaman Cantac, derramádole chicha en la playa, i le ayunan dos días, i a la buelta otros dos» (Calancha, 1976: 847). Aquí, la alusión al ayuno nos recuerda los rituales de purificación inca seguidos de borracheras. Encontramos en la costa la costumbre de mezclar la chicha con el espingo *(Nectandra spp)*, que parece ser un alucinógeno: «Arriaga afirma que era la chicha la principal y mejor ofrenda y que para este objeto era especialmente preparada. Que en la costa desde Chancay hacia el sur, preparaban una denominada «vale» a base de sora mezclada con maíz mascado y con polvos de espingo, espesa y muy fuerte que echaban sobre la huaca y la bebían los magos, «y les vuelve como locos» (Valcárcel, 1964: 243).

En la costa, vemos que la chicha tenía un carácter ritual muy importante; permitiría tener visiones y tener cierta comunicación con los ancestros y las huacas. El rol ritual de la chicha no nos debe hacer olvidar el hecho de que poseía, tanto en la costa como en la sierra, un rol muy importante a nivel económico y político. Gracias a la chicha era posible para los señores obtener la mano de obra necesaria y controlar a la población, tal como dice don Cristóbal Payco de Jequetepeque: «Un gran inconveniente por que la principal causa por que los indios obedecían a sus caciques aquí, es mediante a que la costumbre que tenían de dalles de beber [...] y que sino obiese de dar de beber a los indios ellos tampoco harían sus sementeras» (Rostoroworski, 1989: 279).

Los señores debían tener acceso a una producción de chicha para responder a las necesidades de los obreros. Este acceso lo obtendrían a través del cobro de una tasa a los productores de chicha de tipo casa familiar especializada. La chicha así obtenida tendría luego un rol de salario, del mismo tipo que el de la sal de la Grecia antigua. Al mismo tiempo, la chicha debía tener también una importancia cotidiana. Esta última, sin embargo, se manifestaría de manera diversa para los incas, ya que existirían varias formas producción. Por un lado, una producción de tipo casa familiar aseguraba a los individuos un acceso directo a la chicha. Por otro lado, una producción de tipo casa familiar especializada, que favorecía el intercambio y aprovisionamiento cotidiano de bienes entre los diversos grupos.

Finalmente, cabe agregar que parecía existir una gran diferencia entre el modelo de consumo inca y el costeño con respecto al control de la ebriedad. Los incas castigaban severamente la ebriedad fuera de un contexto bien preciso, mientras que en la costa era muy diferente. Los españoles tuvieron que dictar ciertas leyes para restringir el consumo del alcohol en la costa, algo que no fue necesario en la región de la sierra (Rostoroworski, 1989). Ciertas costumbres de los pescadores de la costa norte demuestran una gran afección por las borracheras cotidianas: «Los españoles no entendían las costumbres andinas, y los trataban de haraganes porque no salían diario al mar, mientras quedaban en tierra pasaban el tiempo en bailes y borracheras» (Rostoroworski, 1981: 89). Si creemos estos datos, la sociedad costeña era más permisiva con relación al consumo de alcohol que la sociedad inca.

Conclusión

Cuando examinamos el panorama de la producción y el consumo de chicha al inicio del siglo XVI, constatamos que éstos no eran uniformes y que ciertos factores regionales deben ser tomados en consideración. Por un lado, al nivel de la élite social observamos una diferencia bien marcada, porque para los incas eran las mujeres (mamaconas) quienes estaban a cargo de la producción ceremonial de la chicha; en cambio, en la costa son los hombres (servidores señoriales) los que estaban a cargo de producirla en las residencias señoriales. Por otro lado, a nivel secular, percibimos que hay también diferencias marcadas, ya que en ambos casos existe una producción de tipo casa familiar; pero en la costa ciertas casas familiares estarían especializadas en la elaboración de la chicha, mientras que otras no podrían producirla. Observamos la oposición entre la producción femenina (inca) y la masculina (costeña); sin embargo, esta oposición parece más simbólica que verídica. Para la costa, en realidad, la producción era realizada por ambos sexos; en cambio, para los incas esta producción mixta sólo se evidencia en rituales de iniciación. El control político de la producción de chicha para ambos grupos parece haber sido mínimo. Parecería que tanto incas como chimúes utilizaron la retribución en chicha como cebo para obtener mano de obra.

A pesar de la poca información existente con relación al consumo costeño, parecería haber existido, entre ambas etnias, una similitud a nivel de consumo ritual. La chicha fue utilizada como ofrenda para comunicarse con los ancestros y huacas; al igual que fuera importante en los rituales políticos y en el interior de un juego económico que aseguraba a la élite mano de obra. El consumo de la chicha parece haber tenido una importancia capital para el funcionamiento religioso, político y económico. Sin embargo, los documentos históricos permiten inferir que el consumo cotidiano de chicha fue diferente en la costa con respecto a la sierra. Esta diferencia estaría dada por una interpretación diferente de lo que sería la ebriedad: los incas, por un lado, sólo aceptaban la embriaguez ritual, en tanto que los costeños, por otro lado, aceptaban la embriaguez tanto ritual como secular.

Bibliografía

ARRIAGA, P. J. de (1999) [1621]. *La extirpación de la Idolatría en el Piru*. Cuzco: Centro Bartolomé de las Casas.

CABELLO VALBOA, M. (1951). *Miscelánea antártica*. Lima: Universidad Nacional Mayor de San Marcos.

CALANCHA, FRAY A. de la (1976). *Crónica moralizada*. Lima: Edición de Ignacio Prado Pastor.

COBO, FRAY B. (1956) [1653]. *Historia del Nuevo Mundo*. Madrid: Biblioteca de Autores Españoles.

LLOSA, E. (1992). *Picanterías cusqueñas: vitalidad de una tradición*. Lima: AMIDEP-TAFOS.

MOORE, J. D. (1989). «Pre-Hispanic Beer in Coastal Peru: Technology and Social Context of Prehistoric Production». *American Anthropologist*, 91: 682-695.

MORRIS, C. (1979). «Maize Beer in the Economics, Politics, and Religion of the Inca Empire». En C. F. Gastineau, W. J. Darby y F. B. Turner (eds.), *Fermented Food Beverages in Nutrition*, New York: Academic Press. Pp. 21-34.

Olivas Weston, R. (2001). *La cocina de los Incas*. Lima: Universidad San Martín de Porres, Escuela Profesional de Turismo y Hotelería.

Petrie, S. (s. f.) *Hemos escogido el maíz: elaboración de la chicha en la Campiña de Moche*. S. l.: s. n.

Ramírez, S. E. (1995). «De pescadores y agricultores: una historia local de la gente del valle de Chicama antes de 1565». *Bulletin de l'Institut française d'études andines*, 24: 245-279.

Rostworowski, M. (1981). *Recursos naturales renovables y pesca, siglos XVI y XVII*. Lima: IEP.

— (1986). *La mujer en la época prehispánica*. Documento de Trabajo, 17, Lima: IEP.

— (1989). *Costa peruana prehispánica*. Lima: IEP.

Saignés, T. (1993). «¿Por qué los indios ebrios hablan en español?» En T. Asignes (ed.), *Borrachera y memoria. La experiencia de lo sagrado en los Andes*. Lima: Hisbol/ IFEA. Pp. 43-72.

Salazar-Soler, C. (1993). «Embriaguez y visiones en los Andes. Los Jesuitas y las "borracheras" indígenas en el Perú». En T. Asignes (ed.), *Borrachera y memoria. La experiencia de lo sagrado en los Andes*, *op. cit.*, pp. 23-42.

Schievelbusch, W. (1991). *Histoire des stimulants*. Paris: Édition du Promeneur.

Valcárcel, L. (1964). *Historia del Perú antiguo*. Tomo 2, Lima: Juan Mejía Baca.

Weismentel, M. J. (1991). «Maize Beer and Andean Social Transformations: Drunken Indians, Bread Babies, and Chosen Women». *MLN*, 106: 861-880.

Zárate, A. de (1995) [1555]. *Historia del descubrimiento y conquista del Perú*. Lima: PUCP, Fondo Editorial.

Condiciones de salud de los antiguos pobladores de los valles centrales oaxaqueños durante el Formativo

MARTHA ELENA ALFARO CASTRO
Centro INAH, Oaxaca, México
SERGIO LÓPEZ ALONSO
Escuela Nacional de Antropología e Historia, México

RESUMEN. En este trabajo, se evalúa el impacto causado por factores ecológicos y sociales sobre el estado de salud y nutrición de los antiguos habitantes de aldeas del Formativo de los Valles Centrales de Oaxaca, México. Se analizaron restos esqueléticos de 68 individuos procedentes de tres sitios arqueológicos de distinto orden socio-económico, asentados en medios ecológicos relativamente diferentes: San José Mogote, Fábrica San José y Santo Domingo Tomaltepec. A partir del análisis de indicadores osteopatológicos, se pudo observar que la salud de dichos habitantes, en sus fases Temprano y Medio, no se hallaba afectada de manera drástica. Esto quizás debido a que el proceso de cambio de vida nómada a sedentaria fue paulatino y de largo plazo. Sin embargo, se llegaron a observar algunas diferencias entre los sitios al parecer relacionadas con el medio ambiente y algunos factores sociales.

ABSTRACT. In this work, we evaluated the impact caused by ecological and social factors on the health state and nutrition of the inhabitants of villages of the Formative of Central Valleys of Oaxaca, México. Skeletal remains of 68 individuals coming from three archaeological sites of different socioeconomic order, seated in ecological relatively different means were analyzed: San José Mogote, Fábrica San José and Santo Domingo Tomaltepec. From the analysis of osteopathological indicators, it was possible to conclude that the health of these inhabitants, in its Early and Middle phases, was not affected in a drastic way. This perhaps because the process of change of nomadic life to sedentary was gradual and of long term. Nevertheless we observed some differences between the sites apparently related to the environment and some social factors.

Introducción

La región conocida como Valles Centrales de Oaxaca se localiza en el centro del estado a una altitud media de 1.530 msnm[1] y comprende el área más amplia de terreno plano con un gran potencial agrícola. Esta planicie está dividida naturalmente en tres subvalles por el río Atoyac y su afluente el Salado: el de Etla al noroeste, el de Tlacolula en el este y el Valle Grande o de Zaachila-Zimatlán en el sur (Marcus y Flannery, 2001: 13) (mapa 1).

Los primeros asentamientos humanos permanentes en la región de los valles centrales se encuentran registrados en el período Formativo Temprano[2]. Durante

[1] Metros sobre el nivel del mar.

[2] El Horizonte Formativo del área oaxaqueña se subdivide en tres fases: Temprano (1400 a 1150 a.C.), Medio (850 a 700 a.C.) y Tardío (500 a.C. a 200 d.C.) (Marcus y Flannery, 2001).

este período se establecieron pequeñas aldeas localizadas en las áreas próximas a los ríos, pero por arriba de los niveles de inundaciones, como estrategia para aprovechar las fértiles tierras aluviales (González, 1990). La organización social en estas aldeas parece haber sido primordialmente igualitaria, pues no se aprecian diferencias significativas de estatus económico, político y social entre los grupos domésticos de cada localidad.[3] Por la información arqueológica disponible se sabe que en el Formativo Medio la complejidad social se ve incrementada de manera considerable, destacando el rápido crecimiento de algunas aldeas, respecto a otras, de manera que pueden distinguirse en la región tres niveles de comunidades por su tamaño y jerarquía. En este periodo aparecen igualmente indicios de diferenciación de estatus entre las personas que las habitaban[4] (Flannery y Marcus, 1983). Durante el Formativo Tardío, el área cobra transformaciones notables, pues se observan reestructuraciones de orden político y social y tiene lugar el surgimiento de Monte Albán como centro hegemónico de control del área; por lo mismo, pierden independencia las aldeas de las fases previas (Marcus y Flanney, 2001). No se incluye esta última fase en el análisis propuesto porque es muy escaso el material disponible.

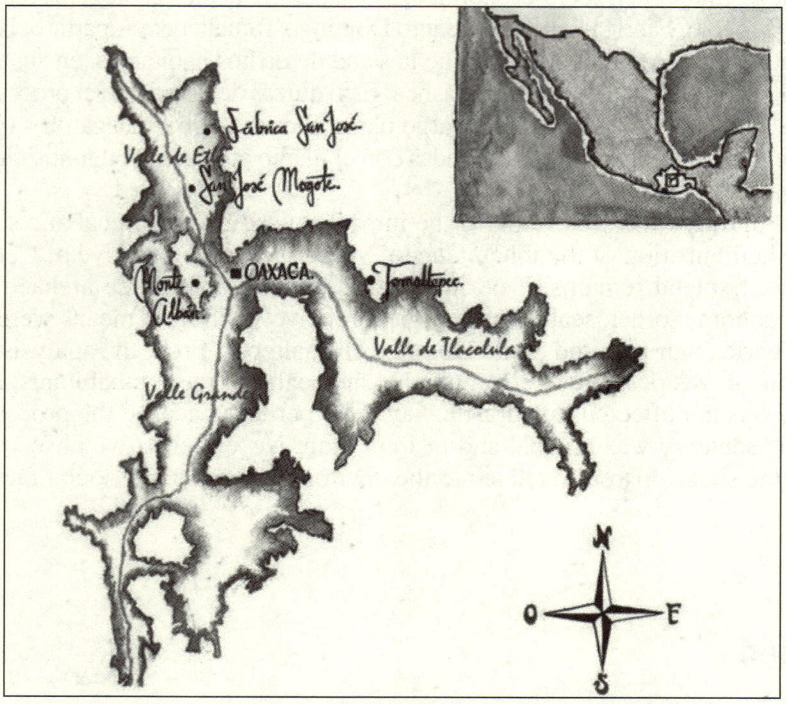

Mapa 1. Ubicación de los sitios en los Valles Centrales.

Material y métodos

El material esquelético humano estudiado y la información arqueológica respectiva procede de exploraciones realizadas en el contexto del proyecto «Prehistoria y Ecología Humana del Valle de Oaxaca» durante los años setenta y se halla

[3] Como lo revela la ausencia de bienes suntuarios en las ofrendas y la sencillez de las habitaciones y enseres domésticos (Winter, 1990: 41-42).

[4] Los edificios públicos incrementaron su tamaño y complejidad arquitectónica, de igual manera crecieron las relaciones interregionales (Flanney y Marcus, 1983: 53-64).

bajo resguardo del Centro INAH Oaxaca[5]. Corresponden a 68 individuos de distintas edades y de uno y otro sexo, explorados en las siguientes localidades arqueológicas:

San José Mogote (SJM). Ubicada en el subvalle de Etla (mapa 1), es la localidad de mayor tamaño y jerarquía de las tres. Se analizaron los restos de 23 individuos procedentes de este sitio, correspondientes al Formativo Temprano y Medio.

Fábrica San José (FSJ). Ubicado igualmente en el subvalle de Etla (mapa 1), pero de menor tamaño y jerarquía que la anterior. Se estudiaron restos de 23 individuos, todos correspondientes al Formativo Medio.

Santo Domingo Tomaltepec (SDT). Se ubica en el subvalle Tlacolula (mapa 1). Es de menor tamaño y jerarquía que la primera mencionada. Se analizaron los restos de 22 individuos de este sitio, los cuales corresponden al Formativo Temprano y Medio.

Procedencia	Adultos por sexo			Subadultos**	Totales
	Femeninos	Masculinos	Sd*		
San José Mogote	10 (45.5%)	6 (26.1%)	1 (4.3%)	6 (26.1%)	23(100%)
Fábrica San José	5 (22.7%)	8 (34.8%)	2 (8.7%)	8 (34.8%)	23(100%)
Sto. Domingo Tomaltepec	7 (31.8%)	10 (45.5%)	2 (9.1%)	3 (13.6%)	22(100%)
Totales	22	24	5	17	68

* Individuos adultos en los que no fue posible determinar el sexo.
** Individuos menores de 15 años.
Fuente: datos propios

Cuadro 1. Distribución de los individuos por lugar de procedencia, sexo y grupos de edad.

La asignación de sexo se realizó a partir de rasgos morfoscópicos basados en cambios relacionados con la madurez sexual en cráneo, mandíbula, coxal y sacro (Bass, 1971) y la estimación de la edad biológica de individuos de entre 0 y 15 años (subadultos) se realizó mediante el método de brote dental de Ubelaker (1989), el grado de cierre de las epífisis (Bass, 1971; Browthwell, 1987) y el método de longitud de huesos largos (Ortega, 1998). En individuos mayores de 15 años (adultos) la edad biológica se estimó con base en modificaciones de la superficie auricular del ilíaco con la edad (Lovejoy *et al.,*1985) y cambios en la sínfisis púbica (Brooks y Suchey, 1990; Suchey y Katz, 1986). La distribución según lugar de procedencia, grupos de edad y sexo se presenta en el cuadro 1. Hubo cinco casos de individuos adultos en muy mal estado de conservación de los cuales no fue posible identificar sexo; éstos fueron excluidos en el recuento de presencia y ausencia de los indicadores considerados.

En el cuadro 2 se encuentra una breve descripción de los indicadores no específicos de condiciones de salud y nutrición aquí empleados y que fueron utilizados como indicadores mínimos para tener una visión general del proceso de adaptación de los sujetos estudiados, y se resumen los principales factores etiológicos de cada uno de ellos. Los indicadores aquí empleados, se registraron siguiendo a Steckel y Rose (2002). Cabe señalar que el mal estado de conservación de los restos óseos y en particular la destrucción de los segmentos o piezas clave para observar presencia o ausencia de indicadores hizo variar la «n» en cada uno de los indicadores observados.

[5] Centro regional del Instituto Nacional de Antropología e Historia en Oaxaca.

Indicador	Características	Etiología	Fuente
Hiperostosis porótica y criba Orbitaria	Se observa como una porosidad o puntilleo en la región de las órbitas o en algunas regiones del cráneo.	Suelen estar ligadas a una dieta inadecuada, una absorción pobre de hierro (por problemas metabólicos, enfermedades infecciosas gastrointestinales o prácticas culturales).	Stuart-Macadam 1989, 1998; Walker 1986; Aufderheide y Rodríguez 1998; Steckel y Rose 2002.
Hipoplasia del esmalte	Es una alteración en la formación del esmalte, que se presenta en forma de bandas o pequeñas depresiones en el esmalte de la corona dental.	Estas alteraciones se presentan durante la formación del diente a causa de la detención del proceso de crecimiento derivado de episodios que afectan a la salud del individuo; entre las principales causas se encuentran padecimientos congénitos, traumatismos, problemas infecciosos y deficiencias nutricionales.	Aufderheide y Rodríguez 1998; Goodman y Rose 1991; Blake y Armelagos 1985; Steckel y Rose 2002.
Periostitis	Se caracteriza como una serie de estrías en el periostio resultado de un proceso inflamatorio.	Los problemas nutricionales y metabólicos actúan de manera sinérgica con los procesos infecciosos. En climas tropicales se incrementan las parasitosis, llegando a ocasionar sangrados y diarreas; asimismo, la propia sudoración provoca pérdida de hierro. Por su parte los métodos de preparación de los alimentos juegan papel importante en la asimilación del hierro, al igual que ciertas prácticas culturales como los autosacrificios.	Ortner y Putschar 1981; Steinbock 1976; Martin, Goodman y Armelagos 1991; Steckel y Rose 2002.
Procesos degenerativos de tejido articular	Se observa como una especie de porosidad, eburnición u osteofitos.	Son una condición patológica progresiva. Se caracteriza por la pérdida del cartílago articular y la subsecuente lesión resultado del contacto inter-óseo en las articulaciones de diartrosis. Las causas pueden ser físicas, infecciosas, metabólicas o el avance de la edad.	Aufderheide y Rodríguez 1998; Steinbock 1976; Steckel y Rose 2002.

Cuadro 2. Indicadores patológicos para evaluación de condiciones de salud.

Resultados y discusión

San José Mogote (SJM)

Desde el Formativo Temprano, el sitio se destacó por su tamaño e indicios de una mayor jerarquía social y política que otras aldeas de este periodo. El grupo estudiado está compuesto de la siguiente manera: 43,5% (10/23), adultos femeninos cuyas edades fluctuaron entre 15 y 44 años; 26,1% (6/23), adultos masculinos de entre 20 a 49 años; y 26,1% (6/23), subadultos que van de recién nacidos a 12 años. A un individuo adulto de esta aldea no se le pudo identificar sexo 4,3% (1/23), por el mal estado de conservación de sus restos (cuadro 1).

En general estos individuos presentaron pocos casos con evidencias de problemas nutricionales o infecciosos, siendo en su mayoría formas iniciales o ligeras, ya que se encontraban afectadas tan sólo pequeñas regiones de la superficie ósea (cuadro 3). Es de destacarse esta situación, pues se esperaría que en este período, que es cuando se da el proceso de cambio del modo de subsistencia de caza-recolección al de la vida sedentaria, se incrementaran de manera notable los problemas nutricionales e infecciosos en las poblaciones (Stuart-Macadam, 1989). Sin embargo, es posible que lo observado sea el resultado de una transición gradual que permitió desarrollar estrategias culturales para ajustarse al modo de subsistencia agrícola, aunado a la excelente ubicación ecológica del sitio,[6] logrando con esto atemperar el estrés del nuevo modo de vida.

Con todo, vale señalar algunas diferencias intersexuales observadas en cuanto a la frecuencia de criba orbitaria e hiperostosis,[7] las cuales sólo se registraron en mujeres —25% (2/8) y 33,3% (3/9) respectivamente— y niños menores de 10 años —100% (2/2) y 33,3% (1/3)—. Las líneas de hipoplasia se presentaron en pocos casos a manera de una línea en incisivos centrales y caninos en dentición permanente de mujeres 28,6% (2/7) (cuadro 2). Esta susceptibilidad diferencial pudo ser resultado de diversos factores, entre ellos el acceso desigual a los recursos alimenticios, lo que permite que ciertos miembros se vuelvan más vulnerables a padecimientos por carencias nutricionales o de tipo infeccioso. Puede deberse, también, a la propia variabilidad biológica que otorga capacidades diferentes a cada individuo, para resistir a las embestidas contra la salud[8] (Stuart-Macadam, 1989; 1998).

Procedencia	Indicadores	Femeninos		Masculinos		Subadultos		Total**	
		N	%*	N	%*	N	%*	N	%*
SJM	*Criba Orbitaria*	2/8	*25,0*	0/5	0	2/2	*100*	4/15	*26,6*
	Hiper. porótica	3/9	*33,3*	0/5	0	1/3	*33,3*	5/17	*29,4*
	Hipoplasia	2/7	*28,6*	0/3	0	0/1	*0*	2/11	*18,2*
	Periostitis	1/8	*12,5*	1/4	25	0/4	*0*	2/16	*12,5*
	Caries	7/8	*87,5*	3/4	75	0/5	*0*	10/17	*58,8*
	Abcesos	6/8	*75,0*	3/4	75	0/3	*0*	9/15	*60,0*
FSJ	*Criba Orbitaria*	0/3	*0*	0/3	0	3/5	*60,0*	3/11	*27,3*
	Hiper. porótica	2/4	*50,0*	1/4	25,0	2/7	*28,6*	5/15	*33,3*
	Hipoplasia	1/3	*33,3*	0/4	0	0/1	*0*	1/8	*12,5*
	Periostitis	3/5	*60,0*	2/4	50,0	2/6	*33,3*	7/15	*46,6*
	Caries	4/4	*100*	1/4	25,0	0/4	*0*	5/16	*31,2*
	Abcesos	4/4	*100*	1/4	25,0	0/4	*0*	5/14	*35,7*
SDT	*Criba Orbitaria*	0/3	0	0/7	0	1/3	*33,3*	1/13	*7,7*
	Hiper. porótica	1/7	14,3	1/10	10,0	2/3	*66,6*	4/20	*20,0*
	Hipoplasia	5/6	83,3	4/9	44,4	0/3	*0*	9/18	*50,0*
	Periostitis	2/6	33,3	2/10	20,0	2/3	*66,6*	6/19	*31,5*
	Caries	4/6	*66,6*	3/9	33,3	0/3	*0*	7/18	*38,8*
	Abcesos	2/6	*33,3*	2/8	25,0	0/3	*0*	4/17	*23,5*

*Porcentajes afectados al interior del mismo sexo
**Porcentajes respecto del total (N) de individuos que presentaban la región a observar

Fuente: datos propios

Cuadro 3. Distribución de indicadores de Salud y Nutrición.

---

[6] Rodeado de una gran cantidad de tierras de rico potencial agrícola y agua permanente para el cultivo y el uso doméstico (Marcus y Flannery, 2001).

[7] Estas patologías suelen estar ligadas a casos de anemia por dietas deficientes o inadecuadas, problemas metabólicos, gastrointestinales o de parásitos (Stuart-Macadam, 1989: 187-192).

[8] Los niños en período de crecimiento son menos tolerantes a la escasez de alimento o la pérdida de nutrientes; por otro lado, las mujeres, debido a procesos metabólicos como los ocurridos durante el embarazo o la lactancia, son más susceptibles a padecer episodios de anemia (Stuart-Macadam, 1998: 45).

Los procesos infecciosos en esta aldea se presentaron en muy bajos porcentajes (cuadro 2), registrándose solamente en un sujeto femenino 12,5% (1/8) y dos masculinos 25% (1/4). Esto podría sugerir que, a pesar del rápido crecimiento al que se vio sometida la aldea, pudo mantener relativamente estable la salud de sus pobladores. Quizás esto se logró mediante un adecuado control sanitario, donde la higiene personal, el tipo de vivienda, el control de desechos por medio de basureros, entre otros factores, pudieron haber jugado un papel importante.

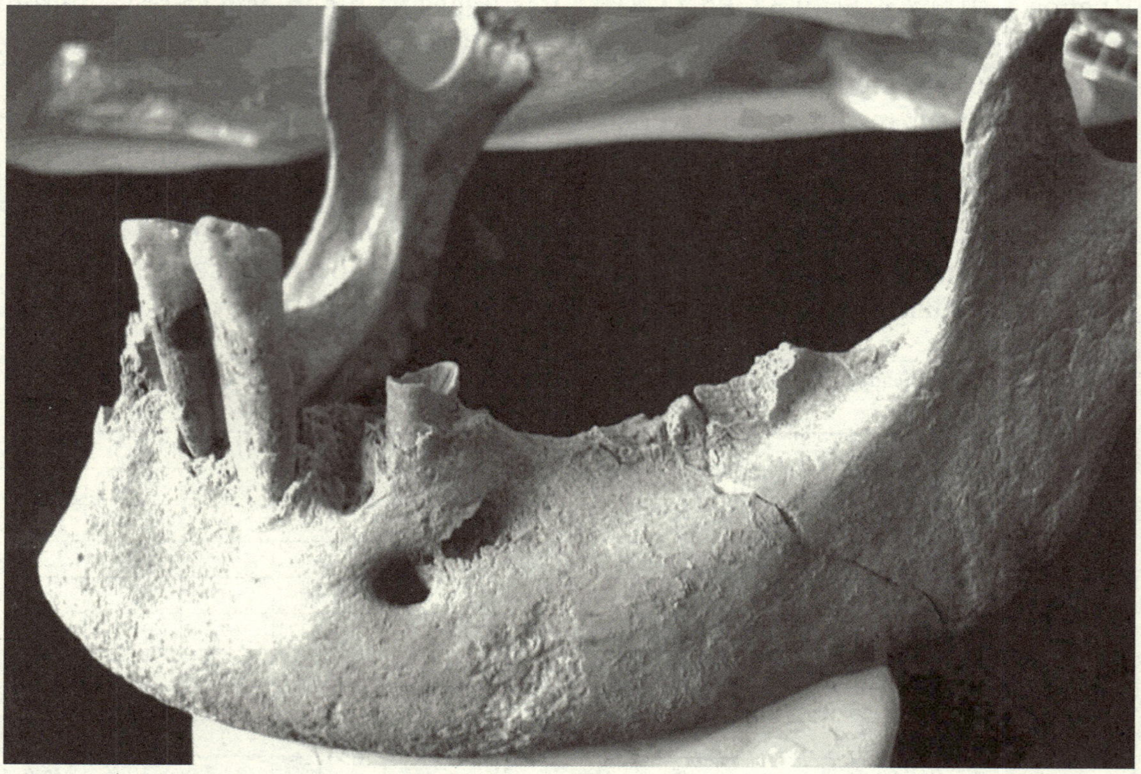

Figura 1. Mandíbula con presencia de caries en cuello, abscesos y reabsorción alveolar tras la pérdida de dientes *antemortem*. Entierro 18 SJM.

Por último, los individuos adultos de ambos sexos presentaron patologías bucales (caries y abscesos) en muy altos porcentajes: 87,5% (7/8) en sujetos adultos femeninos y 75% (3/4) en individuos masculinos[9] (cuadro 3). Lo anterior indica elevado consumo de productos con alto contenido de carbohidratos en la dieta, así como una pobre higiene bucal; aunque vale la pena señalar que, si bien mujeres y hombres se ven afectados por una gran cantidad de caries, las mujeres presentaban una mayor cantidad de dientes afectados que los hombres;[10] como se ha visto en otros lugares, la alimentación basada en productos agrícolas suele incrementar el número de caries debido al elevado consumo de carbohidratos, ya que hay una mayor disponibilidad de productos como el maíz, cuyo almacenamiento, además, permite su consumo durante la mayor parte del año (Nelson, Lukacs y Yule, 1999).

---

[9] No se encontró evidencia de caries en dentición decidua o mixta, esto debido a que los niños por su edad estuvieron menos tiempo expuestos a alimentos con alto contenido de carbohidratos como para formar caries.

[10] Las mujeres llegaban a presentar hasta 7 y 13 dientes afectados por caries, mientras que los hombres no pasaban de 6 dientes con lesiones de caries.

Fábrica San José (FSJ)

Durante el Formativo Temprano, el sitio sólo fue ocupado esporádicamente en campamentos temporales, por lo que no se cuenta con entierros para esta fase. Los restos óseos humanos estudiados corresponden al Formativo Medio (Drennan, 1976: 74).

Del total de 23 individuos analizados, 21,7% (5/23) fueron del sexo femenino de entre 15 a más de 50 años de edad; 34,8% (8/23), masculinos de 40 a más de 50 años; 34,8% (8/23), subadultos con edades que oscilan entre recién nacido y 17 años; y 8,7% (2/23), adultos de sexo desconocido (cuadro 1).

Los individuos subadultos presentaron un importante porcentaje de problemas nutricionales: (60% 3/5) de criba orbitaria (28,6% 2/7) de hiperostosis porótica.[11] Los padecimientos infecciosos fueron igualmente elevados, con 33% 2/6 de periostitis (cuadro 3). No es de extrañar que en esta aldea los individuos menores de alrededor de 5 años sean los más afectados, ya que a menor edad el organismo es menos tolerante a la escasez estacional de alimentos; de igual manera es frecuente que los lactantes suelan padecer problemas infecciosos gastrointestinales[12] durante el periodo del destete, que puede igualmente llevar a una pérdida de nutrientes (Martin, Goodman y Armelagos, 1991; Stuart Macadam, 1998; Walker, 1986; Blom *et al.*, 2005).

Entre los adultos, las mujeres presentaron una considerable frecuencia de indicadores de problemas nutricionales; dos de los cuatros sujetos de este sexo presentaban evidencias de hiperostosis porótica (50%) y solamente hubo un caso de hipoplasia del esmalte (33,3% 1/3) (cuadro 3); aunque se podría pensar que todos los sectores de la población estuvieron expuestos por igual al riesgo, es posible que el estrés incrementado en las mujeres durante la menstruación, el embarazo y la lactancia aumenten las posibilidades de padecer anemia; desgraciadamente, en las series osteológicas no es fácil detectar si ésta fue adquirida durante la etapa adulta o la infantil.

La ubicación de este sitio en un pie de monte con un área boscosa muy cerca, un arroyo y un manantial mineral[13] pudo haber brindado a sus pobladores la posibilidad de tener una distinta y más variada explotación de su entorno natural, en comparación con otros sitios del valle. La proximidad boscosa parece haber favorecido la práctica de cacería, ya que aquí se recuperó la mayor cantidad de huesos de venado asociados en comparación con los otros lugares[14] contemporáneos, así como una mayor variedad de especies de animales representadas (Drennan, 1976; Drennan y Flannery, 1983).

---

[11] Como se ha referido antes, los problemas nutricionales actúan sinérgicamente con los procesos infecciosos, donde intervienen diversos factores para que se presenten anemias por deficiencia de hierro; por ejemplo, en climas tropicales se incrementa la parasitosis, ésta a su vez puede provocar inadecuada absorción de hierro en el intestino (por sangrados y diarreas), en tanto que la sudoración provoca también pérdida de hierro; por su parte, los métodos de preparación de los alimentos juegan otro papel en la asimilación del hierro o prácticas culturales como los autosacrificios (Steinbock, 1976: 238).

[12] Otro problema común es que las infecciones aun más ligeras tienden a disminuir el apetito, y existe también una fuerte tendencia a que cuando un niño tiene fiebre o diarrea, tienden a suprimirle los alimentos sólidos, sustituyéndolos por bebidas como por ejemplo el atole, que son bajas en proteínas.

[13] Los habitantes de esta aldea parecen haber sido principalmente agricultores y cazadores, pero tomando ventaja de la fuente de sal pudieron haber producido suficiente sal para abastecer a sus vecinos, aunque no hay evidencia de que ésta haya sido una actividad de tiempo completo. Este sitio comienza su crecimiento para finales del Formativo Medio (Drennan, 1976: 4-7, 136-138).

[14] Fábrica San José presento un 67% de restos de huesos de venado en comparación con el 18-21% de huesos encontrados en Huitzo y San José Mogote (Drennan y Flannery, 1983: 65).

Figura 2. Fragmento de cráneo con evidencia de hiperostosis porótica. Entierro 40 FSJ.

Sin embargo, los procesos infecciosos tuvieron elevada frecuencia en individuos de ambos sexos y prácticamente en todos los grupos de edad, mostrándose en forma ligera ya que sólo afectaba menos de un cuarto de la tibia en individuos masculinos 50% (2/4) y con afectaciones que van de moderadas a severas en subadultos 33% (2/6). Éstos presentaron afectaciones que involucraron más de la mitad de la diáfisis del hueso; mientras que en los sujetos femeninos se observaba un 60% (3/5) de afectaciones (cuadro 3), que llegaron a involucrar otros elementos óseos además de la tibia. Si bien existe evidencia de disponibilidad de recursos para la adecuada salud de los habitantes de esta localidad, no se puede obviar la susceptiblidad diferencial entre los individuos, como también la exposición a riesgos que provoquen padecimientos infecciosos.[15]

Llama la atención la baja frecuencia de caries, en relación con lo hallado en San José Mogote[16], donde esta lesión fue más común; en el caso de FSJ las mujeres fueron las más afectadas por esta patología (100% 4/4 de caries e igual de abscesos) (cuadro 3). ¿Acaso la alimentación femenina pudo haber estado compuesta con un contenido más alto de carbohidratos? De ser así, ¿podría tratarse de una práctica cultural que favoreció a los varones con una dieta más balanceada?. Aunque no puede dejarse de lado que el proceso de descalcificación llega a ser más severo en mujeres que en hombres, a causa de los embarazos y el amamantamiento de sus progenies, lo cual pudo haberles provocado una mayor vulnerabilidad a los padecimientos bucales.

---

15 Cuando existen problemas nutricionales, como el caso de la anemia por deficiencia de hierro, se compromete el sistema inmunológico incrementando la susceptibilidad a infecciones y viceversa (Stuart-Macadam, 1998: 58).

16 Las mujeres analizadas de esta aldea (FSJ) presentaban también una menor cantidad de dientes afectados (en comparación con SJM), siendo a lo máximo dos dientes por maxilar y en el caso de los masculinos apenas uno.

Por último, la cercanía con el bosque y la cacería pudieron haber favorecido que los hombres tuvieran una alimentación mejor. En cambio, las infecciones dentales que degeneran en abscesos afectaron por igual a los adultos de este sitio, lo que podría reflejar una pobre higiene dental. La evidencia que brindan los restos arqueológicos y paleoambientales apuntan a que el entorno natural del sitio proveía acceso para la caza de diversos animales (Drenan, 1976), por lo que esta ventaja pudo, tal vez, significar una dieta más balanceada en términos del contenido de proteínas y carbohidratos, favoreciendo una baja frecuencia de caries en individuos masculinos.

Santo Domingo Tomaltepec (SDT)

Los restos estudiados corresponden al Formativo Temprano y Medio (Hodges, 1989).

La distribución de los individuos, según grupos de edad y sexo, fue la siguiente: 31,8% (7/22), femeninos de 20 a 44 años; 45,5% (10/22), masculinos de alrededor de 19 a más de 50 años; 13,6% (3/22), subadultos que van de recién nacidos a alrededor de 4 años; y el 9,1% (2/22) adultos de sexo no determinado por mal estado de conservación de 20-24 años (cuadro 1).

En este sitio se observó la frecuencia más baja de indicadores de carencias nutricionales como la criba orbitaria y la hiperostosis porótica en los individuos adultos. Sólo se registró un caso de hiperostosis porótica en un individuo del sexo masculino 10% (1/10) y uno femenino 14,3% (1/7). En individuos subadultos, estas lesiones se presentaron de forma ligera a moderada en dos casos de tres 33,3% (2/3), donde la lesión dejó expuesta ya considerable región del diploe (cuadro 3).

Las hipoplasias del esmalte, en su forma de una o dos líneas, dejaron elevada frecuencia en hombres y mujeres adultos, 83,3% (5/6) en mujeres y 44,4% (4/9) en hombres (cuadro 3). Como bien se sabe, estas líneas hablan de episodios adversos a la salud del individuo, ocurridos cuando tiene lugar la formación de las piezas dentarias, en este caso de los dientes permanentes.

Se ha observado una fuerte correlación entre la edad de la aparición de este tipo de lesiones y el periodo del destete. Durante este cambio, se reduce la cantidad de inmunoglobulinas que provee la leche materna, lo que a la vez disminuye la respuesta inmunológica del niño, exponiéndolo a un mayor riesgo de sufrir enfermedades infectocontagiosas o parasitarias. Este tipo de enfermedades pueden tener un efecto en la reducción o paralización del crecimiento del esmalte dentario, mientras se produce la respuesta necesaria para combatir el proceso patológico (Goodman, Armelagos y Rose, 1984: 259-266).

Por otro lado, los procesos infecciosos aparecieron siempre en forma cicatrizada (no activa), por lo que puede tratarse de problemas crónicos de salud que afectaron a la población con independencia del sexo o la edad de los individuos.

Como ya se dijo, este sitio se ubica en un pie de monte en el Valle de Tlacolula, región que es considerada más árida y con menor irrigación permanente que el de Etla; con base en los artefactos, restos de semillas y de huesos recuperados por los arqueólogos, puede inferirse que aquí se consumía dieta variada de granos, frutas y algunos animales pequeños, resultado de actividades como la agricultura, la recolección y la caza (Whalen, 1981: 27-30).

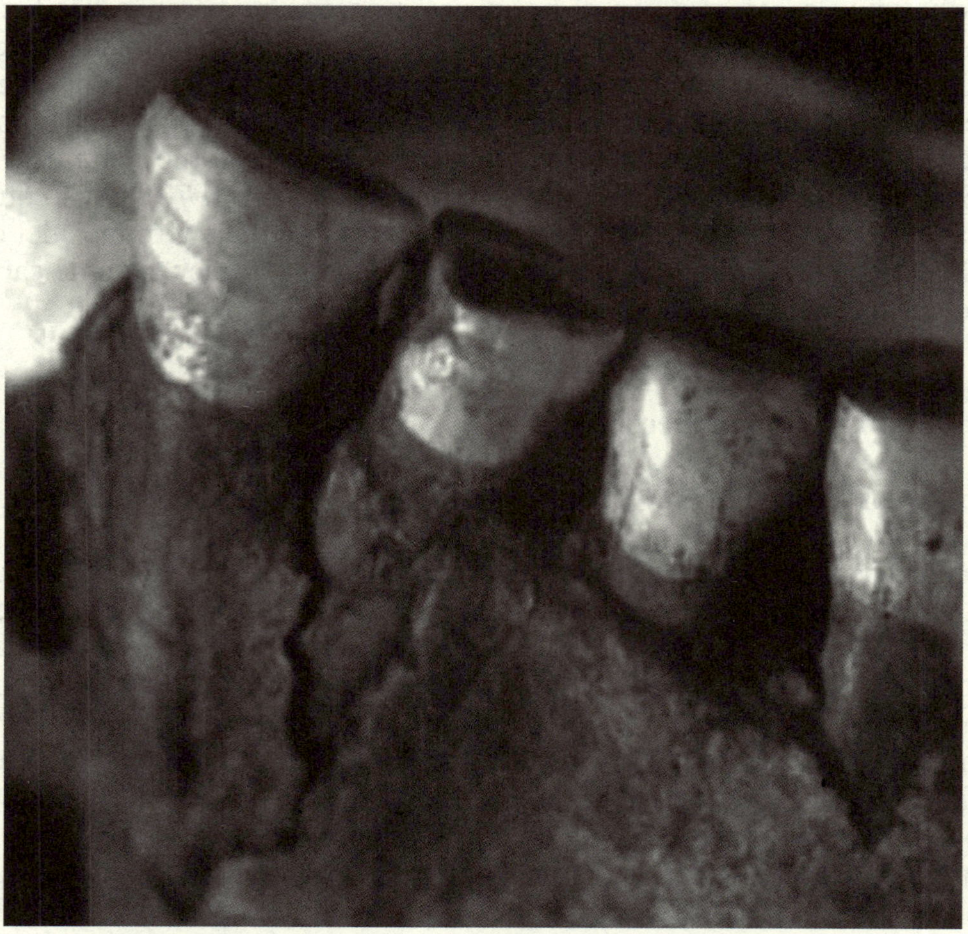

Figura 3. Hipoplasia del esmalte en canino de maxilar. Entierro 76-1 SDT.

El análisis de indicadores de salud y nutrición, la propia dieta, así como los aspectos generales de la vida aldeana manifiestan condiciones adecuadas para la salud, a pesar de encontrarse la aldea en un medio ambiente ecológico relativamente más árido que los otros dos sitios ya examinados. Esta situación pudo propiciar incremento poblacional, lo cual le permitió alcanzar cierta importancia durante el Formativo Medio, por lo que se le reconoce como sitio de segundo orden (Flannery y Marcus, 1983; Marcus y Flannery, 2001; Whalen, 1981). Todo esto significa que la población logró cierto equilibrio con su entorno, lo cual se ve reflejado en la relativamente baja frecuencia de problemas nutricionales e infecciosos. Es decir, las transformaciones ocurridas por el cambio de modo de vida no parecen haber afectado significativamente a las condiciones de salud de sus pobladores.

Para este periodo, individuos de uno y otro sexo presentaban considerables porcentajes de dientes con caries, los cuales involucraron indistintamente el área de cuello y corona, encontrándose afectados en un 66,6% (4/6) sujetos femeninos y 33,3% (3/9) en masculinos[17]. La presencia de abscesos fue baja, 33,3% (2/6) en mujeres y en hombres 25% (2/8). Esta situación podría quizás reflejar, al igual que en los otros sitios, dieta rica en carbohidratos y una pobre higiene bucal (cuadro 3).

[17] Las mujeres presentaban no más de 4 dientes con lesiones de caries y los hombres no más de 3.

Comentarios finales

Aún no es del todo clara la forma como se inició el poblamiento humano en la región de los Valles Centrales Oaxaqueños. Los vestigios más antiguos de asentamientos permanentes se localizan en los márgenes de los ríos que surcan el valle; siendo preferidas las zonas de pie de monte, espacios donde se fundaron pequeñas aldeas que caracterizaron al periodo Formativo Temprano y Medio. Estos asentamientos parecen haberse formado de manera paulatina, a lo largo de cientos de años, combinando la caza-recolección con la agricultura (González, 1990: 32; Sanders y Nichols, 1988: 49).

La estrategia combinada brindó a estos pobladores condiciones propicias para ir cambiando su modo de subsistencia y adaptarse a la vida aldeana, mediante un proceso lento y de largo plazo. Lo anterior se vería reflejado en la baja presencia de patologías relacionadas con problemas infecciosos y nutricionales observados en este trabajo.

Múltiples son los argumentos que se aducen para explicar el origen de las supuestas alteraciones causadas por esta transición de modo de vida que en nuestro caso no apareció de manera drástica. Las comunidades que nos ocupan, como sabemos, adoptaron el maíz como base de su alimentación, pero ello no significa que este grano haya sido el único alimento que consumían. Su tradición de cazadores-recolectores les había dotado de profundas experiencias y conocimientos para obtener de su entorno amplia variedad de plantas e insectos comestibles, fuente que les proveía de alimento tanto de origen vegetal como animal, rico en proteínas y minerales. Aun cuando se señala que las propiedades químicas del maíz inhiben una correcta absorción de hierro y que el proceso de su cocción prolongada disminuye, de manera considerable, el contenido de vitaminas esenciales que el grano contiene, cabe precisar que la milpa no se reduce sólo al cultivo de maíz, frijol, calabaza y chile, es un cultivo mucho más amplio y rico en recursos alimenticios que dio sustento a numerosa población mesoamericana.

Se asume también que la forma de vida sedentaria propicia el hacinamiento de las personas en los espacios habitacionales, lo que facilita la propagación de microorganismos patógenos y por ende la transmisión más directa de enfermedades contagiosas. A lo anterior habrá que agregar el problema del manejo de los deshechos humanos y de la basura en general. No dudamos de que los problemas señalados fueron amenazas muy serias para la salud humana. Sin embargo, los individuos cuyos restos son aquí analizados pudieron sortearlos en buena medida, a juzgar por las características observadas en sus condiciones de salud.

El asentamiento de estas antiguas poblaciones en terrenos aluviales cercanos a los ríos fue una estrategia que les permitió aprovechar las fértiles tierras para el cultivo de sus milpas, donde podían obtener maíz, frijol, calabaza y un sinnúmero de otros productos alimenticios que integraban su dieta. Además, como se ha mencionado, la combinación de la agricultura, la recolección de algunas frutas, semillas, plantas silvestres e insectos, complementada con la caza y la pesca, así como la práctica de almacenar sus provisiones en pozos excavados en el suelo, brindaron a las familias de aquella época la posibilidad de disponer de una dieta variada que les proporcionó proteínas, minerales, vitaminas y carbohidratos en cantidades relativamente suficientes como para sortear épocas de escasez durante el ciclo agrícola anual.

Sin embargo, aunque en general hubo baja frecuencia de padecimientos de orden carencial e infeccioso, se observaron diferencias importantes tanto dentro como entre las comunidades analizadas. El hecho de que *San José Mogote* fuera el sitio de primer orden socio económico de su época y su ubicación en una de las tierras con mejor potencial agrícola pudo revertirse de manera negativa para la salud dental de sus habitantes, toda vez que la dieta rica en carbohidratos pudo ser responsable de la alta frecuencia de caries en dentición permanente. Por otra parte, la frecuencia de estas afectaciones muestran diferencias intersexuales, ya que las mujeres presentaron mayor incidencia y severidad de esta patología; el hecho de que ellas sean las principales encargadas del procesamiento del maíz y de la elaboración de alimentos pudo haberles facilitado el acceso a este recurso. De la misma manera, la participación activa de los hombres en la caza de animales para el consumo de carne pudo facilitarles mayor acceso a las proteínas cárnicas en detrimento de las mujeres. Por lo demás, no puede descartarse la posibilidad de que prácticas o creencias culturales predispongan o avalen acceso diferencial a los recursos alimenticios como ya se ha referido.

En el caso de la comunidad de *Fábrica San José,* se observó igualmente que los sujetos femeninos e infantiles de entre recién nacidos y 9 años son los más afectados por problemas nutricionales; mientras que los problemas infecciosos se manifestaron en esta comunidad con la más alta frecuencia, sin distinción de sexo y edad, en comparación con los otros dos sitios estudiados. Sin embargo, el grado en el que éstos se presentaron varió dependiendo del sexo de los sujetos. Los hombres presentaron infecciones ligeras, mientras que mujeres e individuos infantiles registraron formas moderas y severas, lo que podría estar relacionado con la propia respuesta biológica, así como las variaciones en la dieta reflejadas en los problemas nutricionales.

La ubicación de este sitio en área privilegiada facilitó su acceso a una mayor cantidad y variedad de recursos alimenticios; esto pudo favorecer la inclusión de carne en la dieta, y de esta manera enriquecer la alimentación o volverla más equilibrada respecto al consumo de alimentos de origen vegetal. Cabe recordar que en este sitio se registró la frecuencia más baja de caries, aunque subsistieron diferencias por sexo, siendo las mujeres las más afectadas.

Por último, en *Santo Domingo Tomaltepec*, los problemas nutricionales se manifestaron en una frecuencia considerable, observándose por ejemplo que las hipoplasias se registraron principalmente entre los individuos adultos (¿se debe esto a estrés nutricional?). En tanto que los procesos infecciosos, en su forma no activa, mantuvieron una baja frecuencia en los adultos, lo cual podría hablarnos más bien de problemas crónicos de salud. Las caries tuvieron un alto porcentaje en el Formativo en individuos de uno y otro sexo, por lo que no parece haber existido diferencias considerables en la alimentación del grupo en general. Cabe recordar que la comunidad estaba asentada en un área considerada como la menos favorecida de las tres aquí estudiadas. Sin embargo, su población logró mantener cierto equilibrio en sus condiciones de salud.

En resumen, puede decirse que la visión que tuvieron los protagonistas de estas antiguas comunidades zapotecas para fundar sus aldeas en sitios tan estratégicos como los descritos, su nivel de conocimiento sobre la calidad de los suelos para sus cultivos, la propia tecnología agrícola estacional y de riego desarrolladas, así como el alto grado de organización socioeconómica y cultural alcanzado, hablan de pueblos que lograron, a lo largo de siglos, establecer un adecuado equilibrio con su entorno natural. Los padecimientos registrados en sus restos esqueléticos que aquí han sido expuestos, así como la frecuencia con que aparecen, están lejos de señalar episodios trágicos en las condiciones de salud de los individuos estudiados. Las variaciones observadas en la frecuencia de los indicadores de salud pueden deberse al proceso de complejización y de jerarquización desarrollado en estas sociedades antiguas, los mismos que involucraron probablemente, entre otros aspectos culturales, tratos diferenciales según género y grupos de edad, amén de la propia heterogeneidad biológica.

Bibliografía

AUFDERHEIDE, A. C. y RODRÍGUEZ-MARTÍN, C. (1998). *The Cambridge Encyclopedia of Human Paleopathology*. Cambridge: Cambridge University Press.

BASS, W. M. (1971). *Human osteology a laboratory and field manual.* Missouri Archaeological Society.

BLAKE, M. L. y ARMELAGOS, G. (1985). «Deciduos enamel defectsin Prehistoric Americans from Dickson Mounds: prenatal and postnatal stress». *American Journal of Physical Anthropology*, 66: 371-380.

BLOM, D. E. *et al.* (2005). «Anemia and childhood mortality: latitudinal patterning along the coast of pre-colombian Peru». *American Journal of Physical Anthropology,* 127: 152-169.

BROOKS, S. T. y SUCHEY, J. M. (1990). «Skeletal age determination based on the Os pubis: a comparison of Acsádi-Nemeskéri and Suxhey-Brooks Methods». *Human Evolution,* 5: 227-228.

BROTHWELL, D. F. (1993). *Desenterrando huesos. La excavación, tratamiento y estudio de restos del esqueleto humano*. México: Fondo de Cultura Económica.

DRENAN, R. D. (1976). *Fabrica San José and middle Formative society in the Valley of Oaxaca.* USA. Memoirs of the Museum of Anthropology University of Michigan number 8. Ann Arbor.

DRENAN, R. D. y FLANNERY, K. V. (1983). «The growth of site hierarchies in the Valley of Oaxaca: Part II». En K. V. Flannery y J. Marcus (eds.), *The Cloud People*. New York: Academia Press. Pp. 65-71.

FLANNERY, K. V. y MARCUS, J. (1983). «The growth of site hierarchies in the Valley of Oaxaca: Part I». En K. V. Flannery y J. Marcus (eds.), *The Cloud People. Op. cit.* pp. 53-64.

GONZÁLEZ LICÓN, E. (1990). *Los Zapotecos y Mixtecos. 3 mil años de civilización precolombina*. México: CONACULTA. H. Ayuntamiento de la ciudad de Oaxaca Jacabook.

LOVEJOY, O. C.; MENSFORTH, R. P. y WALKER, R. A. (1985). «Chronological Metamorphosis of the Auricular Surface of the Illium: A New Method for the Determination of Adult Skeletal Age of Death». *American Journal of Physical Antrhopology,* 68: 15-28.

MARCUS, J. y FANNERY, K. V. (2001). *La Civilización Zapoteca. Cómo evolucionó la Sociedad Urbana en el Valle de Oaxaca.* México: Fondo de Cultura Económica.

MARTIN, D.; GOODMAN A. y ARMELAGOS, G. (1991). «Group living, transmissible diseases and associted health risks: Analysis of nonspecific infections». En *Black Meza Anazasi Health: reconstructing life from patterns of death and disease.* Southerns Illinois: University at Carbondale. Pp. 125-310.

NELSON, G. C; LUKACS, J. R. y YULE, P. (1999). «Dental caries, and early tooth loss during the iron age of man». *American Journal of Physical Anthropology,* 108: 333-343.

ORTEGA MUÑOZ, A. (1998). *La estimación de la edad en los restos óseos subadultos mesoamericanos. Colección osteológica de San Gregorio Atlapulco, Xochimilco.* México. Tesis inédita licenciatura en Antropología Física. Escuela Nacional de Antropología e Historia.

SANDERS, W. T. y NICHOLS, D. L. (1988). «Ecological theory and cultural evolution in the Valley of Oaxaca». *Current Anthopology*, 29: 33-80.

STECKEL, R. H. y ROSE, J. (eds). (2002). *The Back bone of history. Health and Nutrition in the Western Hemisphere*. Cambridge: Cambridge University Press.

STEINBOCK, R. T. (1976). *Paleopathological diagnosis and interpretation. Bone diseases in ancient human populations*. Springfield: Charles C. Thomas Publishers.

STUART-MACADAM, P. (1989). «Porotic hiperostosis: Relationship between orbital and vault lesions» *American Journal of Physical Anthropology,* 80: 187-193.

— (1998). «Iron deficiency anemia: exploring the difference». En *Sex and gender in paleopathological perspectiva.* Cambridge: Cambridge University Press. Pp. 45-63.

SUCHEY, J. M. y KATZ, D. (1986). «Skeletal standars derived from an extensive mutiracial sample of modern Americans». *American Journal of Physical Anthropology*, 69: 269.

UBELAKER, D. H. (1989). *Human skeleton remains, analysis, interpretation. Manual of archaeology*. Washington: Taraxaca.

WALKER, P. L. (1986). «Porotic hiperostosis in a marine-dependent California Indian population». *American Journal of Physical Anthropology,* 69: 345-354.

WHALEN, M. E. (1981). *Excavations at Santo Domingo Tomaltepec evolution of a Formative commnunity in the valley of Oaxaca, México. USA.* Memoirs of the Museum of Anthropology University of Michigan number 6. Ann Arbor.

La alimentación en la vida cotidiana del Colegio Mayor de Nuestra Señora del Rosario, Bogotá, Colombia, 1653-1773

Cecilia Restrepo M.
Universidad del Rosario, Colombia

RESUMEN. Este estudio está basado en una investigación reciente titulada «La alimentación en la vida cotidiana del Colegio Mayor de Nuestra Señora del Rosario, Bogotá, Colombia, 1653-1773», la cual abarcó temas como la alimentación prehispánica, la conquista gastronómica de los españoles y su repercusión en la manutención de los colegiales del Colegio Mayor de Nuestra Señora del Rosario, hoy Universidad del Rosario.

ABSTRACT. This study is based on a recent research entitled «La alimentación en la vida cotidiana del Colegio Mayor de Nuestra Señora del Rosario, Bogotá, Colombia, 1653-1773» («Food in the daily life of Colegio Mayor de Nuestra Señora del Rosario School, Bogotá, Colombia, 1653-1773») which comprised subjects on prehispanic food, the gastronomic conquest of the Spaniards and its repercussion on up keeping of pupils of the mentioned School, today Rosario University.

Para abordar el asunto de la alimentación en la época colonial se trabajaron los documentos del Archivo General de la Nación y del Archivo Histórico de la Universidad del Rosario. Dichos documentos contienen algunos datos relacionados con la alimentación de los siglos xvii y xviii, época que cubre esta publicación y aportaron información relacionada con la vida cotidiana de la época. Además de éstos se consultaron las crónicas, informes arqueológicos (Cárdenas, 2002; Terrien y Enciso, 2000) y textos especializados en el tema. Como eje teórico se consideró el mestizaje culinario, entendido como un proceso de cambios y modificaciones impuesto por la confluencia de las tradiciones culinarias autóctonas, en este caso la del grupo indígena, y las trasplantadas, tanto por los inmigrantes españoles como por los esclavos africanos, bajo el punto de vista de los ingredientes, de sus técnicas de cocción, de su elaboración, de los utensilios y de las maneras de consumir los alimentos. A través de este mestizaje logramos comprender el desarrollo de los platos en las cocinas actuales.

Se analizaron tres puntos fundamentales: el aporte indígena, el español y el africano.

El aporte indígena significa la comida aborigen con sus productos nativos y sus formas culinarias, es decir, los comestibles que consumían los americanos antes de la llegada de los conquistadores. En el siglo xvi, el Altiplano Cundiboyacense estaba habitado por varios grupos étnicos, los laches, los guanes, los chitareros y los muiscas, pertenecientes al grupo lingüístico chibcha. Los muiscas estaban localizados en la Sabana en este momento, basaban su manutención en una dieta mixta, combinando la agricultura con movilidad territorial y el consumo de carnes. En los páramos se ocupaban del cultivo de tubérculos de altura, en los valles interandinos se especializaban en el cultivo de maíz y papa, en tanto que en las zonas de clima templado había sembrados de maíz, yuca, batatas, ahuyamas y árboles frutales.

Productos vegetales:

Los tubérculos eran fundamentales en la dieta de esta sociedad agrícola, ya que constituían el cultivo de mayor tradición (Cárdenas-Arroyo, 2002: 20). Gonzalo Jiménez de Quesada, conquistador del Nuevo Reino de Granada, en un documento escrito a mediados del siglo XVI se refería a los tubérculos en la siguiente cita: «Tenían [los muisca] nabos que llaman "cubios", que echan en sus guisados y les es gran mantenimiento, su fruto es amarillo muy lustroso, largo de cinco a seis dedos, delgado en gran parte, y bastante grueso a la punta. El gusto algo acre sin fastidio». Propios de las provincias más frías fueron los ullucos o chuguas *(Ullucus tuberosus)*; eran éstos tubérculos pequeños, esféricos, de colores blanco, rosa o magenta con un fuerte sabor amargo. Otras raíces eran las ibias *(Oxalis tuberosa)*, las cuales se parecían a una zanahoria aunque más corta y arrugada, su carne se caracterizaba por ser blanca y firme y la cáscara variaba de blanco a rojo, el sabor cambiaba ligeramente de ácido a dulce. La papa *(Solanum tuberosum)*, conocida también como turmas o yoma, en palabras de fray Pedro Simón: «Son unas raicillas redondas que en el Perú se dicen papas [...] son de mucho sustento para toda suerte de gente, aunque no tienen ningún sabor más que aquello con que las guisan».

La ventaja de la papa era que maduraba en cuatro o cinco meses, por lo que se convirtió, este comestible en fundamental para su alimentación. La cosecha de la arracacha *(Arracacia xanthorrhiza)*, la yuca *(Manihot esculenta)* y la achira *(Canna edulis)* se recogía en las tierras templadas.

En cuanto a los cereales, estaba el maíz (*Zea mays* L.), «alimento natural de todos los de esta América», se cultivaba en tierras cálidas y en frías. Fray Pedro Simón lo llamó «el trigo de los indios» (Simón, 1986: 71) al comentar que era el mantenimiento más común de los indígenas, y a la mazorca la describió como «la espiga de este maíz donde echa sus granos cubiertos con hojas fuertes», la cual consumían asada, en bollos que se asemejaban al pan, en arepa —especie de pan en forma circular, preparado con maíz sancochado a fuego lento y molido— y en bebida como la chicha. Otro cereal fue la quínoa *(Chenopodium quinoa)*, quinua o «bledo morisco» (Zamora, 1980: 138) como lo llamaban los médicos de la época; sus restos (quenopodiáceas) se han registrado en las excavaciones arqueológicas de la Sabana; éste representaba la fuente de proteína vegetal.

Igualmente sembraban Cucurbitáceas como la ahuyama *(Cucurbita maxima)* y la calabaza (*Cucumis* sp.). Comían los tallos y hojas, especialmente los cogollos o yemas y las partes tiernas de las plantas como la quínoa, la yuca, y el ají (*Capsicum* sp.).

Entre los árboles frutales consumían el mamey *(Calocarpum sapota)*, la guayaba (*Psidium guajaba* L.), la chirimoya *(Annona cherimole)*, la pitahaya *(Hylocereus undatus)* y el aguacate *(Persea americana)*; también frutas de la tierra como la piña *(Ananas comosus)*, la curuba *(Passiflora mollisima)*, la granadilla *(Passiflora ligularis)* y la uchuva *(Physalis peruviana)*.

La sal (Cloruro de Sodio), además de sazonar, constituía un valioso producto de intercambio; otros condimentos que usaban eran el ají, las guascas *(Galinsoga privaflora)* y el achiote *(Bixa orellana)*, el cual servía también de colorante.

Sus bebidas consistían en la chicha hecha de maíz, como ya se citó, de piña o de yuca, y aguas de frutas.

Productos cárnicos:

La proteína la obtenían de la cacería, como lo confirman los informes arqueológicos de la zona, donde se hallaron restos de venado *(Odocoileus virginianus-goudoti)*, cury *(Cavia porcellus)*, conejo *(Oryctolagus cuniculus)*, borugo *(Aguti paca)*, zorro *(Pseudalopex culpaeus)*, pecarí *(Pecarí tajacu)* y comadreja *(Mustela frenata)* (Langebaek, 1987: 70). El venado se consideraba alimento de los caciques, «su carne se usaba como vitualla y se mantenían existencias de cecina en depósitos» (Patiño, 1990: 143).

En cuanto a la pesca, según Aguado, «los españoles que llegaron con Quesada a la sabana de Bogotá apreciaron, después de las privaciones de la larga marcha, las delicias del capitán, pez de las ciénagas y corrientes de agua» (Patiño, 1990: 135), fuera de otras especies que había en los ríos. Otras fuentes de proteínas eran algunas aves e insectos.

Los productos a los que no tenían acceso en sus tierras los obtenían en el comercio con las tribus vecinas de las tierras templadas, como frutas y yuca, algunas veces por algodón y oro.

Las herramientas elaboradas para la adquisición, preparación o consumo de los alimentos incluían pesas de red, anzuelos y otros artefactos relacionados con la pesca, piedras para moler, cuchillos para despresar animales y recipientes en totumo —fruto del calabazo— y cerámica.

El aporte español está representado por la herencia española con los nuevos ingredientes, incluyendo los que traían en los barcos y los que se sembraron más tarde; con el paso del tiempo, se dio la introducción de diferentes hábitos gastronómicos. Entraron a la Sabana con Gonzalo Jiménez de Quesada y fundaron la ciudad en 1536.

Sus vituallas se determinaron por la revisión de los documentos de viaje donde figuraban variados artículos, como por ejemplo: la carne salada, el bizcocho, las habas, las alcaparras, las almendras, el aceite para cocinar, el vino, el vinagre y el queso. Las hortalizas como coles, coliflor, lechugas y alcachofas se daban en abundancia; introdujeron también nuevos condimentos como la canela, la pimienta y la nuez.

Además, escribe Zamora, «la cebada, garbanzos, arroz, lantejas (sic) y alverjas (sic) [...] los melones, Zandías blancas y coloradas; pepinos cohombros y verenjenas (sic)», que no siendo semillas naturales, sino traídas de España, abundan tanto, que todos comemos [...]» (Zamora, 1980: 131) enriqueciendo, de esta manera, la dieta indígena.

Asimismo, los españoles trasplantaron a América el trigo, la carne de diferentes animales y la caña de azúcar.

El trigo fue de los primeros en sembrarse en las grandes llanuras y faldas de los cerros, por la necesidad que tenían los españoles en consumirlo. El pan de trigo fue el primer alimento preparado impuesto masivamente por los conquistadores hispanos en la dieta de los nativos, controlando de una u otra manera la producción, la distribución, el costo y el precio de venta de este producto.

El trigo era para los europeos como el maíz para los americanos; simbólicamente el trigo significaba bendición y era símbolo de resurrección; por tanto, si el trigo era don de vida, el pan era el alimento esencial y el que acompañaba los diferentes platos. El maíz, a su vez, era usado en las ceremonias religiosas nativas, y su cultivo se asimilaba a sus creencias y a la vida misma (Cruz, 2002: 19).

El primer ganado vacuno que entró a tierras americanas fue por la costa atlántica, llegando a Cartagena en 1536: «El rey envió 500 vacas a Cartagena para repartir entre los colonos» (Pardo, 1972: 315). Se montaron las carnicerías bajo el cumplimiento de ciertos requisitos para su funcionamiento. La venta de la carne de vaca, carnero y cerdo fue motivo de acaparamientos, censuras y abusos en los precios; también se vendían los embutidos y el cebo. El clérigo Juan Verdejo trajo a la ciudad de Santafé la primera gallina en 1539 (Zamora, 1980: 154).

La caña dulce se aclimató bien en las tierras templadas, en poco tiempo ya se había organizado su siembra y el trapiche. Se trajeron esclavos para su cosecha; esta planta aportaba el ingrediente para las conservas y los almíbares.

El menaje que los españoles introdujeron consistía en utensilios de cocina, fabricados de cobre y de peltre. El vidrio y la loza también fueron novedad en el Nuevo Reino de Granada.

En cuanto al aporte africano, la influencia de las culturas de ese continente, que llegaron con la esclavitud, y sus costumbres autóctonas fueron básicamente las técnicas de cocción, entre éstas los fritos, y muchas preparaciones de la comida costera como los bollos, el sancocho de pescado, las cocadas y los pasteles.

La mezcla de estas tres tradiciones culinarias se va a expresar en la creatividad cultural y material de cada grupo en cuestión, estableciendo de esta manera cuáles fueron los nuevos hábitos y costumbres alimentarios adquiridos.

El mestizaje culinario

El mestizaje, se dio en dos sentidos. El primer acercamiento con lo «desconocido» lo hicieron los conquistadores al verse obligados a consumir los alimentos indígenas; lo menciona fray Pedro Aguado al referirse a este punto: «[...] cada cual traía el presente conforme al posible que tenía, aunque de venados y otros géneros de comidas siempre trajeron en mucha abundancia» (Aguado, 1956: 258); podría decirse que el español aceptaba los alimentos indígenas por necesidad. A su vez, los soldados volvieron a su tierra con los comestibles americanos repercutiendo en los platos ibéricos. En segunda instancia, fue el contacto de los nativos con los comestibles traídos por los peninsulares, integrándolos lentamente a su dieta, en este caso, por imposición, ya que se trataba de la cultura dominante y demandaban la siembra de las plantas básicas y semillas españolas, en detrimento de las nativas.

Esta adaptación a los alimentos del «otro» se dio con lentitud en especial para los naturales, ya que los peninsulares necesitaban del sustento diario que les ofrecían los indígenas; así, lograron adaptarse a lo que calificaban como «comida de indios», es decir, productos preparados del maíz, la yuca, la papa y otros mencionados anteriormente, a pesar de que en España la carne y el pan eran los alimentos más consumidos.

Un punto importante es el que tiene que ver con el clima y el ambiente natural de las tierras de América; los españoles extrañaron los diferentes cultivos que cosechaban según las estaciones del año: existía un platillo especial para el verano o para el invierno, incluyendo los platos típicos de cada región, los cuales pudieron saborear años más tarde con la consolidación de la colonia.

A su vez, algunos grupos indígenas empezaron a introducir en su dieta la carne de vaca o carnero y el pan, según fuera su cercanía con los blancos o las posibilidades económicas. Esta circunstancia fue definitiva en el proceso de aculturación.

La difusión de los nuevos alimentos fue diferente según la época y la región, aunque esto no garantizó el consumo por parte de los nativos, quienes por sus obligaciones de pagar tributo y sus preferencias alimenticias como el maíz pocas veces los podían adquirir. El aborigen, además de seguir con su acostumbrado sustento, incluyó la cebolla, el ajo y el repollo, que fueron los vegetales más cultivados y aceptados en la cocina indígena y, en general, por los habitantes de la ciudad de Santafé. Curiosamente, el aceite de oliva y el vino nunca llegaron a formar parte de una cena colonial diaria, la cual podría estar compuesta de carne, un frito, alguna sopa y pan.

La ciudad de Santafé colonial estaba conformada por indígenas muiscas de encomienda, mestizos y españoles. Los indígenas sembraban los productos ordenados por su encomendero, dentro de los cuales estaban el maíz como sustento básico, y también hacían oficios de servicio doméstico en las casas españolas. Sin embargo, la incorporación de los nuevos hábitos alimenticios se dio pausadamente, como ya se mencionó. Los comestibles que llegaban por abasto a la ciudad, según los documentos, eran pan y carne, y los que se vendían en el mercado los traían del campo, básicamente frutas y hortalizas; esto nos da una idea de lo que se consumía.

Los españoles eran inexpertos para realizar cualquier oficio casero; las mujeres españolas eran insuficientes y además lo consideraban deshonroso, en especial los relacionados con la preparación de los alimentos en la cocina. En este aspecto, las mujeres indígena y negra fueron las encargadas de esta tarea, logrando de esta manera introducir sus costumbres alimenticias.

Al finalizar el siglo XVIII todavía se conservaba la alimentación indígena, aunque con muchas dificultades, pues estaban en minoría. Sus cosechas eran frecuentemente destruidas por los ganados, propiedad de los españoles, sus cultivos eran reemplazados por las plantaciones europeas y los mestizos los desplazaban de sus tierras, por lo que se restringieron a las «goteras» de la ciudad y los montes cercanos.

Estas transformaciones influyeron definitivamente en la formación de una nueva sociedad donde las costumbres, hábitos y maneras indígenas quedaron prácticamente desaparecidos.

El mestizaje se reflejó en la alimentación del Colegio Mayor de Nuestra Señora del Rosario.

El Colegio Mayor de Nuestra Señora del Rosario se fundó en Santafé el 18 de diciembre de 1653 con el objetivo de educar a los hijos pobres descendientes de los conquistadores y a los hijos de nobles llegados a la ciudad.

El Colegio tenía doble función: la de hospedaje, que funcionó hasta mediados del siglo XX, y la de Universidad, que rige hasta la actualidad, ya que en los primeros años sus colegiales recibían grado otorgado por la Universidad de Santo Tomás hasta 1826; de 1826 a 1842 de la Universidad Central; de 1842 a 1850 de la Universidad del Primer Distrito y desde 1850 en adelante en la Universidad Colegio Mayor de Nuestra Señora del Rosario.

Su gobierno se dictaba a través de las constituciones, donde existía un capitulo específico para la manutención del Colegio. El Colegio Mayor de Nuestra Señora del Rosario compuso sus constituciones basándose en las del Colegio Mayor del Arzobispo de Salamanca; en muchas de sus normas se guió estrictamente, mientras que otras fueron adaptándose a las circunstancias.

Su mantenimiento dependía de buen manejo de las haciendas que tenía en las afueras de la ciudad, de tal forma que un buen o deficiente administrador causaba desequilibrios en la situación económica del plantel.

El Colegio del Rosario era reconocido por la buena educación que allí se impartía. El régimen común de la época era el internado, lo que implicaba el uso de la clausura, y la manutención. En general la disciplina del colegio era muy rígida.

En cuanto a la comida del colegio, se conoce, por las constituciones y las listas de mercado, que se compraban productos introducidos por los españoles; lo poco que se traía de las haciendas era lo cultivado por los indígenas que vivían en la hacienda Calandaima, perteneciente al colegio, ubicada en clima templado, es decir, lejos de la ciudad y más caliente. El periodo colonial se caracterizó por su estabilidad económica y política dentro del Colegio; hubo momentos difíciles pero se sortearon favorablemente, incluso por la ayuda de la Corona de quinientos ducados anuales. Por tanto, los cambios producidos en su régimen de alimentación se daban en las fechas especiales y ceremonias ofrecidas por el rector, circunstancias en las que se compraba más comida o se variaban los ingredientes.

Para conocer la comida de los colegiales nos es de utilidad lo que autorizaba la Constitución IX, título III: «Disponemos que sean tratados con toda decencia los colegiales y convictores en la comida: y que su ordinario sea algún asado por principio, o, de tocino, o, de lomito, o, de cabrito: que luego se les dé, o, gigote de carnero (guisado de carne picada, rehogada en manteca), o, albóndigas, o, pastel en vote (guisado de pierna de carnero picado con gordo de tocino y cocido con grasa de la olla, y luego se echa azafrán, pimienta y clavos y acabado de hacer se le hace espesar con pan y queso rallado), o, cosa semejante. Lo tercero, la olla con vaca y ternero, con tocino y repollo, y lo último, postre de algún dulce del trapiche (elaborado con caña de azúcar), o, queso, o, cosa semejante. Y los días de capilla se les añada un cuarto de ave o conejos, tórtolas o perdices, que parece que basta para el regalo decente con templanza cristiana; y a la cena algún gigote o ajiaco (para esa época era sopa espesa con verduras y carnes) con los mismos postres. Más los viernes y días de Cuaresma se les dará un par de huevos y guisado de garbanzos, alverjas o habas, dos pescados, arroz y postre a comer, y lo mismo el sábado. Más el viernes no se les dé de cenar sino algunas yerbas aderezadas y algún postre de dulce. Los sábados se les podrá dar de cenar algunas yerbas, una tortilla de huevos y su postre» (Constituciones del Colegio Mayor del Arzobispo: 20).

Los ingredientes con los que se elaboraba la comida del colegio, como se mencionó, pertenecían a la cultura española; los elementos nativos prácticamente no se encuentran, es decir, que en este momento ya había predominio, en el claustro, de la cocina europea sobre la americana. Aunque las constituciones fueron tomadas directamente del Colegio de Salamanca, éstas se fueron acomodando al plantel de acuerdo con los recursos y las circunstancias del momento; por esta razón muchas veces no correspondía exactamente con lo que predicaba la constitución.

En el documento titulado «Gasto del sustento del colegio» figuraba para el 17 de marzo de 1665 la siguiente compra: «10 arrobas de pescado a 10 pesos arroba, 12 pesos de 4 fanegas de turmas a 3 pesos fanega, 6 pesos de seis almud de garbanzos, 2 pesos de pan, 6 reales de velas para la iglesia y el refectorio, 5 reales de 2 libras de manteca, 2 pesos de 6 docenas de platos, 1 real de leña, otro de cebollas, otro de achiote, un peso y medio de huevos y 2 reales de 1 almud de habas», de lo cual el pescado, las turmas y el achiote corresponden al aporte indígena. Mientras que por la «Cuenta de las rentas y hacienda» entraban al Colegio del Rosario el 26 de marzo de 1665 de la hacienda Calandaima: «4 botijas de miel» y de la hacienda de Boza trigo, corderos y turmas (AHUR, vol. 2, fol. 1-44).

El papel que desempeñaban los indígenas o africanos en el Colegio no es claro dado que sólo se mencionan en los documentos como trabajadores de las haciendas o en la compra esporádica de algunos esclavos, sin especificar su función. Posiblemente eran de la servidumbre y comían diferente a los colegiales, o sea, la llamada «comida de indios» ya citada.

En cuanto a las maneras de mesa, la constitución decía: «En refitorio ninguno tenga los codos sobre la mesa, ni se eche de pechos sobre ella […] todos guarden silencio y el que quisiere pedir algo sea por señas, tocando con el cuchillo en el copón, o jarro y si hubiere combidado y hubiere hablado con algún colegial, responda con las menospalabras que pudiere, dándole entender que en aquel lugar se ha de guardar silencio» (Constituciones del Colegio Mayor del Arzobispo: 88).

La manutención determinaba la clasificación de los colegiales en las diferentes categorías de porcionista —el que pagaba su porción de comida—, familiar —el que desempeñaba algún trabajo al interior del colegio, tenía derecho a la comida— y colegial —eran quince y no pagaban su alimento—; vale decir que existían estudiantes que no pagaban por el sustento y otros sí.

Resultados de esta aculturación

La aculturación, o los cambios que se producen en los hábitos de una cultura por influencia de otra, se manifestó en la comunidad nativa.

Algunas costumbres y normas indígenas cambiaron con la influencia española y otras se perdieron.

Cabe mencionar, por ejemplo, los siguientes ítems:

–No hay información en cuanto a horarios en la alimentación prehispánica; se cree que comían cuando les daba hambre, sentados en el suelo, y que los alimentos los presentaban sobre hojas, que en vez de utilizar cubiertos usaban las manos para llevar la comida a la boca, que hacían fiestas cuando se reunían en comunidad donde repartían alimentos como una forma de redistribución. Con la conquista se organizó la alimentación diaria en tres momentos del día: desayuno, almuerzo y comida o cena; así como la forma de disponer la mesa con el uso de manteles y platos, lo que llevó, a su vez, a la regularización de los modales. Se llevaron a cabo fiestas, tertulias y saraos alrededor de una taza de chocolate.

En el colegio el horario de los alimentos era diferente: se daban dos comidas, la primera antes del mediodía, más o menos a las diez de la mañana, y la segunda a la mitad de la tarde, cerca de las seis, siempre cumpliendo la norma de que fuera en comunidad y en el refectorio.

–La fruta, la sopa, el seco y el postre, secuencia que heredamos de los españoles, puede decirse, componían un almuerzo de la vida diaria en Santafé; pero en el Colegio, años después de su fundación, no se cumplía esta premisa debido a la escasez de recursos, que no siempre alcanzaban para dar la alimentación completa.

–La abstención voluntaria de tomar algunos alimentos había sido práctica indígena para obtener ciertos beneficios, como lo cita Patiño: «Algunas causas de abstención pueden señalarse como la propiciación del buen tiempo para las cosechas o durante la preparación del suelo para las siembras […] antes de ir a cacería y a pesquerías» (Patiño, 1990: 12). A su vez Fernández de Oviedo nos informa: «Tienen cierto tiempo del año, cierta dieta o prohibición de manjar, que les es a los indios una cuaresma, aunque no se les prohíbe otro manjar alguno sino la sal, la cual no pueden comer durante aquella su suspensión. E dúrales aquesto dos meses, y en aquel tiempo viven más religiosamente, según ellos piensan» (Fernández de Oviedo, 1995: 11).

Este mismo ayuno y abstinencia trajeron los españoles a América, pero con un sentido religioso diferente, impuesto por los misioneros en su catequización y en el afán de introducir su religión entre los nativos. Esto consistía en privarse de comer carne en cierta época del año y reducir la continuidad de las comidas en la misma época. La carne era reemplazada por el pescado. En el Colegio se cumplía estrictamente este precepto.

–Entre los elementos que más repercutieron culturalmente estaba la caña de azúcar, debido a que esta planta encontró clima favorable para su cultivo y se desarrolló en abundancia; se usó en la elaboración de conservas de variadas frutas, incluidas las nativas. Este producto complementó en cierta forma a la miel utilizada por los indígenas y endulzó la vida colonial.

–Otro aporte fundamental a la alimentación americana fue la preparación de los alimentos. La culinaria española, en este sentido, enriqueció a la indígena no sólo en la variación, sino también en el sabor; en cuanto a técnicas, pasaron de lo cocido a lo horneado y lo empanado; se podría decir que cambiaron las versiones, bien sea agregando, mezclando o innovando. En el menú diario del Colegio siempre figuraba algún pastel.

–El reposo después de las comidas o siesta no era una práctica dietética para los americanos, como sí ocurría entre los españoles (Patiño, 1990: 10).

–El pago del trabajo con comida fue muy común, se medía por raciones; en las haciendas del Colegio muchas veces se pagaba en especie y generalmente con comida, asimilándose al trueque de los nativos.

–Los indígenas agradecidos ofrecían a los misioneros sus más apetecidos productos alimenticios, como el venado. Esta costumbre, en cierta forma, se complementó con el agasajo de los españoles a sus personajes destacados; igualmente se reflejó en el Colegio, donde se ofrecían comidas especiales cuando recibían visitas de los obispos o individuos que consideraban importantes, sirviendo ese día las mejores y abundantes viandas.

–La liberalidad o generosidad en el dar y en el gastar se daba en las dos sociedades en cuestión, en particular en la clase dominante; se vio esta costumbre en los festejos de los caciques, cuando intervenían las relaciones de poder en la sociedad colonial y en diferentes eventos extraordinarios del colegio.

Conclusiones

El acto de comer no es sólo para sobrevivir, va más allá: el comer es también comunicación, es compartir, por la alimentación se revela una posición social, una ocasión especial, una identidad regional, un gusto personal, un momento donde los comensales disfrutan de los recursos naturales y comparten las ideas, alrededor de una mesa.

Esta integración de nuevos sabores a una dieta depende de las experiencias culturales y de las tradiciones de un pueblo, supone una transformación alimenticia y una lucha por mantener sus costumbres.

Cuando un pueblo tiene el dominio de otro es muy probable que imponga su comida; es lo que pasó en la colonia y por ende en el colegio. Esto se reflejó durante los primeros años, cuando el mandato de las constituciones sobre la alimentación era prácticamente español.

La sociedad española fue favorecida con la llegada de algunos alimentos nativos a sus tierras, los cuales aumentaron y cambiaron algunos de sus platos.

Finalmente, cabe reconocer las posibilidades de estudio que aportó esta investigación, brindando material para conocer el campo de la alimentación, los instrumentos y técnicas de preparación, así como las costumbres y hábitos alimenticios de dos culturas que dejaron su huella en una sola.

Fuentes y bibliografía

AGUADO, Fray P. (1956). *Recopilación Historial.* Tomo I. Bogotá: Biblioteca de la Presidencia de Colombia.

CÁRDENAS-ARROYO, F. (2002). *Datos sobre la alimentación prehispánica en la sabana de Bogotá, Colombia.* Bogotá: ICANH.

Constituciones del Colegio Mayor de Nuestra Señora del Rosario.

CRUZ CRUZ, J. (2002). *Teoría elemental de la gastronomía.* Navarra: Eunsa.

FOUCAULT, M. (2001). *Vigilar y Castigar.* México: Siglo XXI.

GONZÁLEZ DE PÉREZ, M. S. (1987). *Diccionario y gramática Chibcha.* Bogotá: Instituto Caro y Cuervo.

LANGEBAEK, C. H. (1987). *Mercados, poblamiento e integración étnica entre los Muiscas. Siglo XVI.* Bogotá: Banco de la República.

FERNÁNDEZ DE OVIEDO, G. (1995). *Sumario de la Natural Historia de las Indias.* Bogotá: Instituto Caro y Cuervo.

PARDO, A. (1972). *Geografía económica y humana de Colombia.* Bogotá: Tercer Mundo.

PATIÑO, V. M. (1990). *Historia de la Cultura material en la América Equinoccial. Tomo I. Alimentación y Alimentos.* Bogotá: Instituto Caro y Cuervo.

POUNDS NORMAN, J. G. (1999). *La vida cotidiana. Historia de la cultura material.* Barcelona: Crítica.

REICHEL-DOLMATOFF, G. (1998). *Colombia Indígena.* Bogotá: Colina.

RESTREPO, C. (2005). *La alimentación en la vida cotidiana del Colegio Mayor de Nuestra Señora del Rosario. 1653-1773.* Bogotá: Universidad del Rosario.

SIMÓN, Fray P. (1986). *Fray Pedro Simón y su vocabulario de americanismos.* Bogotá: Instituto Caro y Cuervo.

ZAMORA, Fray A. de (1980). *Historia de la provincia de San Antonino del Nuevo Reyno de Granada.* Tomo II. Bogotá: Instituto Colombiano de Cultura Hispánica. Editorial Kelly.

La alimentación en Buenos Aires del siglo XIX: modelos posibles para su análisis en un contexto urbano

Sandra A. Guillermo
Universidad de Buenos Aires
Instituto Nacional de Antropología y Pensamiento Latinoamericano

RESUMEN. En este artículo nos proponemos analizar aspectos relacionados con la alimentación de los habitantes de la ciudad de Buenos Aires en el siglo XIX, desde una perspectiva diacrónica. Para ello hemos desarrollado tres modelos generales de aprovechamiento y utilización de la carne vacuna, principal componente alimenticio de la dieta de dichos pobladores a lo largo del tiempo. Los modelos están estructurados a partir de tres ejes principales (formas de venta de la carne vacuna, implementos utilizados para el trozamiento y las unidades en que se trozaba el animal). Dicha herramienta analítica será aplicada de manera general en relación con una muestra arqueofaunística proveniente de un contexto de descarte urbano, con la finalidad de poder evaluar asimismo la viabilidad de la misma.

ABSTRACT. In this paper we seek to analyse, from a diachronic perspective, certain aspects related to the Buenos Aires city inhabitant's diet during the XIXth century. To reach this goal we have developed three general models related to the exploitation and use of bovine meat, which is and was the main food component in the diet throughout the time. These models are structured around three main points (the ways meat was sold, the tools used for butchering it and the different parts in which the animal was cut). This analytical tool will be evaluated in relationship to an archaeofaunistical sample obtained from a context of urban discard.

Alimentarse no sólo implica la acción universal mediante la cual el individuo ingiere su alimento, sino también toda una serie de actividades cotidianas a través de las cuales se elabora el alimento que finalmente se consumirá. Estas actividades diarias y repetitivas están fuertemente atravesadas por cuestiones más amplias que hacen a la vida de una sociedad (Contreras, 1995; Goody, 1995; Marschoff, 2005). Es precisamente este ámbito social, en el cual están insertas, el que ciertamente determina qué tipo de actividades se van a realizar y cómo se van a llevar a cabo las mismas.

De esta manera, la adquisición y el aprovechamiento de un componente alimenticio están fuertemente influenciados por el aspecto económico, que a su vez está atravesado por aspectos sociales, los cuales actúan sobre las decisiones acerca de si adquirir ese componente o no, cómo consumirlo, cómo aprovecharlo, cómo seccionarlo, etc. Una variedad de variables económicas y sociales, entre otras, impactan en la adquisición y consumo de un componente alimenticio dado (Huelsbeck, 1991; Reitz, 1987).

En concordancia con este punto de vista, nos proponemos en este trabajo analizar aspectos vinculados con la alimentación de los pobladores de un sector de la ciudad de Buenos Aires en el siglo XIX.

Para alcanzar el objetivo planteado exploraremos el uso de una vía analítica alternativa, un esquema diacrónico conformado por tres modelos generales de aprovechamiento y utilización de la carne vacuna, principal componente de la base alimenticia de los habitantes de la ciudad a lo largo del tiempo. Estos modelos están estructurados a partir de tres ejes principales y desarrollados en función de la sistematización de datos provenientes de diversas esferas de investigación.

Mediante dicha herramienta analítica serán evaluados los resultados del análisis de una muestra de restos arqueofaunísticos pertenecientes a la especie b*os taurus* (vaca) proveniente de un contexto de descarte.

De esta manera buscamos poder desarrollar una investigación que vaya más allá de la dicotomía sobre la presencia o ausencia de las distintas especies, y de la poca o mucha cantidad de restos consumidos, y que nos permita además poder entenderla dentro de un proceso mayor.

En este artículo, describiremos primeramente el esquema diacrónico planteado y sus modelos generales; posteriormente se enunciarán las características de la evidencia arqueológica estudiada y los resultados del análisis llevado a cabo.

Finalmente, discutiremos la información proveniente de la muestra arqueofaunística con los datos de los diferentes modelos planteados y su posible vinculación con distintos aspectos relacionados con la alimentación.

Esquema diacrónico

El siguiente esquema fue desarrollado con la finalidad de poder explorar aspectos vinculados con la alimentación, tales como las diferentes formas de obtención y de aprovechamiento utilizadas, y fundamentalmente con la posibilidad de poder evaluar los resultados obtenidos en el análisis de una muestra arqueofaunística, proveniente de un contexto urbano, en relación con aspectos socio-económicos.

Está postulado para la ciudad de Buenos Aires y planteado en torno a la especie/género *Bos taurus* (vaca). Dicha especie no sólo es mayoritaria dentro de la muestra, sino también es el componente principal y predominante de la base alimenticia de los pobladores de Buenos Aires a lo largo del tiempo. Por estas razones, y porque es nuestro propósito analizar algunos aspectos relacionados con su consumo, nos hemos focalizado solamente en ella para este estudio. Debemos aclarar que somos concientes de que las conclusiones serán algo parcializadas, pero consideramos que puede llegar a ser válido en tanto que constituye la etapa inicial, y aún exploratoria, de una investigación que permite empezar a indagar más allá de qué especies fueron o no consumidas y en qué proporción.

Temporalmente abarca desde el año 1580 hasta el año 1914. Dicho año fue considerado como límite cronológico final del esquema, porque resulta ser el momento en el que comienza la Primera Guerra Mundial, lo cual significó un cambio en la utilización de dicho recurso (en este caso la explotación del ganado vacuno), en los niveles de las exportaciones y en una serie de cambios que se dan en la economía del país en general (Giberti, 1970).

Está postulado a partir de tres ejes principales, a saber:

a) las formas de venta de la carne vacuna (por cuartos, por peso).
b) los implementos utilizados para el trozamiento vacuno (hachas, sierras manuales, sierras eléctricas).

c) las diferentes unidades en las que se trozaba al animal (es decir, lo que se conoce como los cortes actuales de carnicería).

Las razones para desarrollar dichos ejes temáticos responden a que, por un lado, permiten acotar temáticamente el esquema diacrónico. Por otro lado, consideramos que los mismos no sólo nos pueden proveer información sobre aspectos vinculados con el aprovechamiento y la utilización de la carne vacuna a través del tiempo considerado, sino que además ellos están altamente afectados por cuestiones socio-económicas más amplias (tipo de exportación, disposiciones reguladoras gubernamentales que designan cómo vender, cuánto y a qué precio, tipos de cortes estipulados para consumo interno y externo, oferta-demanda, etc.) que determinan sus características y, además, porque consideramos que poseen correlatos materiales, que pueden ser observados arqueológicamente.

De esta manera, en función de los ejes temáticos planteados procedimos a realizar un relevamiento de toda la información disponible desde diversas esferas de investigación, tales como históricas, estadísticas, económicas, arqueológicas, etc. (Arcondo, 2002; Battola, 2000; Beaumonth, 1957; Cánepa, 1936; Davis, 1989; Fondebrider, 2001; Giberti, 1970; Gorriti, 1999; Isabelle, 1943; Latzina *et al.*, 1889; Montoya, 1984; Sánchez, 1953; Schávelzon y Silveira, 2001; Taullard, 1927; Vidal, 1999; Wilde, 1881; Zabala y De Gandía, 1937), que nos permitiera elaborar un marco de referencia, entendido como un cuerpo de datos sistemáticamente organizados que contenga fenómenos que no son estrictamente arqueológicos (*e.g.*, medioambientales, etnográficos, geográficos, históricos, etc.), a partir del cual caracterizar y definir dichos fenómenos a lo largo del tiempo (Binford, 2001: 676; Guillermo, 2004: 20). Los datos obtenidos fueron considerados en su conjunto, analizados y primordialmente sistematizados. A partir de dicha sistematización se pudieron evidenciar ciertas tendencias generales presentes en todo el tiempo considerado. Analizando y evaluando las mismas se observó que para segmentos cronológicos diferentes y sucesivos se presentaban con características que podían ser diferenciadas nítidamente. Esto nos llevó entonces a plantear tres modelos generales.

Modelos propuestos

Fueron resultado de la sistematización de los datos obtenidos en el relevamiento inicial, focalizado en los ejes temáticos que decidimos investigar. Se trata de tres modelos generales de aprovechamiento y utilización de la carne vacuna que se suceden en el tiempo desde los inicios de la ciudad de Buenos Aires como tal (año 1580) hasta el año 1914.

Son modelos desarrollados fundamentalmente con información proveniente de disciplinas no arqueológicas; por lo tanto, hemos planteado junto con ellos expectativas generales en torno a variables y rasgos cuyo correlato material nos permita posteriormente poder analizar los resultados de la muestra arqueofaunística estudiada.

Modelo colonial

Temporalmente abarca desde el año 1580 hasta el año 1817. Durante este lapso de tiempo la venta de carne vacuna para el consumo diario de la población se realiza fundamentalmente por cuartos (Giberti, 1970; Schávelzon y Silveira, 2001).

El trozamiento del animal es realizado utilizando predominantemente las hachas (Beaumonth, 1957; Vidal, 1999; Schávelzon y Silveira, 2001), y también simultáneamente mediante implementos cortantes [tales como cuchillos] (Vidal, 1999) y finalmente, en menor medida, mediante el empleo de serruchos manuales. El propósito de estos elementos es llevar a cabo el seccionamiento del animal en grandes trozos (Schávelzon y Silveira, 2001; Beaumonth, 1957; Lanús, 1953).

Arqueológicamente esperaríamos la presencia de un bajo porcentaje de restos con evidencias de fracturas antrópicas localizadas en zonas del cuerpo del animal donde permitiera producir el desmembramiento, y un alto porcentaje de restos sin fracturas. En cuanto a los implementos utilizados, esperaríamos una alta frecuencia de evidencias de marcas producidas por hachas y una baja frecuencia de restos con evidencia de haber sido realizadas por serruchos manuales.

Modelo postcolonial

Temporalmente abarca desde el año 1817 hasta el año 1900. A lo largo de todo este lapso de tiempo se da una persistencia del modo de venta de la carne vacuna del modelo anterior, es decir, por cuartos, pero también comienza a producirse simultáneamente, a partir de los años 1817/1818, ensayos para la implementación de una nueva forma de venta al público, la venta al peso, la cual coexistirá desde esos años con el otro modo de venta (Giberti, 1970).

El animal es trozado predominantemente a través de serruchos manuales (Schávelzon y Silveira, 2001), utilizando conjuntamente implementos cortantes (tales como cuchillos). El uso de hachas se mantiene, pero en una menor medida (Schávelzon y Silveira, 2001). Comienza a producirse el seccionamiento del animal de acuerdo con dos calidades de cortes estandarizados, una considerada superior y otra inferior (Giberti, 1970). Algunos huesos del animal son aprovechados para el procesamiento de harinas y otros derivados (Giberti, 1970).

Dado que hay una coexistencia de dos modos de adquisición de partes del animal, arqueológicamente esperaríamos restos con y sin evidencias de fracturas antrópicas. En cuanto a los implementos utilizados, se espera que los restos presenten una alta frecuencia de marcas antrópicas producto de la utilización de serruchos manuales, y una baja frecuencia de restos con evidencia de haber sido producidas por hacha.

Modelo moderno

Temporalmente abarca desde el año 1900 hasta el año 1914. Durante este lapso de tiempo el modo de venta de la carne vacuna para el consumo de la población es únicamente de venta al peso (Giberti, 1970).

Para el trozamiento del animal predomina ahora el uso de sierras eléctricas (Schávelzon y Silveira, 2001), en menor medida el uso de serruchos manuales y otros implementos (tales como los cuchillos). Las unidades de trozamiento son establecidas y realizadas en este momento por cada músculo y por cada parte del animal de forma estandarizada (Marchese, 2002-2005), constituyéndose así lo que conocemos como cortes actuales de carnicería. Continúa la utilización de algunos de los huesos del animal para el procesamiento de harinas y otros derivados.

Se espera que las partes anatómicas presentes en el registro arqueológico posean una alta frecuencia de fracturas antrópicas debido al seccionamiento de todo el animal en pequeñas partes. Asimismo, esperamos que no estén representadas todas las partes anatómicas del animal en el registro, debido a que consideramos que para estos momentos la población ya no puede adquirir todos los cortes con las partes óseas correspondientes. Con respecto a los implementos utilizados, esperamos una alta frecuencia de restos con evidencias de sierras eléctricas, ausencia de restos con evidencia de marcas producidas por hachas y una baja frecuencia de restos con evidencias de serruchos manuales.

De esta manera, una vez esbozados los modelos generales y sus expectativas arqueológicas generales, caracterizaremos a continuación la evidencia arqueológica proveniente de un contexto de descarte urbano, cuyos datos y resultados alcanzados serán desarrollados en los apartados siguientes.

La evidencia arqueológica

La evidencia arqueológica fue recuperada de un lote ubicado sobre la actual calle Moreno número 314. Dicha propiedad se encuentra ubicada dentro de lo que constituye el radio antiguo de la ciudad de Buenos Aires.

El predio se localiza a dos cuadras al sur de la Plaza de Mayo, punto central en torno al cual convergieron desde los inicios de la ciudad las actividades cívicas, políticas y administrativas. Esta zona constituyó desde los comienzos del desarrollo urbano hasta el año 1850 aproximadamente el barrio aristocrático de Buenos Aires (Lafuente Machain, 1968: 13).

Los restos rescatados provienen de una estructura subterránea de aproximadamente seis metros de profundidad, ubicada en la parte trasera de las construcciones habitacionales que estuvieron presentes en la propiedad a lo largo de su secuencia de ocupación. En total se recuperaron 9.784 restos (Acosta, 1998) (véase tabla 1). Los mismos han sido adjudicados cronológicamente como pertenecientes al siglo XIX. Dicha información temporal ha sido inferida a partir del análisis de restos considerados como diagnósticos (tales como las lozas y los vidrios) que forman parte de la evidencia recuperada.

Evidencia arqueológica	Cantidad	%
Loza	1.803	18,4
Porcelana	39	0,4
Gres	32	0,3
Mayólica	60	0,6
Cerámica	560	5,7
Vidrio	1.247	12,7
Pipas de caolín	6	0,06
Madera	9	0,09
Metal	53	0,5
Hueso	6	0,06
Cuero	134	1,3
Lítico	2	0,02
Otros	4	0,04
Evidencia faunística	5.606	57,3
Evidencia vegetal	223	2,3
Total	9.784	100

Tabla 1. Evidencia arqueológica recuperada en Moreno nº 314. *Según informe A. Acosta, 1998.*

Cabe aclarar que la evidencia arqueológica ha sido obtenida mediante tareas de rescate llevadas a cabo por profesionales de distintas instituciones en el año 1998. Debido a diversas razones ajenas a los profesionales que efectuaron las tareas, tales como el escaso tiempo para la recuperación, problemas con el propietario, etc., no se pudo recuperar la totalidad de restos allí presentes; por lo tanto, la evidencia arqueológica y la estructura que los contenía no presentan un registro estratigráfico riguroso. Estos datos fueron reconstruidos indirectamente y de forma aproximada con la escasa información que pudieron brindar y registrar en el momento del rescate.

Por esta razón, los restos arqueológicos recuperados en dicho predio son considerados una muestra del total de los objetos y vestigios que probablemente fueron allí descartados y depositados.

La muestra arqueofaunística

Está compuesta por un total de 5.606 restos (Acosta, 1998). Si bien dicha muestra está conformada por una variedad y cantidad de diferentes especies que han podido ser identificadas, tales como: *Bos taurus* (vaca) (n: 1967), *Equus caballus* (caballo) (n: 3), *Sus scrofa* (cerdo) (n: 4), *Ovis aries* (oveja) (n: 616), *Rattus sp.* (rata) (n: 36), *Felis cattus* (gato) (n: 9), peces (n: 150) y aves (n: 251) (Acosta, 1998), para este estudio, como hemos mencionado más arriba, nos hemos centrado únicamente en el análisis de los restos pertenecientes a la especie/género que predomina en la muestra que es el *Bos taurus* (vaca).

De un total de 1.967 restos pertenecientes a dicha especie, se ha analizado hasta el momento un 21% (n: 412).

Metodología y resultados

La identificación de las partes anatómicas representadas en el porcentaje de la muestra analizada permitió establecer que dichos restos arqueofaunísticos pertenecen a las zonas del esqueleto correspondientes al segmento axial (costillas y vértebras) y a los miembros anterior y posterior.

Dado que nuestro objetivo es indagar aspectos vinculados con la alimentación, la cual hemos considerado como el resultado de una serie de actividades cotidianas que permiten obtener finalmente el alimento, nuestro análisis se centrará en el grupo de restos que presentan evidencias de fracturas antrópicas. Consideramos que su análisis es precisamente el que nos puede proveer información acerca de las actividades relacionadas con el aprovechamiento y utilización de los mismos, ya que son el resultado de actividades relacionadas con el procesamiento de animales para su transporte, consumo y/o utilización como materia prima (Mengoni, 1988: 87).

De esta manera, se separaron los restos que componían la muestra en dos grupos: los que presentaban fracturas y los que no poseían ninguna evidencia de ellas. Dentro del primer grupo se registraron aquellas características macroscópicas, tales como forma, tipo de marcas, etc. (Landon, 1996: 59). Consecuentemente, se pudo establecer que de un total de 412 restos analizados, 245 presentan evidencias de dichas fracturas.

A partir de este resultado dentro del grupo de restos que presentan evidencias de fracturas, registramos «las características macroscópicas que nos permitieran detectar la presencia sobre la superficie ósea de huellas y marcas que nos posibilitaran determinar tentativamente el agente productor» de las mismas (Mengoni, 1988: 89).

Nos interesó discriminar entre los restos las marcas realizadas por diferentes agentes. Establecimos entonces, en función de observaciones macroscópicas, cuatro categorías dentro de las cuales poder asignar los restos estudiados.

Registramos las frecuencias de restos que presentaban evidencias de marcas realizadas por hachas, por serruchos manuales y por sierras eléctricas, planteando además una categoría de indeterminados para aquellos restos que no pudieron ser adjudicados a ninguna de las anteriormente mencionadas.

De este modo, dentro de los 245 restos arqueofaunísticos que presentan evidencias de fracturas antrópicas pudimos establecer que 202 restos presentan evidencias de marcas realizadas por medio de hachas (82,4%), 8 poseen marcas correspondientes a serruchos manuales (3,3%), hay una ausencia de restos con evidencias de marcas producidas por sierras eléctricas y 35 restos fueron incluidos dentro de la categoría de indeterminados (14,3%).

A continuación discutiremos dichos resultados en relación con los modelos generales planteados en el esquema diacrónico más arriba desarrollado.

Discusión

En función de los modelos que conforman el esquema diacrónico desarrollado (colonial, postcolonial y moderno) y de los datos obtenidos a partir del análisis de la muestra arqueofaunística, podemos decir que los resultados de la misma estarían vinculados fundamentalmente con el modelo colonial planteado. El mayor fundamento para tal vinculación proviene del alto porcentaje (82,4%) que presentan los restos con fracturas antrópicas producidas mediante la utilización de hachas, junto con el muy bajo porcentaje de fraccionamiento (3,3%) debido a serruchos manuales, y la ausencia de restos con evidencias de marcas producidas por sierras eléctricas.

Asimismo, el predominio de la especie *Bos taurus* (vaca) en la muestra analizada por sobre las otras especies identificadas deja en evidencia que el principal componente alimenticio aprovechado y utilizado por las personas que habitaron la propiedad de Moreno número 314 a lo largo de su secuencia de ocupación ha sido fundamentalmente el de la carne vacuna. Por las partes anatómicas identificadas, correspondientes al segmento axial (costillas y vértebras) y a los miembros del animal, y por la presencia misma de los elementos óseos, inferimos la posibilidad de que el componente vacuno haya sido adquirido mediante trozos que incluirían no sólo al músculo, es decir, a la carne, sino también al hueso de la parte involucrada.

Esta evidencia (la presencia del hueso en el registro arqueológico) probablemente estaría relacionada con una forma de venta y adquisición de dicho componente por medio de cuartos, y no al peso como sucede en momentos siguientes.

Estudios posteriores nos permitirán poder establecer a partir de evidencias más contundentes (tales como análisis acerca de la presencia o ausencia de una relación entre la ubicación de las fracturas de los elementos óseos y las partes anatómicas identificadas que no poseen fracturas antrópicas, etc.), si habrían adquirido o no al animal por piezas enteras. De esa manera podremos complementar el dato general que obtuvimos en este trabajo y que precisamente por su alto grado de generalidad no nos permite por el momento arribar a una mayor información.

Consideraciones finales

Si bien queda mucho por indagar y profundizar en torno a los modelos y expectativas arqueológicas propuestas, consideramos que esta primera aproximación en cuanto al empleo de la herramienta analítica postulada es fructífera y aplicable para el estudio del registro arqueológico urbano de momentos históricos. Su desarrollo permitió dejar en evidencia la variabilidad existente dentro del proceso general de adquisición y aprovechamiento del componente vacuno en un contexto urbano como el de la ciudad de Buenos Aires. Y fundamentalmente, que dicha variabilidad podía llegar a ser observada en el registro arqueológico.

Creemos que una herramienta analítica como la esbozada al manejar lapsos temporales relativamente acotados dentro de los cuales los restos pueden ser asignados posibilitará vincular a los mismos con información cronológica, aspecto importante sobre todo cuando ésta no puede obtenerse de un registro estratigráfico riguroso. De esta manera, el dato temporal podrá no depender únicamente de la utilización de elementos diagnósticos provenientes de la presencia de otra evidencia arqueológica.

Además, mediante su empleo, los restos arqueológicos provenientes de este tipo de contextos pueden ser relacionados con factores urbanos macro (tales como los económicos, sociales, urbanos, etc.) que evidentemente influyen y determinan, en cierta medida, la muestra resultante.

Estudios futuros nos permitirán ampliar y mejorar la aplicabilidad de la vía analítica postulada. Las líneas de investigación a seguir apuntarán cómo analizar la manera en que este cambio en la forma de acceder a la carne vacuna (de piezas o trozos a pequeñas partes) pudo haber llevado hacia el uso de diferentes formas de preparación y de cocción de dicho componente alimenticio.

Bibliografía

ACOSTA, A. (1998). «Programa para la conservación y el estudio del Patrimonio Arqueológico recuperado en Moreno 314 (Ciudad de Buenos Aires)». Informe Final de Beca. Secretaría de Cultura de la Nación.

ARCONDO, A. (2002). *Historia de la alimentación argentina. Desde los orígenes hasta 1920.* Córdoba: Ferreira.

BATTOLLA, O. (2000). *La sociedad de Antaño. Memoria Argentina.* Buenos Aires: Emecé.

BEAUMONTH, J. A. (1957). *Viajes por Buenos Aires, Entre Ríos y la Banda Oriental (1826-1827).* Buenos Aires: Hachette.

BINFORD, L. (2001). «Where do research problems come from?». *American Antiquity,* 66: 667-678.

CÁNEPA, L. (1936). *El Buenos Aires de Antaño. En el cuarto centenario de su fundación 1536-1936.* Buenos Aires: Talleres gráficos Linari y Cía.

CONTRERAS, J. (1995). «Introducción». En J. Contreras (comp.), *Alimentación y Cultura. Necesidades, gustos y costumbres.* Barcelona: Publicacions de la Universitat de Barcelona. Pp. 9-24.

DAVIS, S. (1989). *La Arqueología de los animales.* Barcelona: Bellaterra.

FONDEBRIDER, J. (2001). *La Buenos Aires ajena. Testimonios de extranjeros desde 1536 hasta hoy.* Buenos Aires: Emecé.

GIBERTI, H. (1970). *Historia económica de la ganadería Argentina.* Buenos Aires: Solar.

GORRITI, J. M. (1999). *Cocina Ecléctica.* Buenos Aires: Aguilar.

GOODY, J. (1995). *Cocina, Cusine y Clase. Estudio de sociología comparada.* Barcelona: Gedisa.

GUILLERMO, S. (2004). «El proceso de descarte de basura y los contextos de depositación presentes en la ciudad de Buenos Aires». *Intersecciones en Antropología* (Facultad de Ciencias Sociales. Universidad Nacional del Centro de la provincial de Buenos Aires), 5: 19-28.

HUELSBECK, D. (1991). «Faunal Remains and Consumer Behavior: What is Being Measured?». *Historical Archaeology*, 25 (2): 62-76.

ISABELLE, A. (1943). *Viaje a Argentina, Uruguay y Brasil en 1830.* Buenos Aires: Americana.

LANÚS, A. (1953). «Cómo afrontó Buenos Aires en 1818 la crisis en materia de carnes». *La Res XXI* (456), 27: 680-683.

LAFUENTE MACHAIN, R. de (1968). *El Barrio de Santo Domingo* (2.ª ed.). Buenos Aires: Municipalidad de Buenos Aires (Cuaderno de Buenos Aires, X).

LANDON, D. (1996). «Patterning and interpretation of butchery marks». *Historical Archaeology,* 30 (1): 58-95.

LATZINA, F.; CEDECO, M. y MARTÍNEZ, A. (1889). *Censo general, población, edificación, comercio e industrias de la ciudad de Buenos Aires.* Tomo I. [Buenos Aires]: Compañía Sudamericana de Billetes de Banco.

MARCHESE, P. (2002-2005). «La cocina de Pascualino Marchese». Disponible en: http://www.pascualinonet.com.ar.

MARSCHOFF, M. (2005). «Cambios y continuidades en la Cocina Española entre los siglos XVI y XIX». Manuscrito inédito.

MENGONI G. (1998). «Análisis de materiales faunísticos de sitios arqueológicos». *Xama.* 1: 71-120.

MONTOYA, A. (1984). *Cómo evolucionó la ganadería en la época del Virreinato.* Buenos Aires: Plus Ultra (Colección Esquemas Históricos).

REITZ, E. (1987). «Vertebrate Fauna and Socioeconomic Status». En Suzanne Spencer-Wood, *Consumer choice in Historical Archaeology.* New York: Plenum Press. Pp. 101-119.

SÁNCHEZ, M. (1953). *Recuerdos del Buenos Aires Virreinal.* Buenos Aires: Ene.

SCHÁVELZON, D. y SILVEIRA, M. (2001). *Excavaciones arqueológicas en San Isidro.* Municipalidad de San Isidro. Museo, Biblioteca y Archivo Histórico Municipal. Dirección General de Patrimonio. Subsecretaría General de Patrimonio Cultural. Secretaría de Cultura Gobierno de la Ciudad de Buenos Aires. Centro de Arqueología Urbana. Facultad de Arquitectura y Urbanismo. UBA.

TAULLARD, A. (1927). *Nuestro antiguo Buenos Aires. Cómo era y cómo es desde la época colonial hasta la actualidad.* Buenos Aires: Peuser.

VIDAL, E. (1999) *Buenos Aires y Montevideo. Memoria argentina.* Buenos Aires: Emecé.

WILDE, E. (1881). *Buenos Aires desde 70 años atrás.* Buenos Aires: Librería de Mayo.

ZABALA, R. y GANDÍA, E. DE (1937). *Historia de la Ciudad de Buenos Aires (1719-1800).* Tomo II. Buenos Aires: Municipalidad de la Ciudad de Buenos Aires.

ÍNDICE